蔚理文叢03

歷史社會環境變遷的省思

黃仁勳及「林百里」們的故事，

堪為「**社會瀑差價值原理**」的代表例，

不同的階段社會之間有很高的「**位能**」和「**動能**」，

猶如「瀑布」產生很大的「能量」，

創造巨大的價值(或價格)，稱為「**社會瀑差價值**」。

呂榮海 著

第二版序

本書「上篇」敘述一九九五年之前的歷史經濟社會變遷，就是「由農業社會進入工商業社會」所引發的，然「一波未平，新一波又起」，一九九五年起進入二十一世紀的前三十年，先後邁入「工商業社會」的台灣、中國大陸，又進入「科技業、**AI** 社會」，歷史社會變遷快速，是幸也有不幸，既有興奮也有辛苦。

已經改了三十年的「司改」又要「繼續改」（例如國民法官），始終不見人們認同「已經眞改了」，倒是成了「天天改，但改不完、一直司改」，改到年輕人都已經老了，還在改，可是人民對司法的信任不見提高，於是本書新增補「下篇」即第九章〈二十一世紀人權法治影像〉，述說其實文化素質的提升才是「司改」的「本」（自律），如果少了「自律」，靠「他律」的法治、司法，只會導致案子愈來愈多，法律人——尤其是檢察官、法官會愈來愈累。是以本書導入文化、理、心的主張，提倡不如「從法歸儒」，俾能提高「自律」、和解（鵝湖之會），減少走法院。

接著本書於第十章對「由農業社會、進化成工商業社會直至科技業、AI社會」所形成的社會瀑差價值予以論述，這「社會瀑差價值原理」也是貫穿本書歷史、經濟社會變遷的重要原理，而第十章則以二十一世紀前三十年的觀察事例加以闡述、省思。

再接著，本書於第十一章敘述二十一世紀約二〇一六年之後，美、中關係惡化、生變、俄烏戰爭發生，同時也嚴重地影響兩岸關係的和平，讓人深憂戰爭的危機，第十一章以「和平至上」述說「共和」的見聞及心情，祈禱和平。

二〇二〇年初發生的新冠肺炎COVID 19，折騰了人類三年以上，改變了人類的許多生活習慣及產業特性，本書在第十二章記述在那三年的狀況與心情，這是二十一世紀的大事，人類得到了什麼教訓？應該改變什麼思維、習性？也許「去都市化」、遠距視訊工作及「里山主義」比較安全。這「里山主義」於第十章也有論述。

最後第十三章「結語」，簡短扼要說八個重點，包括林百里先生由窮僑生變成新首富、發展於好時代的勵志故事；台灣沒有成爲「亞太營運中心」，但整體成了全球關於筆電、手機、半導體、AI 侍服器的製造中心之一，他們也都在大陸投資，也是「中國製造」的重要組成部分，這也是中華之光，愛中華者誰忍心摧毀它？我自己一生「沈迷於書本、文字」，受其害而停止了二十七歲之前做的很多農、工實事，現在則憂心年輕人沈迷於手機、電玩遊戲、假新聞、詐騙等「虛擬」世界，希望年輕人警戒自己，減少受害，也希望這世上有權、有錢、有勢力的人多做善事，行公義，維持和平，避免戰爭。

——呂榮海序於二〇二三年八月初，於兩個颱風連續來襲之際，時　繞過台灣未被台灣高山破壞、擋住的杜蘇芮颱風，導致北京、河北洪水泛濫成災。天地不仁，悲夫——

自序

1

我們的社會，現在正面臨嚴重的矛盾：在經濟上貧富日愈懸殊；在勞資關係上，勞資雙方各有怨言，工人版與資方版勞基法差距愈拉愈大，而農民生活困苦，卻也有「田僑」令人側目，市民為購屋、交通及飲水而煩惱，投資環境日愈惡化；在政治上，黨派分立，相互叫罵，主流非主流同床異夢，海峽兩岸的矛盾毫無縮小的跡象，統獨論爭方興未艾。政治人物合縱連橫，交相攻戰，卻乏力於解決社會民生問題。

人與人間似乎都朝著分離的方向走，人民難於形成共同目標。這些分離現象，在大陸實施改革開放政策以後，也明顯出現。走過一個階段性的分離與自由以後，當我們能夠發展出足以整合、團結國民意志的思想時，才是國家社會及人民之福。

團結、整合，必須靠思想、理念。

反省四百年來台灣及中國大陸的歷史發展後，我深深體認當前兩岸所面臨的問題，全係快速由農業社會邁向工商業社會而引起的。

總結教訓，我們應團結在「發展工商業」、「落實社會正義法治」的思想下。這是兩岸人民的幸福之路。

有思想，才有信仰，才有力量。任何黨派或團體必須要有團結人民意志的思想或理想，才能成爲主流。

2

寫這本書，和幾段機緣有關。

在我人生中，曾經歷過幾個重要的階段，先是從小耕讀到大學法律研究所畢業，實際長期做過農民的工作，知道農民的問題；一九八四年勞基法施行後，研究、處理了十年勞資爭議案件，深知工商業化以後的勞資問題，也看到了從農業社會急遽進入工商業社會的社會矛盾；後來，自一九八八年起經常赴大陸約四、五年，處理台商投資法律，觀察了大陸實況，深思有關工人作為「主人翁」階級和經濟發展的關係；其後，自一九九二年至九四年擔任「行政院公平交易委員會委員」，更讓我進一步捲入「經濟機會公平」的理想與現實，感觸很深。

最重要的是，當我進一步也想通了農民、工人、企業、兩岸關係、經濟機會均等諸問題，彼此之間互相密切關連時，我才第一次感覺到自己有了「思想」。

呂榮海　一九九五年五月

目錄

第二版序……VII
自序……XI
上篇
第一章　總綱……1
1. 四百年大趨勢
2. 台灣
3. 中國

4.和享位能

第二章　歷史宏觀……9

第一節　台灣……10

1.一六三三年

2.荷蘭、日本據台

3.國民黨政權

4.鄭成功與民進黨

第二節　中國……17

1.太平天國

2.國民黨南京政權

3.工黨革命

4.社會主義的市場經濟

5.工商業化與上海的掘起

第三節　世界……24
1. 小國和大國的優點
2. 小型國：荷、葡、四小龍
3. 中型國(一)：英、法
4. 中型國(二)：德、日
5. 大型國：俄、美
第三章　亞太營運中心……31
1. 亞太興起
2. 高位能的亞太地區
3. 論亞太營運中心(一)
4. 論亞太營運中心(二)
第四章　中華台灣國聯……43
1. 中國遲延「富」強的原因

2. 侵台不利中國大陸經濟發展
3. 急統或過統不利大陸
4. 兩岸互相學習
5. 論台灣獨立
6. 論一國兩制
7. 台灣（小）與中國（大）的優缺點
8. 國（邦）聯到聯邦須經公民表決
9. 國（邦）聯到聯邦的內容
10. 以國（邦）聯到聯邦解決合久必分、分久必合
11. 台灣以國（邦）聯關係取得位能
12. 論加入聯合國
13. 台商是契機
14. 積極規劃大陸投資
15. 大陸小額投資
16. 上海風雲
17. 火車頭與車廂

第五章　工商業化與階級流動……71

第一節　階級流動與互助……74

1.農轉非（農）——工商業化
2.階級（層）流動與社會正義
3.階級流動與經濟向上權
4.階級流動的代價與對策
5.教育、學費政策與階級流動

第二節　勞動政策……82

1.兩岸工商業化與農、工運動
2.勞動者財產形成與階級流動
3.引進外勞對階級流動的影響
4.勞工創業是最後（佳）武器
5.工、農與攤販、個體戶
6.勞基法與小企業

7.勞基法修正與雙贏的可能性
第三節　民營化與均富……90
1.民營化與員工財產形成
2.員工取得股份
3.員工權益補償
4.民營化關鍵回答
5.如何協助民營公司之勞工取得股權及轉業
第四節　農民權益……106
1.扶助農民，因應GATT
2.釋出農地政策與地目變更稅
3.農地交換年金制的建議
4.解決假農民的方案
5.階級（層）互助——農民與非農民之互助
6.農家子女的教育
7.農耕經驗

第六章　工商發展與經濟民主……125
第一節　產業政策與競爭政策……126
1.黨、國、特權資本與小中企業
2.黨國特權資本的功能與資源民生化
3.黨營事業與資源民主化
4.大企業集團的結合、併購與民主化
5.出口產業與內需產業的共存關係
6.中小企業與企業流動
第二節　振興經濟與土地政策……135
1.土地是振興經濟的根本問題
2.開徵地目變更稅平均財富
3.土地問題不解決欲振難興
4.振興經濟須防土地資源的集中
5.振興經濟的民主化與公平交易

6.商業現代化與土地政策
7.論工商綜合區與萬客隆事件
第七章　工商業化與民生問題……149
第一節　住宅、交通建設、環保……150
1.工商業化與高房價對策
2.住宅政策
3.健全預售屋制度
4.交通建設資金、土地問題與財富之平均
5.環保、育嬰與隔代互助
第二節　財政政策與社會福利……158
1.工商發展與社會正義
2.財稅政策
3.薪水三成免稅
4.農民年金、勞公保、國民年金及其民營化

第八章　社會正義法治

1. 工商業化與法治
2. 傳統的法治觀念及其調整
(1)最好不要碰法律？
(2)天高皇帝遠？
(3)情理法？
(4)個人主義與社會連帶
(5)包青天
3. 形式法治主義的弱點與言論自由
4. 法治不彰的原因與改善方法
(1)普法運動、法律教育
(2)降低執法的機會成本
(3)因應快速社會變遷
(4)及時立法、修法

(5)沒有希望的心態
(6)加強守法的硬體環境
5.司法改革
(1)社會基礎
(2)改革重點
(3)大陸司法
6.清官與社會問題
7.法治的展望

下篇

第九章　二十一世紀人權法治影像……195
1.法律的客觀性及其敵人
2、講授勞動基準法／違反勞動契約或工作規則情節重大／樹林步行

3、臺大碩士論文《融資性租賃契約》再版序
（呂榮海律師）
4、忙碌的二月初／這一審就是三年／《當代新儒家的奮鬥》（周博裕編著）／鵝湖理學書屋／蔚理法律事務
5、改變自己的勇氣／環境決定論？自由意志？／甘於平凡的勇氣／《被討厭的勇氣》／讀阿德勒心理學及其對刑法的影響
6、「仁」才是儒家的核心價值，不是「復古」本身／看柏陽〈王莽論〉有感
7、「法院無權建請總統特赦」的語言分析／法勝人，人爲備位
8、此案和解了／異中求同／曲則全，枉則直（《道德經》）
9、李靚蕾拒絕王力宏想贈與四・八億元不動產／房地

合一稅制不利於贈與、繼承取得不動產／魏哲家贈與家人臺積電股票
10、感覺感謝老天常關照呂博士／一年多以來少去法院啓示錄……／法家治國的時代／從法歸儒的少數
11、當前司法的「未能信」？／清代眞儒張五緯著《未能信錄》之好官心
12、中國《民法典》，臺灣人重點了解
13、二〇二〇庚子年兩岸紀事：以民本、民法典公佈作爲歷史定位
14、民國法官法律見解宜易簡素樸、直接、正義／退休前呂律師爲自己鼓掌
15、人權：法應沒有刑訊逼供的民國／從刑訊逼供看清代該亡
16、民法學案／以民爲本／儒學與法治的融會／中國民法典完成立法

17、憲法學案／文化傳統所欠缺的？／大憲章與《呂氏春秋》的相制與君權
18、文化融入法治的進步／移風易俗、減少訴訟是司法改革之本
19、蔣中正、蔣經國日記的權利歸屬案
20、綜合心學、理學的司法實務／呂律師出法庭記

第十章　社會瀑差價值與文明變遷的省思 …………………… 265

1、黃仁勳現象與社會瀑差價值
2、社會瀑差價值與一九八○～二○二○中國快速發展的因素
3、社會瀑差價值／上海二○○一～二○一○
4、十二千金股只剩四家／社會瀑差價值／農業社會、傳統工商業社會、科技社會的差距／貧富差距／價值？價格？

5、小買幾張富邦金，實驗社會瀑差價值原理／社會瀑差價值
6、躺平／耍廢／社會瀑差價值1／豐裕只是歷史的短暫時刻？
7、里山資本主義與社會瀑差價值
8、下午去聽庶民發電（里山資本主義）
9、里山資本主義的科技設備及其建築設計
10、里山資本主義、兩岸遊
11、里山資本主義、計劃去臺東東河一遊
12、達仁鄉達人的里山投資特例
13、《史記貨殖列傳》精華
14、工商文明變遷的省思
15、環境的省思—公司田溪
16、竹東榮景2022／美國升息來襲／既饒爭時？社會瀑差價值

17、今天小買臺星科／實驗社會瀑差價值原理
18、「滄海桑田」之成語宜改爲「桑田捷運」了，記淡水捷運通車，失去社會瀑差價值
19、相識三十年的老朋友今非昔比，享社會瀑差價值

第十一章　和平至上……331

1、呂東萊的「人人需要一座橋・鵝湖之會」／補述程兆熊著《大地人物》（理學人物之生活的體認）
2、讀費希特「對德意志民族的演講」摘要
3、兩岸關係札記：憲法一中（趙春山）
4、觀察兩岸學者滬浙辦座談熱議一中各表／趙建民教授的見解與觀察
5、寒山碧：「中華聯邦政府芻議」引起的遙遠回憶
6、「一中二憲」、「一中三憲」
7、坦桑尼亞模式（大陸「坦噶尼克」、海島「桑給巴

爾」）可否作爲參考？
8、大陸有學者也從憲政及保障個人權益爲核心看兩岸關係
9、大陸有學者從「聯邦成分」看兩岸關係
10、大陸學者李義虎值得注意
11、不敬的時代、不開朗的時代、歧見嚴重的時代／人人需要一座橋
12、正義論與「鵝湖之會」
13、「團結」的修養與「異中求同」
14、黨派之爭與合作
15、茶專賣法律／和平與商業活動／呂夷簡罰俸一個月
16、愼大、持勝
第十二章　新冠肺炎Covid19災後餘生及其省思……379
1、辛丑年打新冠病毒疫苗紀

2、呂律師辛丑紀事之十。疫苗胡思亂想？／爲王澤鑑
教授作演講視頻
3、煉丹養肝、抗疫大作戰
4、微解封什麼意思？看《論語》／微軟
5、疫情帶來對五百年來工商業化、都市化、
全球化文明的反思
6、疫情，平安就好／懷念母親，自己縫補衣服
7、杯弓蛇影？新冠肺炎？
8、呂律師辛丑年歲末隨想／還是健康活著就是賺到
9、疫情期農家的苦與樂
10、查競傳律師入境北京的檢疫、隔離紀述
（二〇二一年七月）
11、棄成長、減碳、救地球，修補資本主義的幾種方法
12、依天趁雨清潔太陽能板／事上磨練／涓涓細雨滌
凡塵／曾滌生／二〇二三年二月二十日再滌塵緣

13、爲許多年輕人耽心

第十三章　結　語 419

1、美好的年代（一九七〇至二〇一五年）
2、焦慮的年代與戰爭陰影（二〇一六年以後）
3、庶民才是主人翁
4、俄烏戰爭的教訓、和平至上
5、強者多讓步
6、高房價、年輕人希望與文明的反省
7、手機遊戲、假消息之害／人生識字憂患始，看蘇東坡詩有感
8、社會瀑差價值／林百里先生由窮僑生變成新首富／中國《民法典》於二〇二〇年 公布／珍惜世界——尤其東亞的和平發展
9、敬悼黃光國教授／祈禱東亞和平
10、天之道

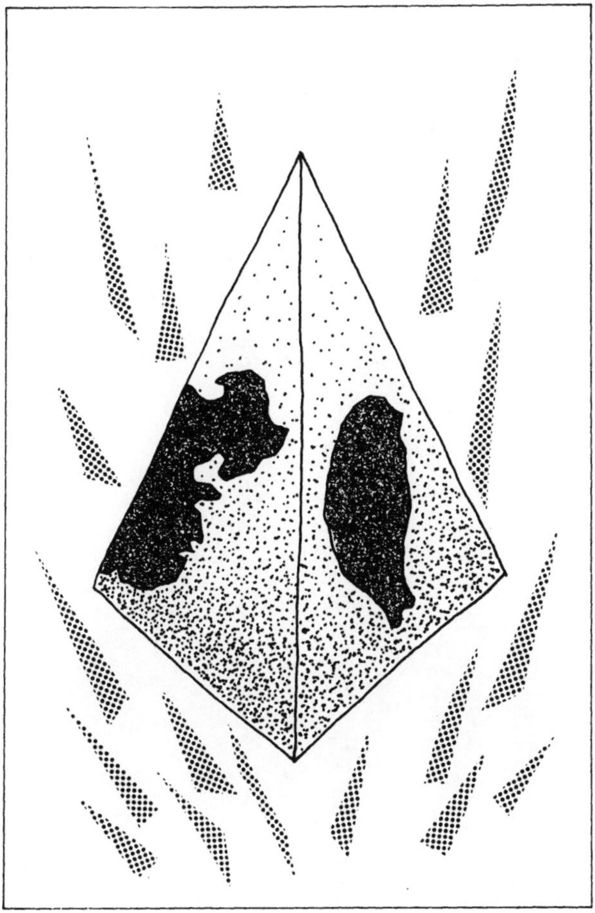

第一章 總綱

1. 四百年大趨勢

當前我們正面臨四百年才有的關鍵時刻！一方面前景光明遠大，另一方面我們卻面臨嚴重的矛盾。解決矛盾，必須對四百年來的歷史，作深度的反省。

人人都有追求富足生活的欲望，想求溫飽，希望將每年平均所得三百美元提高到一萬美元或更多。

隨著人口的增多，農業社會已不足使人類過著富足的生活。工商業革命取代農業，使部分國家人民過著富足的生活，為此有的國家已花了四百年，有的國家以一百年或四、五十年迎頭趕上，有的國家則剛開始。以愈短的時間「迎頭趕上」，所造成的衝擊及社會矛盾愈大。

在工商業化的過程中，造成了工商業人口與農業人口間的矛盾；也造成了勞工（無產階級）與資本（資產階級）間的矛盾；貧者與富人間的矛盾；同時，也造成了人與環境間的矛盾，甚至上一代人與下一代人間的矛盾。人類必須在發展工商業的過程中，理順有關的矛盾，否則社會難免動盪。

早完成工商業化的富強國家，也曾經不斷欺壓東亞的農業弱小國家，但一九九〇年以後，東亞的農業國家，快速工商業化，已經或將要從後趕到，改變世界生態。

2. 台灣

台灣以四百年的時間，基本上完成了農業開發，並於近四十年完成了工商業化，外部曾受列強占領殖民，內部也由於速成及缺乏自主規劃，也突顯了政治黨派的抗爭、農業人口與工商業人口間的矛盾（例如農民抗爭）、勞工與資本間的矛盾（勞工運動）、人與環境間的矛盾（環保圍廠、廢土抗爭）、上一代與下一代間的矛盾（例如，少年犯罪的社會問題），貧富差距大幅拉大、土地政策不當、投資環境惡化。我們必須突破政治瓶頸，確實檢討過速發展是幸福或非幸福？擬將年收入一萬美元快速衝上兩萬美元是否真正必要？代價是什麼？

讓我們建立自信心，多關心一點社會正義；多花一點成本理順有關的矛盾，為長久的真正幸福而奮鬥。這不僅是受壓迫者的生存權，也是無意間製造壓迫的人，避免反彈或革命的方法，基本上是對各階級都有利的，各階級必須學習互讓與團結。

3. 中國

中國基本上是一個大農業國，一八四〇年鴉片戰爭突顯了農業中國受工商業西方的欺壓和農業的弱小；為了追求富與強，中國開始進行政治改革與工商業化。

在進行過程中，又進一步引起中國國內農業人口和工商業人口間矛盾，前後分別發生太平天國與共產黨的農民革命，由於農業人口的眾多，這些革命都曾獲得一時的成功。

一時的成功，解決了平均的問題，但怎麼也阻擋不了人們心中追求富足生活或工商業化的大趨勢，因此，太平天國或共產黨所施行的極端公有、公營、重農政策，難免要失敗或必須改革。這一百五十年的變化，顯示中國太大，調整不易，革命特別多，路途特別曲折，忽左忽右。

近來來，大陸的改革開放及走向市場經濟，就是朝向工商業化的趨勢在走，方向正確。但有關農業人口與工商業人口間的矛盾、勞工與資本間的矛盾；人與環境間的矛盾（例如三峽大壩），基本上仍然存在。明顯的矛盾包括：內陸、農村與沿海、城市差距日大，通貨膨脹巨大，物價高漲，所得日益不均，官僚資本泛濫，大陸仍須努力，在發展工商業的大道中，落實社會正義，調理好這些矛盾，才能富強康樂。

4. 和享位能

台灣較小，已比大陸先一步完成工商業化，有一些經驗及教訓值得大陸參考及借鏡，也有一些資金、技術參與大陸工商業化；反之，大陸過去對工商業的反彈及「革命」的體驗較深，也有值得台灣借鏡之處，大陸現在正值工商業化啟動時期，擁有經濟發展的「高位能」，足以牽動世界經濟發展，雙方應似患難兄弟，對等互助合（和）享高位能，解決彼此內部及外部的矛盾，完成現代化，同求人民的幸福。

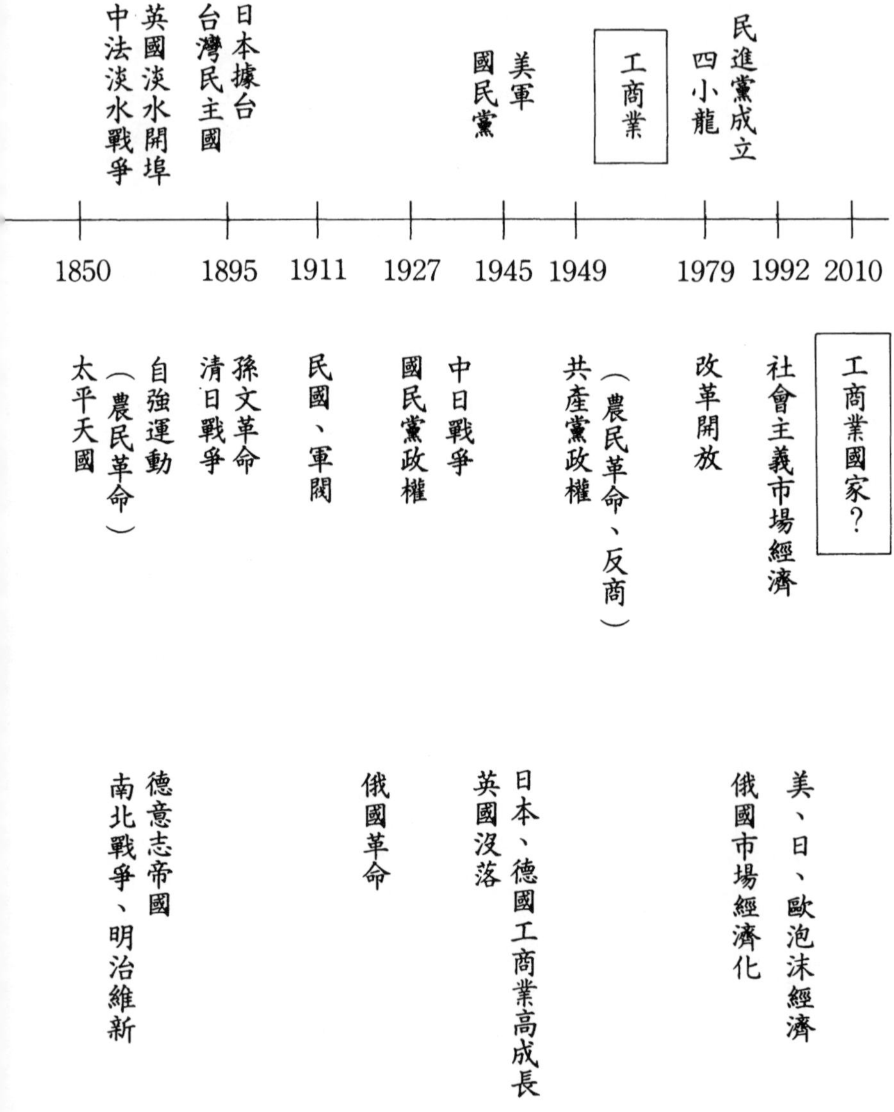
中法淡水戰爭
英國淡水開埠
台灣民主國
日本據台
國民黨
美軍
工商業
四小龍
民進黨成立
1850
1895
1911
1927
1945
1949
1979
1992
2010
太平天國
（農民革命）
自強運動
清日戰爭
孫文革命
民國、軍閥
國民黨政權
中日戰爭
共產黨政權
（農民革命、反商）
改革開放
社會主義市場經濟
工商業國家？
南北戰爭、明治維新
德意志帝國
俄國革命
英國沒落
日本、德國工商業高成長
俄國市場經濟化
美、日、歐泡沫經濟

由農業到工商業化社會的歷史宏觀

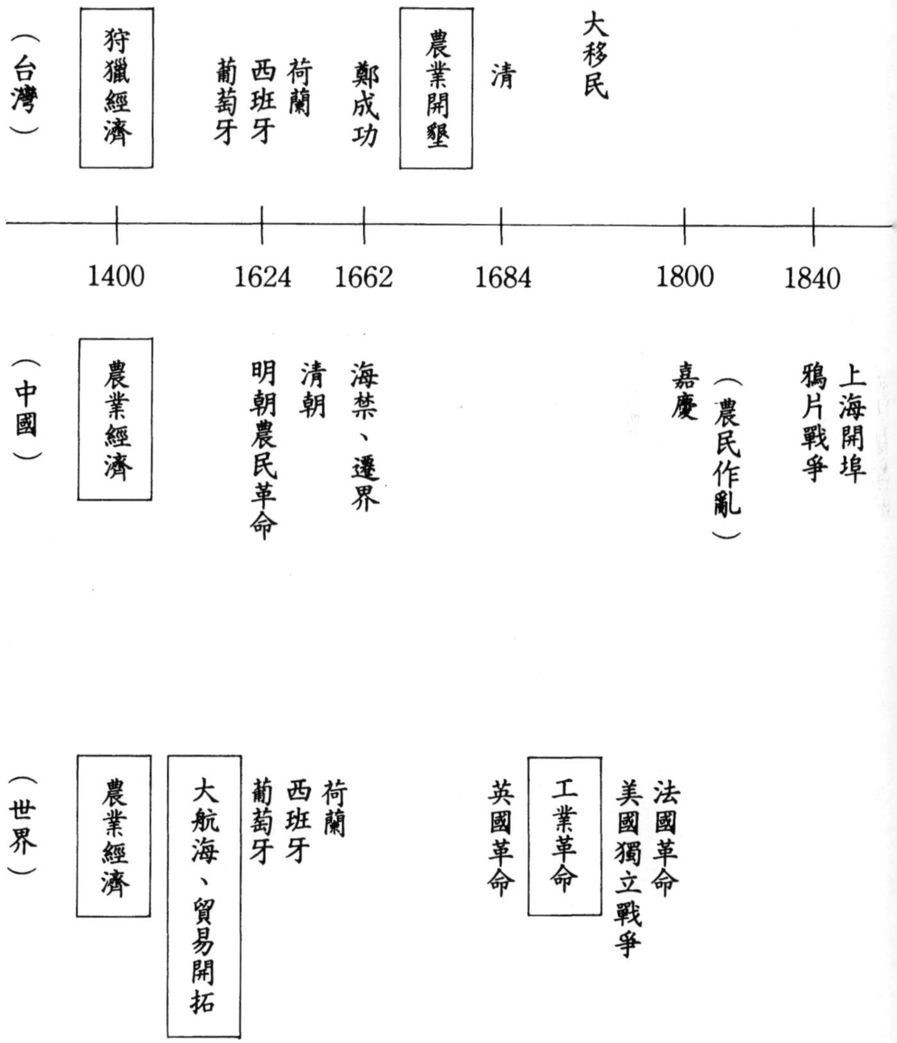

第二章　歷史宏觀

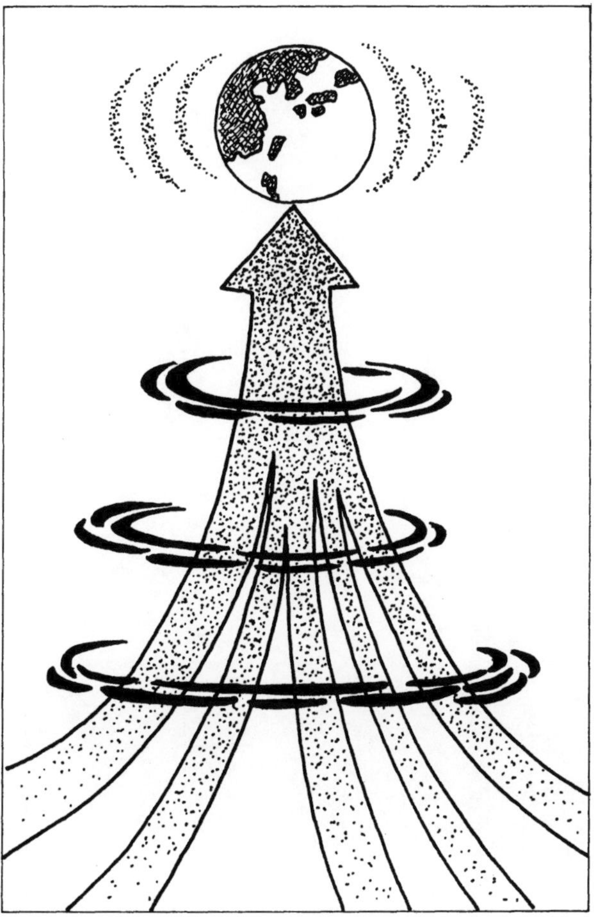

第一節　台灣

1. 一六三三年

關心台灣的前途，應對台灣歷史作深入的思考。

近年來，許多人熱愛高爾夫球，很多人知道高球名將呂良煥先生，我找到一本老舊、黑色的族譜，記載呂先生的祖先從福建來台，到良煥先生共計十代。第一代祖呂絹生於癸酉年，應是公元一六三三年，距荷蘭占領台灣（一六二四年）已經有九年的時光。斯時，英國人也正忙著殖民北美。

那時候的中國中原，正是農民挨餓造反、清兵將要入關的年代，崇禎、順治、李自成、吳三桂、多爾袞……正忙著打戰，逐鹿中原。

在福建南部，可能因為耕地有限，人口眾多，再加上官方課徵重稅，籌措軍費，還有，颱風、旱災為害，因此，人民生活困苦，大批的農民紛紛移往南洋、台灣謀生。呂絹可能就是在這種求生的背景下，於一六五〇年代渡海來台灣，從他告別父母兄弟，含淚登上前往台灣的船隻以後，他及十代子孫再也沒有回去過，這是何等的悲壯。

來台以後，三代單傳，第四代生四子，第五、六代各生五子，以後就族繁不及備載了，這就是漢人開闢建設台灣的辛酸史。

經過三百多年，台灣從原住民的狩獵經濟，完成了農業開發，以及最近的工商業化，超越中國五千年基本上仍停留在農業經濟的狀態，在工商業化的世界潮流中，台灣較中國大陸先一步完成了工商業化，到了一九八七年以後，反而回頭對大陸進行大規模投資。但是，在政治上卻仍然不能穩定。

同樣的三百多年，當年英國移民的後代，不僅已獨立成美國，且已經成為世界第一強國，但台灣住民還在為前途憂慮思索，令人感慨。這是大小不同所造成的吧！

唐山過台灣以來
淡水呂氏宗親系統表

爾甫希賢哲
子孫敦本實
于茲毓俊良
伯仲炳文章

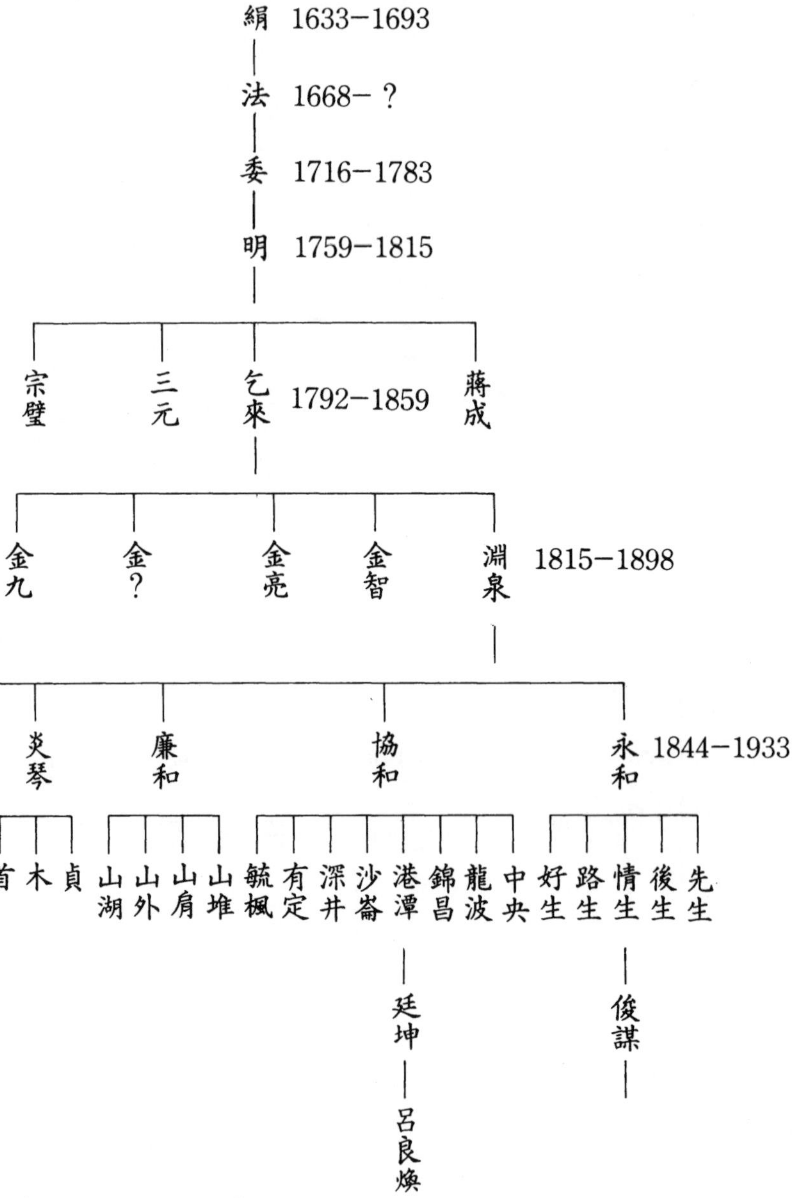

祖籍福建泉州府同安縣下崎堡大垵鄉

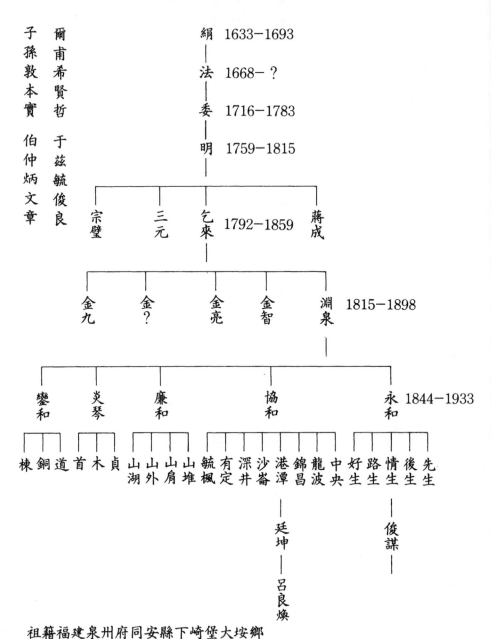

2. 荷蘭、日本據台

台灣有信史，基本上是四百年，這四百年，在世界歷史中，正是大航海貿易、產業革命的年代，世界上產業革命較先進的國家，或先或後紛紛由農業為主的社會，發展成以工商業為主的社會。這些國家包括荷蘭、西班牙（占北台灣）、英國（紅毛城）、日本、美國（美軍時代）以其工商業化所累積的「國力」，前前後後都在台灣的歷史舞台上，扮演過多多少少的角色。

這是台灣人民在政治上的挫折，但在經濟上卻陰錯陽差，每一步幾乎都跟對了世界工商業的潮流、接近了世界工商市場，使台灣在四百年之間，快速地完成了農業開發和工商業化，而這個工作，中國大陸基本上尚未完成，這是台灣地區的幸運，台灣不宜妄自菲薄。

荷蘭領台，開啟了台灣與貿易不可分的命運；日本據台，固然可視為台灣人民在政治上的挫折，因而許多先烈紛紛起來反抗；但日本以其工商業化後的經驗，在土地丈量、戶口普查、交通建設、發展基礎工業、金融業等方面，做了許多事，也有助於台灣之工商業化，比起大清、民國軍閥的統治，台灣更有了快速工商業化的條件。台灣切斷了大帝國的混亂，快速邁向工商業化。

3. 國民黨政權

國民黨政權在台灣，在一些人的心目中，也是台灣人民在政治上的挫折（似乎自李登輝總統以來就不同了），但是，很幸福的，台灣地區人民又跟對了世界的工商業潮流，累積了台商及人民在今日的身價。

這和中國大陸的命運不同。中國大陸在共產黨革命勝利後，以社會主義的方式，和世界工商市場隔絕了三十年，自一九七九年「改革開放」後，始重新嘗試接近世界工商市場，努力加入ＧＡＴＴ。

假如，蔣介石在大陸失去政權就意志潰散，和李宗仁一樣跑去美國，那麼，台灣在一九五〇年大概已為共產政權席捲，進而遠離世界工商市場，遲延了工商業化的時間。

經歷這麼多「挫折」與「幸運」，台灣人民應該走出受壓抑的情結，多往幸運之處發揮，人民不分先來後來，和衷共濟，持續發展工商業，解決社會正義問題，避免再一次陷入政治上的挫折。

台灣應努力讓大陸認識到台灣在工商業化的歷史先行地位，爭取台灣的持續發展，同時協助大陸儘快完成工商業現代化及落實社會正義法治，共邁現代化。

當前，國民黨宜強化理想性格，有力持續發展工商業及解決社會正義問題，避免陷於分裂及流派之爭，否則，極有可能失去執政。我們必須面對這種局面，設想國家的前途。

4. 鄭成功與民進黨

鄭成功在人民的心目中，一直享有極高的歷史評價。有一點點遺憾的是，他和後繼者最後變成悲劇英雄。

當時，台灣剛開始農墾，以初形農業為基礎的生產力，實在難以和農業大帝國清朝，做長久持續的抗衡，鄭氏台灣的唯一機會在於發展海上貿易，成為東亞地區的貿易強權，以經濟所累積的國力，維持生存。無奈，遷台伊始，戰事綿延、兩岸互為封鎖，阻礙了台灣、大陸、東南亞、日本間的貿易，而那時在台灣東方的美國仍未成為大市場，不能成為台灣的貿易出路，台灣失去了成為經濟大國的機會，最後招致敗亡。

目前台灣比鄭氏時期幸運的是，台灣已完成農業開發及工商業化，這全拜四十年的和平以及美國大市場之賜。相對於中國大陸的經濟力，目前的台灣，已非昔日鄭氏台灣所能比，台灣地區人民應有更多的信心。

民進黨及其前身的黨外人士，冒著牢獄，打破國民黨一黨統治的威權，為多黨政治奠基，就這一點，在許多人民心目中，享有正面的評價，即使反對它的人，也不能不承認。

令許多人比較憂心的是，台獨徹底而立即的實施是否引來封鎖甚至戰爭，而妨礙台灣的對外貿易，進而折損國力。當然，這種戰爭、封鎖也極端不利於大陸之改革開放，不利於發展工商業及貿易，不利於中國與世界競爭。在清、鄭的軍事對抗中，大陸沿海省份的居民在「禁海令」、「遷界令」之下，哀鴻遍野、經濟倒退，值得政治家思量。

我們應該從經濟面、貿易面來研究鄭氏王朝的成敗及對大陸沿海民生的影響，作為目前兩岸政策的借鏡。我們既唾棄鄭芝龍式的急統，使得台灣在大帝國羈絆下無法發揮鄭氏貿易的特長，也應避免軍事對抗，使得台灣、大陸和世界各國無從發展經貿關係，遲延了現代化的時間。

統獨之間，既是相剋，也能相生；既能陰陽背反，也能陰陽調和。

第二節　中國

1. 太平天國

要了解中國現在面對的問題及矛盾，看清未來應走的路線，應該深度反省四百年或至少一百五十年來的現代化或革命歷史。

自乾隆以來，中國人口大幅成長，傳統的農業制度很難養活眾多人民，貧弱的中國開始承受西方工商業化後富強的衝擊，鴉片戰爭突顯了這一點。

中國近代史，廣東尤其是廣州一帶，經常扮演改革的「先行者」角色。一九七九年中共在經濟上「改革開放」，就是從廣東開始；不獨如此，早在一八三〇年、一八四〇年代，廣東即因其對西方工商業先進國家之接觸最早，而先中國其他各地開始進行工商業化，廣州一帶的初形工商業吸引許多廣東、廣西農村的過剩人口，到了中英貿易衝突，清廷封鎖了對外貿易，造成廣東、廣西一帶大量的失業人口倒向流回農村，生活困難；一八四二年之後，英國以鴉片戰爭打開了上海、寧波、福州、廈門、廣州「五口」通商，使中國工商業的重心，由廣東移至長江下游，更造成廣東、廣西一帶不景氣，大量的人口陷於失業。這些本來由農村移出而又流回農村的大量失業人口，正為太平天國自廣西、廣東交界一帶開始起兵，提供了豐富的兵源。

太平天國帶著農民軍從廣西，勢如破竹一路打到長江下游，定都南京，充滿著強烈的重農思想和措施（公有制），逐漸擴大和江浙工商業利益團體的矛盾，導致善戰的忠王李秀成屢攻上海不下，且引起上海工商界支持的「常勝軍」（洋槍隊）與清兵聯合攻打太平軍，它所顯示的意義是：以農業為基礎的太平軍無法妥善處理與工商業間的關係，進一步引起農業人口和工商業人口間的衝突，而削弱實力，最後敗亡。

我們應該記取這類教訓，重視工商業化的必然趨勢和因此所引起的族群（階層）矛盾，進而調理好有關的矛盾。

2. 國民黨南京政權

國民黨從廣東、廣西起家，從兩廣打到長江下游，定都南京，一路勢如破竹，其過程和太平天國極為類似；不同的是，到了長江下游，太平天國和江浙的工商業角色或勢力，不能協調甚至造成對抗，但國民黨則迅速從孫中山的「工農聯盟」迅速轉變與江浙地區的工商業角色和工商業勢力結合（共產黨稱之為『背叛革命』），鞏固了以江浙工商業為基礎的南京政權，長達二十年。

但南京政權未能解決廣大農村的民生問題，毛澤東及其支持者看清了這一點、利用了這一點，提出以「農村包圍城市」的戰略，再加上日本侵華的時機和條件，終於又使國民黨在大陸失掉政權（假如沒有日本的入侵，則工商業勢力與農業人口的對決，鹿死誰手尚未可知）。

共產黨取得政權後，消滅了所有民間的工商業勢力，直到一九七九年才開始「改革開放」，逐步發展工商業，和民間工商業妥協。

3. 共黨革命

共產黨革命，以鄉村包圍城市，以農民勢力打敗了江浙工商業勢力，固然階段性的解放了農民的生產力，但「左」的負面作用是長期壓制了民間工商業的發展，遲延了中國工商業化的時間。

從一九四九年到一九七九年，在三十年之間，由民族資本的承認，到公私合營、反右、打倒「走資」，逐步地消滅民間的工商業，更重要的在二、三十年之間幾乎切斷了與世界工商市場之接觸，到了嚴重的「反商」程度。

這一種以農為主、徹底打垮民間工商業的作法，固然成功的解決了平均問題，但基本上和二、三百年來，人類為了求富而進行工商業化的大趨勢有所違背，所以，完成階段任務之後，在一九七九年以後，也開始走向改革開放，發展工商業。

這樣，歷史曲曲折折走了五十年，還是必須解決農業人口（勢力）與工商業人口（勢力）間的發展與調和的根本問題，共產黨取得農民革命成功以後，也同樣逃避不了遲早必須工商業化及如何與農業部門衡平的問題，一九七九年工商業化（改革開放）的課題，因為經歷長期的革命，社會條件已經更加成熟，中國比較有能力解決工商業與農業間的問題了。

4. 社會主義的市場經濟

未來十年，中國大陸在快速發展市場經濟的道路中，隨時必須面對可能的「第三次農民動亂」。

一九九三年六月十一日各報報導「抗議亂攤派，四川省仁壽縣爆發大規模農民抗爭」，這類消息，一直引起我們深摯的關切。

按「改革開放」到現在的「社會主義市場經濟」的大方向，符合世界二、三百年來，由農業社會走向工商業社會的潮流（大歷史的動機是為了求富，改善生活），應是正確或難於阻擋的。但中國原是農業大國、人口眾多、幅員廣大，農業社會的負擔特別大，在邁向工商業的現代化過程中，社會矛盾或「反彈」的力量大強大，農業人口一直擁有強大的力量，反撲工商業的發展及政策，一百五十年來，曾經發生過太平天國及共產黨所領導的農民革命。

現在，農民問題及反彈、反撲的問題，仍未完全解決，大陸當局面對城市、農村的巨大差距，面對非農業人口、農業人口所得的巨大差距，仍有待嚴峻考驗，為了中國人的幸福，希望以「農民」起家的大陸當局，有智慧及有能力通過嚴峻的考驗，避免近代史上可能出現的第三次農民革命。

也許，大陸當局可實施「非農業人口扶助農業人口」的「階級（層）互助」的制度，解決農村所得低落的問題。另外，台商也可以參與一定的角色。

我們認為，針對大量農民民工潮的問題，大陸更應鼓勵台商在內陸投資，就近吸引農業剩餘人口從事工商業；降低農業人口在人口中的比例，完成具有中國特色的工商業化。這樣，才能提高人均所得及解決兩極分化問題。

5. 工商業化與上海的崛起

在三、四百年以前，我們幾乎沒有聽說過上海，至今，上海已發展成中國最大的城市。上海的地位建立在工商業崛起尤其是國際貿易上。

中國原是農業型大帝國，兩千年來，大城市都在中央及地方政治中心加上少數交通要地，長期以來，自然看不到上海。

南宋以後，江南尤其是蘇州一帶，包括上海工商業繁榮，因此，鄰近的上海才在一二九二年（元朝）由「上海鎮」變成「上海縣」，上海開始成為一個工商業城市，名字才開始出現。

然而，明、清兩朝基本上是農業型的鎖國時代，再加上對「倭寇」、「鄭成功」的軍事封鎖策略，上海一帶的工商業發展，一再受到「禁海令」、「遷界令」的打擊或限制，使上海難脫四流城市的地位。

受到如此壓抑的上海，在工商業的趨勢下，這樣默默地發展了數百年，到了一八四〇年鴉片戰爭時，已有五十萬人口。在英國人獨具慧眼下，在一八四二年南京條約被挑中，成為五口通商之一。從此，上海開港，面向國際，變成中國最大的城市。

如果放下政治上的挫折不談，列強以軍事力量使上海走入國際，對上海的工商業發展具有下列下面意義；(1)外人投資再逐步形成一些民族資本；(2)因「租界」中外人武力的介入，歷經太平天國、義和團、辛亥革命、軍閥混戰、國民革命、抗戰、內戰，上海均相對的維持較其他地區安定、和平的環境，而有利於持續發展工商業；(3)租界內的「工商業法令」有限度地較適合於工商業發展，這比後來也是參考列強所制定出來的大清「民律」、

「商律」、國民黨的民法商法、共產黨的民法、商法，分別早了四十年、七十年、一百二十年，上海在有限度的法令規範下，較廣大中國其他地區，提早了一百年發展工商業。也許，這是「帝國主義」以武力侵略中國，在冥冥中、無意間的「回饋」。

至一九四九年中共取得政權時，上海人口已達五百萬，較一八四二年增加了九倍，它已成為中國第一城市。

以「農村包圍城市」起家的中共取得政權後，歷經「社會主義改造」、「公私合營」、「國有化」，壓制了工商業及國際化，上海的發展自然受到了長期、巨大的壓抑。

直到改革開放尤其是一九九二年「市場經濟」、開發浦東以後，上海才又得到了大幅發展的機會。所以，上海的命運，和中國的工商業化、國際貿易的脈動，息息相關。上海代表中國的工商業化。

第三節　世界

1. 小國和大國的優缺點

台灣在四百年來，擁有極為豐富的國際經驗。

十六世紀，葡萄牙人占領了澳門，行經台灣海峽，看到台灣的美麗，稱台灣為「美麗島」（Formosa）；從一六二四年起，荷蘭占領台灣三十八年，西班牙也一度占領北台灣十六年；兩百年後，法國軍隊在中法戰爭中入侵台灣的淡水（滬尾之戰），英國也於淡水紅毛城設置領事館，淡水成為英法聯軍下的通商口岸。其後，日本占領台灣五十年；一九四五年以後，以德國法律作為藍本的「六法全書」，隨著國民政府遷台，施行於台灣，經四、五十年，台灣初步完成了現代化法治。再來，美國的大市場更提供了台灣成為貿易大國的契機。俄國列寧式的政黨則深深影響了國民黨。

除了和美國的貿易關係以及繼受德國的法律以外，其他國家和台灣發生關係的方式是帝國主義。台灣受盡了壓迫，但是，台灣也吸收了豐富經驗，在四百年內快速地完成農業開發和工商業化。

從台灣豐富的國際經驗中，我們特別觀察到：和台灣發生關係的國家，依時間先後，先是小型國家如荷蘭、葡萄牙，其次是中型國家，如英國、法國、日本、德國；再來是大型國家，如美國、俄國。

2. 小型國：荷、葡、四小龍

就像台灣因為小而能快速完成工商業化一樣，在列強中，也是小型國家如荷蘭、葡萄牙最先進行大航海、大貿易，從農業生產方式快速完成工商業化，並以帝國主義的方式，於十七世紀，即以強大的財力、兵力，在仍處農業社會的遠東包括台灣，發揮影響力。

亞洲四小龍因為歷史的原因，拖到二十紀才開始發展，但一旦開始發展工商業，速度也非常快，就是在四小龍中，韓國最大，社會衝突多，韓國的發展速度慢於台灣、香港、新加坡，台灣又比新、港大，社會衝突也較多，發展速度也慢於新、港。

在中國大陸，經濟特區的工商業發展非常快速，也是因為特區「小」的原故，中國宜將各省「特區化」，帶有聯邦性質。

3. 中型國㈠：英、法

固然，小型國家有快速變更生產方式，完成工商業化的優點，但是，一旦讓較大的中型國家也完成了生產方式的變更，克服了社會矛盾（例如，革命），由農業社會變成工商業國家，那麼，較大的國家也就取代小型國家，成為世界的強權。英國、法國繼十七世紀的荷蘭之後，在十九世紀入侵台灣、在淡水開港，代表著這樣的意義。英、法在發展過程中，均經歷近百年的內部「大革命」，反覆在專制與民主之間，最後達到民主。

4. 中型國㈡：德、日

比起英、法，德國大一點，發展也較晚，但從一八六〇年起，在政治、工商業化等方面快速發展。由於國家大，再加上發展快速，所以，一方面非常強大，在七十年內發動了普法戰爭、一次、二次世界大戰，另一方面，社會矛盾也非常巨大，誕生了馬克斯這一位思想家、一度實施法西斯主義、到戰後實施社會的市場經濟政策，也從極端的帝制，在七十年內快速地民主化。現今施行於台灣的民法，是以一八九八年德國民法為藍本，德國民法比法國一八〇四年民法，晚了近一百年。民法的施行也代表了一個國家工商業化或現代化的時間，台灣分別於一八九五年施行日本民法及一九四五年施行現行民法。現行民法係國民政府於一九三〇年代制定，在一九四九年被共產黨廢除，直至一九八六年，中國大陸才制定了民法。按經驗，一個國家要達到民主法治的現代化社會，在早期必須經歷民法施行一百年，近來媒體發達、教育普及，只要好好普法推行，也許五十年、七十年就能上軌道，苟如此，台灣可能可以在二〇一五年達到民主法治現代化境界，中國大陸最快可能在二〇三六年達到。我們不必急，也不必因暫時達不到法治，而誤以為我們的水準不如別人，進而喪失自信心。倒是，台灣如果將一八九五年的民法算進去，至一九九五年已滿百年，二〇一五年的法治境界應可以提早來到。

東方的日本和中國同樣在一八六〇年年代開始學習西方，日本較小又能以天皇為領導中心，說維新就傾全力維新，社會矛盾不大，未曾發生「革命」，快速地完成工商業化，在經歷帝國主義之後，也快速地民主化，至今成為世界屬一屬二的經濟大國。反之，中國卻經歷了一百多年的社會矛盾、革命，至今，仍以農業為主，尚未完成工商業化。

5. 大型國：俄、美

俄羅斯到了二十世紀才開始工商業化，嚴格講，到了一九九〇年代才進行私有制工商業化，它和大型國家中國大陸一樣，社會矛盾特別大，發展的時間也就比中型國家晚了許多，但是，一旦讓它們成功的解決了社會矛盾，適度地降低了農業人口的比例，完成了工商業化，其力量一定比中型國家大，就像二百年前中型國家超越小型國家一樣。

印度也是大國，傳統的農業大國，想要完成工商業化，將農業人口降至百分之五十以下，提高國民所得，恐怕也不容易。

美國是大型國家，其開發時期和台灣一樣，始於十六、十七世紀，卻能先於俄羅斯、中國完成工商業化，自是幸運，它能快速發展，和「新大陸」無傳統農業社會包袱以及實行聯邦制有關。但是，其在發展過程中，並非一帆風順，也經歷了荷蘭、英國、法國列強間的戰爭以及獨立戰爭。獨立之後，在邁向工商業化的過程中，也發生了工商業力量和農業力量間的社會矛盾，於一八六〇年代南北戰爭期間，北方的工商業勢力打敗了南方的農業勢力，奠定了完成工商業化及大國的基礎，而在經歷第一次及第二次世界大戰後，取代歐洲成為經濟及政治上的強權。美國原是殖民地、新開發地區，在短短四百年內完成農業開發及工商商業化，和台灣四百年來完成農業開發及工商業化，頗為類似，但是不同的是，美國地大物博，終能擺脫歐洲列強的殖民，獨立建國，並成為世界首強，這是「大國」的優點。

第三章

亞太營運中心

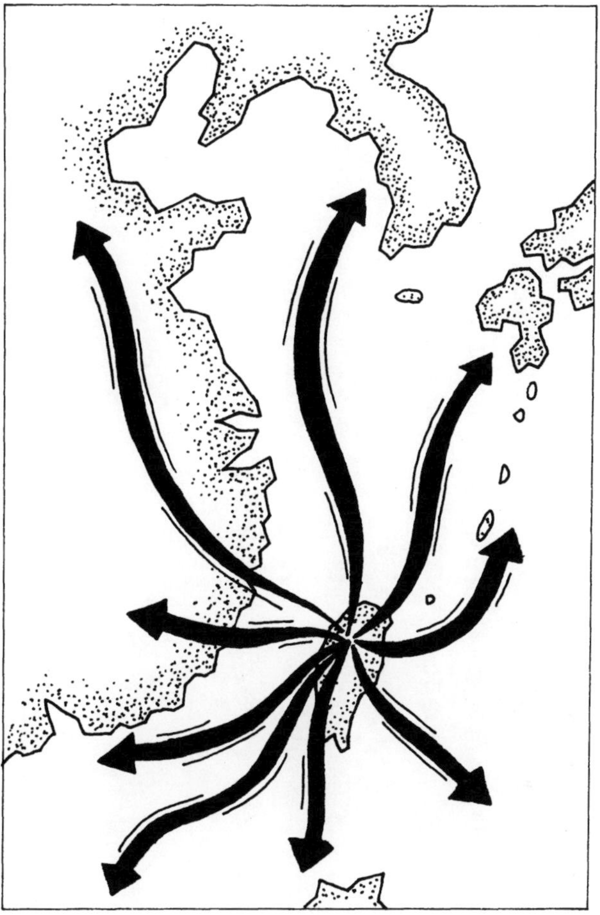

1. 亞太興起與王道經營

一九九三年十月間，在非常偶然的機會裡，筆者和企鐸會的若干成員，前往日本京都、大阪一帶，參觀、訪問PHP總合研究所和日本若干中小企業，在行程中，有一部分課程由日人林英臣先生和角田識之先生分別主講「文明交替和亞洲的使命」（文明法則史學）和「東方王道經營的挑戰」（理念型經營的理論與實踐），令筆者受到許多啟發。

簡單的講，林氏認為，文明像波浪，有高峰期，有低潮期，一個週期約一千六百年，其中，八百年是高峰期，八百年是低潮期，互相興替。最近的八百年，也就是從十三世紀開始到二十世紀，為西方的高峰期，到了二十一世紀，西方文明應該會開始轉入低潮期，東方文明應該會逐漸興起。在文明交替時期，通常出現民族大移轉，例如，公元四、五世紀的蠻族入侵羅馬、十二、三世紀蒙古入侵歐洲。到了二十世紀末隨著社會主義國家的「開放」，發生了龐大的難民潮、移民潮，也是民族的大移轉。

根據上述文明法則，林氏進一步認為近代西方文明的特徵是霸道文化，在二十世紀開始逐漸代西方而興起的應屬東方的王道文化。

另外，經營企業管理業務的角田識之先生，為了闡揚東方王道理念，特別安排我們參觀訪問一家叫「中村菌」的中小企業，該公司以販賣釀酒菌的健康食品為業，由於已創出口碑，不用登廣告，客戶都捧著現金前來交易，雖年營業額只有日幣三十億元，但無廣告費、業務費之支出及呆帳風險，在日本泡沫經濟的不景氣期間，仍然維持三成的利潤，老闆更是輕輕鬆鬆的常常對著來賓表演他的魔術。反觀某一家代表傳統霸道文化，強調市場占有率及追求第一的大企業，平常以大量廣告及「推銷」方法「轟炸」、「強迫誘使」顧客購買，則在同期造成了三二〇億日圓的赤字。

所以，傳統西方霸道的、大的、高市場占有率、社會達爾文主義的企業，並不代表就是好的，反而，代表東方王道的、小的、有特色商品的、反社會達爾文主義的企業，可能才是好的。

同樣的道理，傳統霸道的、大的、強大武力及霸權主義的大國，也不一定是好的，在文明交替時期，反而，王道的、小的、有特色的國家，可能才是好的、幸福的。

林英臣氏又認為，日本過去的戰爭行為，是在受到西方霸道文化壓迫後卻又走上了西方的霸道文化，今後則應走向東方王道文化；在實踐東方王道文化中，最有資格和實力的應該是中國，它將是復興亞洲的主力，不過，林氏也認為，中國剛站在文明週期的爬坡期，問題仍然不少，如果能夠獲得台灣、香港的協同、帶動、合作，則更大有可為。最後，林氏認為台灣保留許多中國文化，是天命下所建立的國家，將在下一世紀重建中國新SS（Social System）時，扮演主要的角色。

2. 高位能的亞太地區

松下幸之助生於一八九四年（甲午戰爭，中國大敗），死於一九八四年（中英香港協定，中國結束了帝國主義），活了九十年，從一個農民的子女，創造了松下大企業。他一生的創造成果，代表了個人、日本、亞洲的成長（像王永慶等企業家的創造成果，也代表台灣、亞洲的成長）。據林英臣先生說，松下在晚年認為「現在是關鍵時刻，我很擔心接下來的二十年」。這個時期是亞太高成長及文明轉換的關鍵時期。

林英臣先生從「文明法則史學」、「人心與宇宙週波一致」的角度，認為八百年是一個文明期，從一九七五年至二〇七五年是文明的轉換期，亞洲就要興起。一九七五年發生石油危機，大家都說日本完了，但反而使日本改善了體質，亞洲四小龍的高成長、泰、馬、印及中國的經濟發展也非常可觀，代表一個興起的亞洲。

反觀歐洲在衰退之中，現在再再怎麼可觀，也不像過去歐洲強大時，一個歐洲國家即可縱橫世界。目前EC的整合，在林氏看來，就像老人擠在一起，抵抗墮落與寒冷。

角田識之進一步從「情報」（信息）的角度指出，歐洲文藝復興時期，歐洲國家擁有豐富情報，促成歐洲文明的高潮，同時的，亞洲目前擁有各國情報，也同樣代來亞太的復興。

這樣看亞洲的興起未免過於「神秘」，除了情報、信息以外，究竟亞洲興起的力量是什麼？

筆者從小在農村生活、長大，親身目睹台灣快速進入工商業化、富裕但問題很多的變化，認為：亞洲目前擁有從「農業社會」進入「工商業社會」的高度位能時期，這是亞洲興起的主要力量。

這種高位能，就像物質從固態變成液態、液態變成氣態時，能夠釋放出大能量一樣，也像水從高處衝下低處的位能一樣。

高位能很容易創造高經濟成長率，當然，控制不好，也容易產生高通貨膨脹及種種社會問題。

當高位能造成巨大的社會問題，未能獲得妥善處理時，將產生人民的苦難，苦難可能產生思想家、行動家以及凝聚人民，製造重大歷史事件。在歐洲興盛時期，拿破崙的事蹟，建立在法國高位能釋出時期人民的苦難，苦難凝聚了法國人民供拿破崙左右；在德國，俾斯麥到希特勒的事蹟，則建立在德國高位能釋出時期人民的苦難，苦難也凝聚了德國人民在俾斯麥、希特勒的左右下；在俄國，列寧、史達林的事蹟也是建立在俄國高位能釋出時期、人民苦難的基礎上。

在亞洲中國，洪秀全、孫中山、蔣介石、毛澤東的事蹟也是建立在高位能釋出時期、人民苦難的基礎上。

當前，中國的位能尚待釋出，這種高位能將有可能製造重大歷史事件，高位能也是經濟大幅成長的主要動力，而且，因為中國大，它有足夠的能量牽引世界經濟。

亞洲四小龍在過去二十年擁有高經濟成長率，就是受高位能之賜！四小龍都小，調整容易，不致產生社會階級嚴重矛盾而造成重大苦難，所以也沒有拿破崙、俾斯麥、希特勒、列寧、史達林這類人物。

四小龍加上中國、日本、其他高位能的亞洲國家如泰國、馬來西亞、印尼，形成一個巨大的高位能地區，成為世界的重心。

3. 論亞太營運中心㈠

在亞太興起的關鍵時刻，台灣扮演什麼角色呢？

觀察台灣經濟發展史，在五〇年代工業化以前，主要靠農業及農業品外銷。五〇年代以後，則以勞力密集的輕工業產品為外銷主力，在犧牲環保下，為台灣累積全世界屬一屬二的八百億美元外匯和大量財富。但是，到了八〇年代以後，勞力密集的產業，在世界市場逐漸喪失競爭力。

於是，各界均關心，有什麼產業可以作為台灣在九〇年代以後的生存主力？其中高科技產業常被提及，加以九〇年代冷戰結束，各國國防（高科技）預算紛紛削減，國際高科技產業來台尋求資金、發展的契機將要到來（註一），但基於高科技產業的關鍵技術、專利、零組件基本上台商並未掌握，我國以中小企業為主體的企業，一般也未安排高比例的研究費用，是以，高科技應有發展，但仍不能樂觀的以它作為台灣經濟發展的主力。

台灣在九〇年代以後賴以生存的主力，應是「生產性的服務業」，包括運輸、轉運、金融，尤其是「人才」、機會的仲介業者，所謂「亞太營運中心」的推動（註二），應該以推動「生產性的服務業」為重心（註三），作為「社會主義」社會與「資本主義」社會的仲介業者（註四）、作為西方投資中國大陸、越南等亞太高位能國家的媒介者、管理者與營運者、作為中國生產與世界市場的「貿易公司」。

為了扮演這種角色，台灣最大的資源應是「人才」、「近於高位能區」與亞太的中心位置，再加上，台灣擁有一些資金。但是，台灣最大的不利點在於「觀念」尚待突破，有關兩岸關係尚未能定位！

對此，我們認為應採取主動，依「天時」（天略）速定「政略」、「戰略」乃至於「戰術」，才能使台灣在未來十年內找到生存、成長的契機。要搞有生產性的「服務業」，就必須發揮「王道精神」，讓悅者來，不能再像工業市場競爭那一種霸道行為了。台灣以「小國」的地位來發展「服務」，最能表現東方的王道精神。

註一：這是徐小波教授之看法，發表於一九九四年產業科技研究發展研討會，一九九四年六月十六日，該場次由呂榮海主持。

註二：參見經濟部投資業業務處委託遠東經濟研究顧問社研究，徐小波、薛琦主持「在台灣設立亞太營運中心可行性研究」。

註三：海基會副秘書長石齊平先生於一九九四年五月七日受十年會之邀主講「兩岸關

係之展望」，提出台灣應以「生產性服務業」為主力的觀念，並比較了台灣與新加坡在成為亞太營運中心方面的優劣點及台灣生存之道，內容深受與會者認同。

註四：大陸政策暨事務基金會執行長李英明先生認為中國大陸「社會主義的市場經濟」仍將維持社會主義的思維，而不同於西方資本主義，台灣扮演社會主義與資本主義社會的媒介、仲介角色，台灣問題將是全世界之問題。這是李教授於一九九四年三月二十八日十年會之邀演講時所主張的。

4. 論亞太營運中心㈡

針對「亞太太平洋世紀」，鄧小平認為「亞洲有三十億人口，中國大陸就占十一億多，所謂亞太太平洋世紀，沒有中國的發展是形不成的」（註一），話是沒錯，但問題是，中國如何發展？尤其是，如何讓沿海富起來，又能防止和內地的兩極分化？如何解決內地廣大農村相對於沿海工商業發展的不平衡？如何防止因此而動亂？

我們認為，由農業社會發展向工商業社會的高位能階段，達到高成長率是一件容易的事，問題的關鍵在於如何一方面能夠成長，另一方面又能解決上述問題？當前，大量民工潮、盲流象徵著這些潛在的社會問題，倘若發生大不景氣、農業歉收以及財政困難，這些民工潮有可能形成像明末那樣的農民問題。

解決這個大問題，應該做好交通建設，更加鼓勵外商尤其是台商赴內地投資，而非一味走初期的沿海路線。

如何鼓勵台商投資和換取台灣的安全感，中國應該貫徹其一向宣示的「反霸權主義」（註二），不要老是以大壓小，處處打壓台灣的生存空間

發揚孟子所講的王道精神，讓小的、有特色的、異質基因的台灣及其企業，協力或帶領中國完成王道式的工商業化、保障弱小、保護環境（註三），中國人才有希望在亞太起飛的文明波中，順勢而起，結束二百年來的苦難。

亞太將要興起，難免引起西方類似韓廷頓教授「文化衝突」的疑慮，是以，亞太不能再走過去三、四百年以來西方霸權主義、帝國主義、工商競爭文化、社會達爾文主義的路線，相反的，應以王道、反霸權的方式對待西方，何況，亞太的春天，還在少年期，比起西方秋天的壯年期還是弱小的，大家應該合作。

日本在二十世紀前半期，不幸的，也走入西方式的帝國主義路線，對中國、台灣、東南亞各國造成許多苦難，如今，仍有許多人對日本的資本、貿易輸出，深懷戒心。我們認為，在兩岸關係上，日本資金宜以小台灣作為仲介，協同台商投資中國，發揮王道精神，才能逐漸改變人們對霸道主義的戒心。從此觀點，我們肯定日本學者林英臣先生、角田識之先生對東方王道精神的闡揚，日後我們應以小中企業為主角，促成台、日、中國、東南亞小中企業的協作，使小而有特色的企業、地區或國家，能夠獲得發展。

台灣將以「小」的特色，扮演「亞太營運中心」式的「仲介者」角色，成為東京、上海的「副中心」。為此，應與大陸直航、直接貿易。只有前進，增長國力才能安全。

註一：鄧小平文選，第三卷，第三五八頁。

註二：同前註，第一〇四頁。

註三：台灣快速工商業化後，飽受環境破壞之苦，當前，中國為快速工商業化，也有忽視環保的現象，值得關切。例如，三峽大壩本身就是一個非常大的環保問題，如果建好後，再不重視環保，四川一億人口將生活在一個大臭水溝之中。

第四章

中華台灣國聯

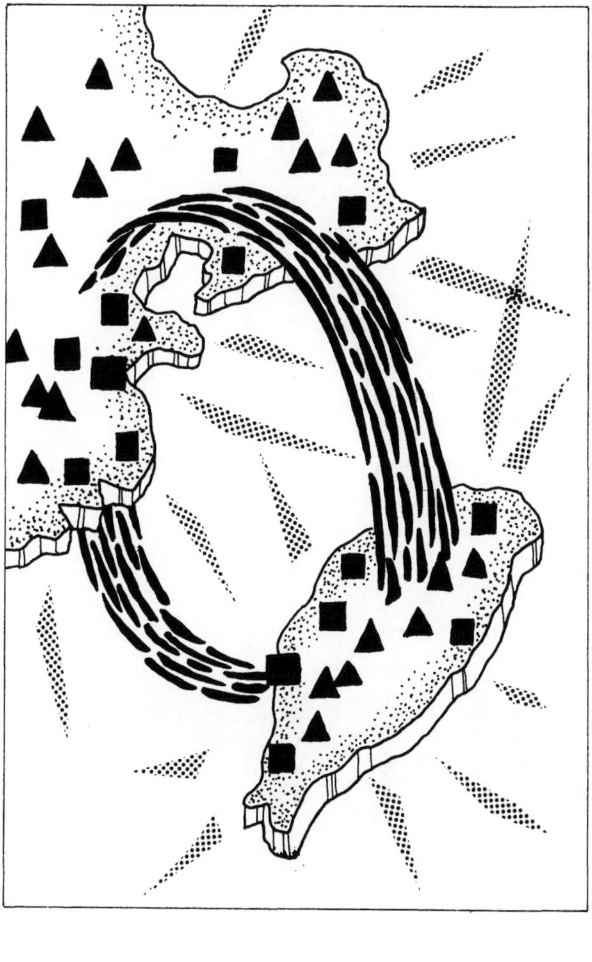

1. 中國遲延「富」強的原因

自鴉片戰爭以來，中國貧弱了一百五十餘年，許多有志之士，一代接一代，紛紛致力於自強、變法、革命、翻身、社會主義市場經濟等等救亡圖存運動，但這個工作尚未全部完成。

其實，不只是一百五十年，早在一六二四年，西歐的荷蘭小國，竟然有那麼多的財力、那麼強的軍力，打到遠東，占領台灣，從事農墾、貿易，東方的中國，早就應該警覺到，以後的數百年可能是西方國家主宰的世界。西方以先行工商業化所累積的財力，力量足以壓迫貧窮的農業中國，據史家研究，當時荷蘭政府的歲入和大明朝差不多。

大清以初初立國的恢宏氣勢，歷經康、雍、乾三朝，在亞洲大幅開疆闢土，當然不會想到大帝國存在生產技術上的大危機，而使這個問題，拖延了兩百餘年，直到一八四〇年鴉片戰爭才顯露出來。拖了兩百年，久病延醫，再加上國家的龐大，想要醫好恐怕也需要兩百年。鄧小平主張爭取在公元二〇五〇年將中國發展成中等發達國家，人均所得四千美元，距鴉片戰爭剛好兩百年。

中國國家大、人口多，人才也多，所以光救亡圖存之道的主張，多如牛毛，從早期的自強、維新、革命派、立憲派，到三民主義、社會主義，到社會主義中的城市路線、農村路線，左、右、走資反走資；文化大革命、改革派、保守派；社會主義的市場經濟、「自由化」……，想要達成共識，就走了一百五十年以上。雖然，各個階段的主張都有缺點，但它們之間形成一種有機體的發展，各種主張或行動，或多或少，直接或間接，正面或當作反面教材，對中國的發展或進步，都作出貢獻，中國人民也付出了極大的代價。

我們應該將這麼多救亡圖存的主張和行動歸納或進化成三點：(1)中國應完成工商業化，容納更多從農業「解放」出來的人口（盲流），這樣，才有辦法，提高國民所得，達到均富的目；(2)標落實社會主義法治政策，照顧在工商業化過程中走得慢，落在後面的弱勢族群，才不致引起抗爭及另一波革命；(3)在前述均富及正義的社會基礎上，建立健康的國防，如果沒有前述基礎，外表強大的武力，也是空的。

我們應以這三項要點，社會科學的解決國家現代化課題，弱化「○○主義」的提法。

台灣幅員小，人口少，歷經荷蘭、鄭成功、清朝、日本、國民黨的統治，政治上雖屬挫折，但所經歷的均與四百年來大航海、大貿易、工商業化的潮流相符，至今國民所得高達一萬美元以上，農業人口低於百分之十二，已符合上述第一項現代化要點，但第二項的社會主義法治及第三項「國防」，或因發展快速而被忽略或因幅員太小而不足，仍有待加強。因為，第一項要點及格，所以經濟力量及台商就成了台灣前途的契機，一切施政應以台商為心。

2. 侵台不利中國大陸經濟發展

在中國大陸方面，依據鄧小平的政略約有下列五項：(1)發展生產力，第一階段爭取公元二〇〇〇年人均所得八〇〇至一〇〇〇美元（較一九八〇年翻兩番），第二階段爭取在二〇五〇年前人均所得四千美元，達中等發達國家；(2)不要兩極分化，要使全國人民普遍過小康生活；共同富裕才叫社會主義；讓沿海先發展起來，先發展的沿海一個省包內地一個省或兩個省，但太早也不行，約在本世紀末（註一）；(3)爭取長時間、至少二十年維持「和平」、「穩定」，以便集中精力搞好建設，如果十億人沒有凝聚中心，怎麼搞建設（註二）；(4)兩岸關係「一國兩制」；要搞一個你不吃掉我，我不吃掉你的方法，能用一千幾百萬人口的台灣現行制度來統一十億人口的大陸嗎（註三）？到本世紀末和下一世紀前五十年也需要一個穩定的台灣（註四）；(5)南北問題：南方不發展，北方還有什麼市場

（註五），所謂「亞洲太平洋世紀」，沒有中國的發展，是形不成的（註六）。

這樣的政略，除了兩岸關係我們保留外，基本上方向應是對的，問題是如何做得到？我們認為，想提高人均所得至四千美元，必須將原來農業中國的農業人口「解放」出一大部份轉業成工商業人口，因此，除了在沿海大城市鼓勵投資以外，接下來應更極鼓勵在接近農村的鄉、鎮投資企業，一方面讓「解放」更為有效，另一方面緩和「盲流」現象。這應是大陸的需要與趨勢，台商應及早規劃內陸投資及內銷。

其次，如何做到不要兩極分化？在二〇〇〇年或人均八〇〇美元所得時，大陸將加重沿海省份的利稅，以扶助內地，台商應預測到這一種實踐性格的增稅趨勢，做好租稅及投資規劃，最近的土地增值稅及新稅法只是此種趨勢中的一部分。我們更認為，沿海省份在避免兩極分化的政略中，可能擔子太重，而延緩了工商業化，在今天，以華人而言，只有台灣、台商最有實力，這是中國現代化的有利基因，大陸宜對台灣之地位再多讓一點步，吸引台灣對內地各省多做投資，以減輕或延緩沿海各省的擔子，加速邁向四千美元的目標。

第三、和平、穩定確是發展工商、落實社會主義法治的基礎。這讓我們想起清、鄭的軍事對抗，鄭氏家族以貿易起家，有財力招兵買馬，對抗清朝，卻因長期軍事對抗而折損國力，而招滅亡，清朝為封鎖台灣而頒禁海令、遷界令，將沿海三十里人民內遷，不准出海，造成人民哀鴻遍野，沿海經濟極度萎縮，以蘇州、上海為例，即自繁榮而蕭條。上海及大陸沿海的繁榮，建立在和平、貿易的基礎上，如果兩岸再發生軍事對抗，不僅台灣遭殃，大陸沿海的經濟發展及二〇五〇年達四千美元的政略，也將不易達成，為此，兩岸在政治上應各讓一步，鄧小平先生既說「你不吃掉我，我不吃掉你」，但是，從台灣的感覺，「一國兩制」卻是「中華人民共和國」吃掉了「中華民國」。我們認為，政治的上層結構應為工商業化及社會正義法治的社會基礎服務，不是為政治而政治。

註一：鄧小平文選第三卷，第六四、一九五、三六四、三七四頁。

註二：同前註第五〇、五七、一九七、三六四頁。

註三：同前註第九七頁。

註四：同前註第一〇三頁。

註五：同前註第九六頁。

註六：同前註第三五八頁。

3. 急統或過統不利大陸

許多人及勢力談到統一具有好處，但是歷史往往告訴我們，暫時及部分的不統一有時也有好處：(1)如果一九四九年台灣被中共統一了，台灣就沒有四十年來發展工商業的良好時機；(2)如果一九六六年文革年代台灣被中共統一了，那麼我們也沒有台灣這一塊淨土了；(3)如果一九七九年台灣被中共統一了，也沒有台商可以參與大陸投資了。因此，急統對兩岸並非絕對有利，就像完全的獨立也不一定絕對有利一樣。

中國大陸在談統一時，必須正視這些事實，欣賞台灣工商業化的先行地位，實施和緩的邦聯制或聯邦制，承認台灣的生存權，俾利於兩岸的工商業發展。將台灣視為中國工商業化的助力，不敵視台灣。

總之，台灣及中國大陸必須在和平的條件下，共同來「發展工商業」及「落實社會正義法治」，才有前途。

我們願意和兩岸所有民眾和理念相同或相近的黨派，共同為和平、「發展工商業」、「落實社會正義法治」而奮鬥。

4. 兩岸互相學習

在台灣地區，財富分配日愈不均，缺乏多一點的「社會」正義，而在大陸則缺少政治及經濟上的「民主」，「社會民主」式的政策正可以給台灣多一點社會正義，並號召大陸多落實一點政治上及經濟上的民主。

按一個政治人物或一個政黨，想要獲得人民的廣大支持，必須面對時代的焦慮，甚至發掘時代的焦慮（因為一般人只是茫然不知），並進而提出有效的解決辦法，且去解決它，讓人民有舒一口氣的安全感。

兩岸關係無疑是目前及未來數十年最大的「時代焦慮」，國、共兩黨均尚在摸索中，還沒能提出一套舒緩人民焦慮的方案及做法，甚至，受傳統及意識形態之拘束，無法解決此項人民之共同焦慮，社會的路線是調合資本主義與社會主義的適當方案，我們應從此根本解決有關的經濟與民生問題。

社會民主式的理念主張「社會的市場經濟」；以「市場經濟」為基礎，故能維持生產力，避免「社會主義計劃經濟」的根本弊端；但也因為它具有「社會」化的考慮與成份，故能防止妨害競爭的壟斷性經濟力，避免所得分配不公及社會階級對立之尖銳化；又因其具有「生態」的考慮與成份，故也能避免自然資源漫無節制的消耗，維持人與自然，此一世代與下一世代之協調。

如果以此經濟制度為目的，號召兩岸進行體制的改革，縱使無法完全做到，也可比在某種程度內達成，多多少少符合人民之期待，造成兩岸互相學習優點的良性效果，徹底解決兩岸的焦慮。

大陸經濟落後的根本原因是公有制的比例太重，如果能將個體所有及個體經濟分五年或十年逐年提高至百分之六十之比例，公有制仍維持百分之四、五十，基本上還維持社會主義，則必可大大提高生產力！這樣的一個方向，實際上朝向「社會市場經濟」的方向在走，只不過程度不盡相同或程度尚待調整而已！

目前台灣執政者以大陸放棄社會主義經濟制度作為進一步開放大陸政策之條件，並不一定對台灣有利！因為，台灣以一彈丸之地，能在兩岸關係中占有份量，全拜經濟之賜！其在經濟上能占優勢，除了己方之因素外，有一部分原因是大陸過去實行了較徹底之公有制，如果大陸徹底放棄社會主義，不顧全大陸之均衡發展，傾沿海數省之力與台灣競爭，在競爭壓力下，台灣是否有利？對全大陸之均衡發展是否有利？恐皆有問題，因此，只有漸進的制度、社會的市場經濟化，才是踏實的方向。

當大陸的個體所有及個體經濟發展占有百分之六十以上時，大陸才有適合台商大量投資的安全環境，那時，兩岸才能在較健康的基礎上互補互利！為何如此？因為目前在大陸投資，只有「中游」的生產較開放，其上游之「原料取得」及下游之銷售管道仍完全受社會主義之限制，必須個體所有及個體經濟逐步開放至百分之六十以上之程度時，才能根本解決投資環境之問題，就此，大家應努力為台商爭取這種機會。

5. 論台灣獨立

台灣已由農業社會快速完成了工商業化，絕大部分的農業人口已經釋出變成工商業人口；相對的，在中國大陸，此項過程尚在初級階段，農業包袱甚大，仍有可能發生農業人口與工商業人口間的社會衝突（例如，民工潮問題）。台灣的獨統問題，應以此經濟、社會問題作為基礎來思考，而非純以政治面為基礎。

獨的優點，就像當年荷蘭從西班牙獨立一樣，短期有利於割斷上述社會矛盾，專心致力於發展工商業，缺點是可能喪失從農業社會轉化成工商業社會過程中的「位能」（詳見

11），或失去大市場或大國的實力。在抉擇過程中，台商的觀點，左右局勢。其次，可能的軍事緊張也不利於兩岸雙方的工商業發展。不過，鄧小平已訂下「於二〇〇〇年人均所得翻兩番至八百美元、爭取二〇五〇年人均所得四千美元」的國策，此項目標必須以和平、穩定為前題，一旦兩岸發生戰爭，將無法實現此項基本國策。這和一九八〇年初發生中越戰爭，那時中國剛改革開放，仍以指令經濟為主，戰爭對工商業影響不大，是不一樣的。

6. 論一國兩制

至於，大陸當局主張一國兩制，對台灣人而言，「兩制」沒有問題，難在「一國」！大陸當局主張存「中華人民共和國」，去掉「中華民國」，台灣變成地方政府，台灣人認為這和鄧小平所說「要搞一個你不吃掉我，我不吃掉你」（註一），其實是相違背的，老實說，也不合台灣的民心，大陸必須正視這個問題。

此外，鄧小平也主張「一部地區先發展起來，先發展地區帶動後發展地區，太早也不行」（註二），大陸沿海地區的擔子是很重的，為了不要兩極分化，而加重沿海負擔，這就可能延緩了沿海的發展，而致首尾不能兼顧，台灣的助力，可以大大改善此問題，因此，大陸對台灣多一些讓步，朝向邦（國）聯到聯邦發展，對大陸也有好處。在大陸未讓步時，台灣於一九九四年年初搞「南向」是可以理解的。

台灣在歷史上曾經獨立過，一八九五年日本台據前，唐景崧任「台灣民主國」總統一百四十多天。今天，台灣已完成工商業化，實力比一百年前的農業社會強大了許多。一九九三年選舉結果主張獨立的人約占三成多，日有增多，這和大陸在國際上打壓台灣而造成反效果有關，再繼續下去台灣將被逼上徹底獨立之路，大陸也應對這種結果共同負責（註三）。

註一：參見鄧小平文選第三卷，第九十七頁。

註二：參見鄧小平文選第三卷，第三七四頁。

註三：又例如一九九四年三月三十一日，發生「千島湖事件」，二十四名台灣遊客死亡，在台灣引起民眾極大的反應。

7. 台灣（小）與中國（大）的優缺點

世界各國在從農業經濟轉變成以工商業為主的經濟過程中，小的國家衝突少，容易完成此項工作，大的國家則矛盾多，革命、衝突不斷，然而，一旦大國完成工商業化（生產技術的進化），則其國力遠較小國為大。

一六二四年占領台灣的荷蘭，以及在十六世紀開始稱台灣為「美麗島」（Formosa）的葡萄牙，俱是歐洲小國，即最先進入工商業及貿易、航海的開拓。後來，才被較大國英國趕上，但英國相對於法國、德國、俄國，也是「小國」，所以，英國的發展也較這些大國早。

東亞的日本，與中國同時進行維新、自強，但日本小得多、矛盾少，快速完成了工商業化，成為亞洲的強權，而大中國經歷一連串的自強、維新、辛亥革命、國民革命、社會主義革命、文化大革命、改革開放，乃至於社會主義的市場經濟，至一九九四年尚未完成工商業化。

台灣較小，於二、三十年間基本上完成了工商業化（一九六〇年至一九九〇年），其他新加坡、香港甚至南韓（四小龍）所以能夠快速發展，也是「小」的緣故。比較而言，韓國大一點，其「衝突」（例如，街頭抗爭）較其他三小龍為多，發展較慢一點點，台灣較香港、新加坡大，發展又比新、港慢一點點。但是，一旦矛盾解決，發展起來，大國將比小國更具實力。

一九九三年日本泡沫經濟期間，有一家大汽車廠發生三二〇億日圓之赤字，卻另有一家名叫中村菌的小公司，以生產養生菌為業，以現金、無競爭者、口碑相傳作生意，年營業額三〇億日圓，仍然能夠保持百分之三十的利潤率。這說明了小公司只要有特色，可以輕輕鬆鬆的以「王道」精神做生意，可見小公司也有好處。然而，大公司長期以來以花大量廣告，設法提高市場占有率、打垮競爭者等等「霸道」精神做生意，卻仍然逃不過泡沫經濟的打擊！

是以，我們應反省幾百年以來在社會達爾文主義、霸道主義、競爭型資本主義甚是帝國主義之下，大家認為「好」的大國、大公司、高市場占有率、在競爭中占優勢，打垮競爭同業或國家等等成就，回歸到東方王道精神、和平共存，欣賞小公司、小國、低市場占有率，也有「優美」之處。

這是「小」台灣存在的價值以及生存之道。反之，中國大陸目前仍面對「大」的困擾，如果中央管太多，則不易發展，如任由地方各自快速發展，又怕分裂。中國大陸必須以智慧發展出類似「聯邦」精神的制度，以憲法規範中央與地方的權限，才能避免大國的缺點，既能快速發展，又能避免分裂或動亂。

8. 國（邦）聯到聯邦須經公民表決

兩岸關係的政治結構，有「實然」及「應然」面，有許多人常將「應然」的主張，當作「實然」，有意無意的引起人民的困惑。

「實然」是：中華民國與中華人民共和國併存。而在「應然」方面，中共主張「一國兩制」，國民黨主張「統一」，民進黨則傾向於「獨立」……，各方面為了推動自己的「應然」，時時有意無意地將「應然」含混成「實然」，將自己的主觀心願當作客觀事實來主張。

在「一國兩制」與「徹底獨立」的兩極中，我們主張以二十年的時間談判完成較中庸的「國（邦）聯」到「聯邦制」，初期偏於國（邦）聯，必須實現情況良好，具有互信基礎後，才有資格發展到聯邦制，但國（邦）聯或聯邦憲法的通過，必須經過公民投票的程序，如果有一方表現過於不利台灣，勢必影響公民表決，其結果也可能是不能獲得通過，兩岸當局必須為這種結果負責，因此，必須持續表現有關的善意，以爭取人民的認同。

大陸地區人民也有不少主張聯邦制的（註一）。日本細川護熙亦主張日本應行聯邦制，從明治時期的「廢藩置縣」，朝「廢縣置藩」思考，但這是增加地方權限，為政治改革的一部分，並不是復古（註二）。

組成國（邦）聯到聯邦制的目的主要不是為了政治，而是為了有利兩岸完成工商業化及落實社會主義的基本路線，完成一百五十年以來尚未完成的現代化。我們應深切從鄭成功與清朝的軍事對抗中，了解到其對兩岸及東亞地區工商業化的不良影響，而獲得寶貴的教訓。

註一：嚴家其，「聯邦中國構想」，台北聯經出版公司，一九九二年版。

註二：細川護熙，日本新黨責任ある變革，七八頁以下，一九九三年八月六刷。

9. 國（邦）聯到聯邦的內容

為了追求國（邦）聯到聯邦制，台灣必須擁有相當獨立自主的成分，否則，難於在數千年「統一」的中國環境裡，持續維持國（邦）聯或聯邦制。

擁有相當自主成分的方式包括：加入聯合國、有能力的軍隊、財政權、司法權、外交權。

此外，還有共組國（邦）聯政府的權力，如果依國民生產力比例，台灣在國（邦）聯政府中所占之比例為四分之一至五分之一。現在，兩岸之財政均相當緊，國（邦）聯政府應採「小型」制，人事儘可能由兩岸相關人事兼任、輪值。

台灣也應有與大陸各省密切交流的權利，給予貸款、參與投資，甚至承包一省或數省，協助其完成現代化、工商業化，提高其國民所得。

這樣的兩岸關係，統中有獨，獨中有統，非統也非獨，如套已有的經驗，可叫國（邦）聯到聯邦制，它是國民黨主張的「統」、民進黨主張的「獨」、共產黨主張的「統」，三者的最大公約數，彼此並非絕對的衝突。但，我們應有我們的特色，至於是國（邦）聯或聯邦，可採過度性的，先由國（邦）聯逐步發展到聯邦。在有了五十年良好、互信的基礎下，方有資格進化到聯邦制。至於，中國大陸內部可採聯邦制，等於將各省「特區化」。

以這種方式維持兩岸的和平、互助、發展工商業、落實社會正義法治，中國人才有前途，才能適應地球村的激烈競爭。

10. 以國（邦）聯到聯邦解決合久必分分久必合

中國的歷史，向來是「合久必分，分久必合」，自秦始皇統一中國以後，除非在朝代交接的戰亂時期，地方向來沒有「地方分權」，何況是個人之人權？

然而，在統一為「正統」的情況下，分裂的時期也非常長，如果認真算一算，就讓人懷疑到底統一或分裂是常態呢？

是以，兩千年來，中國頻頻以革命方式改朝換代，政治的品質毫無進化。在農業社會，各地生產力的差別是算術級數，差別終究有限，是以，中央集權尚有存在基礎，但在邁向工商業時代，各地生產力的差別可能是幾何級數，差別可以很大，相對的，在政治上不應再維持中央集權，應朝向地方均權的聯邦方向來規劃，我們何不在這個已由農業社會變成工商業社會的時候，嘗試以「國（邦）聯到聯邦」來提升政治結構，以適應發展工商業的經濟基礎，終結「合久必分，分久必合」的宿命。馬克斯不是說過，政治的上層結構建立在物質、經濟的下層結構上面嗎？適合農業社會的集權式統一，在當今變成工商業社會時，也宜將上層之政治結構轉變成適合工商業的國（邦）聯或聯邦，讓地方有權發展，又不致造成分裂。

當年，孫中山先生反對聯邦或聯省，理由是：「美國之聯邦是將原來之「分」「合」起來，故能富強，中國原來是「統一」的，便不應該把各省分開。這完全沒有觀察到中國經濟、社會基礎由農業朝向工商業的變動。況且，今日時空較當時已有不同，中國大陸與台灣中華民國「分裂」四十餘年毫無統一的跡象，可適用國（邦）聯到聯邦將「分」的「合」起來，使分中有合，合中有分，既不集權，也不分裂，孫中山先生的理由，已經不存在了。反而，如果大陸方面要求過度的統一，將逼得台灣走向完全獨立之路。

11. 台灣以國（邦）聯關係取得位能

到了九〇年代，世界先進工商業國家普遍遭遇低成長、泡沫經濟的時代，亞洲諸國仍擁有高成長率，尤其剛開始進行「社會主義市場經濟」的中國大陸，更有百分之十幾的高成長率。

面對高成長不必過於大意，因為高成長主要來自於，從農業社會起動，邁向工商業化的「位能」作用。四小龍的位能高於先進工商業國家，是以成長率高於先進國家，中國大陸的位能高於四小龍，所以成長率較四小龍為高。

這種位能作用，目前是亞洲最重要的資源，它也是形成「亞洲太平洋世紀」的原動力，亞洲的位能夠大，也有牽引世界經濟的能力，是世界進一步發展的基礎。但是，必須注意，位能總有釋盡的一天，台灣幾乎已釋盡，所以近年來成長趨緩，所幸，它靠近位能甚高的中國大陸、東南亞，從中取得了一些位能，香港十多年來的成長也是倚靠中國大陸的位能。

高位能、高成長也可能失控，造成危害，高通貨膨漲、物價高漲、貧富不均、原材料不足、城鄉差距、盲流大移動、浪費資源、環境破壞都是顯著的例子，因此，利用位能總應在人的能力足以控制的範圍內使用。而且，位能是一種寶貴的戰略資源，也沒有必要趕著把它用完。以中國大陸年人均所得三百美元時，可以多用一點位能，但如果年人均所得達到一千元時，就可以用少一點而用久一點了；以台灣而言，我們認為從一九八〇年以後，我們將位能用得太快了，當時，台灣應加重「社會正義法治建設」，少用位能，多使用東南亞、中國大陸的「位能」。

如果問「國（邦）聯對台灣有什麼好處」，那就是以國（邦）聯關係取得中國大陸的

「高位能」，反過來，「國（邦）聯對中國大陸有什麼好處」，答案是協助大陸發展工商業，避免兩極分化。

12. 論加入聯合國

對於同樣的目標，有時，存在著兩種截然不同的方法。到底，那一種方法比較容易達成目標，考驗著人們的智慧。

中國大陸當局為了「統一」，一貫在國際上打壓中華民國或台灣，總希望台灣再徹底地喪失國際空間，而就無所謂不統一了，因此，大陸向來反對台灣加入聯合國等國際組織。

這樣的邏輯似乎很容易理解，殊不知這樣的一舉一動，依據辯證法，有下面幾個因素，反而不利於統一：㈠打壓台灣的國際空間，傷害兩千一百萬人的自尊心（大陸很多人不理解這一點，在公開場合總是說一些統一才合人心的空話），隨著時間的累積，愈來愈不利於統一；㈡台灣愈弱小，愈沒有信心談統一。

中國大陸應重新思考，讓台灣加入聯合國，這樣更有利於統一。

中國大陸主張「和平共存」、「反霸權主義」，但對待台灣卻是一慣的霸權主義，僅將反霸權主義用於國際之間，長期以來，傷害台灣人民之自尊，因而成為台獨的有利滋長因素，中國大陸的政策應對此種結果負起一部分責任。

從台灣人民的自尊出發，不問統獨情節，均應支持加入聯合國。加入聯合國甚至可以不問名義，以中華民國、台灣、中華民國在台灣都可以考慮，只要是最可能被接受的就可以了。當然，我們也應體認，這是一項長期的工作，勿因一時的困難而不去開始爭取。我們要不斷奮鬥二十年、五十年、一百年。

台灣加入聯合國，也是與中國大陸成為國（邦）聯的基礎之一，甚至進一步逐步形成聯邦（國）的基礎。

13. 台商是契機

以前，我們沒有聽過「台商」這個名詞，自一九八五年以來，在大陸、台灣、東南亞、世界逐漸出現「台商」此一名詞。

我們每一個人都很關心台灣有沒有前途。也關心中國有沒有前途。

台灣有沒有前途，其關鍵可能不在廟堂之上、可能不在國民黨可能不在新黨，也可能不在民進黨、社民黨、勞動黨、工黨、新黨或其他政治人物身上；台灣有無前途的關鍵在於台商身上。

假如台商在大陸及其他國家經營妥善、權益獲得保障，則台商持續擁有豐富資源，台灣自然有前途；反之，如果台商經營虧損累累、權益無法獲得確保，資源枯竭，台灣自然沒有前途。

為了台灣的前途，政治家應將施政重心放在台商身上。長久以來，我們很明確地認識到這個重點

14. 積極規劃大陸投資

台商赴大陸投資是一個阻擋不了的現象或趨勢，政策不宜也沒有能力加以「阻止」，反而應該對大陸投資有所規劃。

為此，我們主張：應將大陸投資「許可制」改為「報備制」；為了茁壯台灣，宜開徵「大陸投資稅」，按不同的地區、不同的產業課予不同的稅率，以經濟手段調控大陸投

資；對於一些重要的投資項目，政府可以基金、銀行等管道參與投資，以股東的權利實際參與大陸事務。相信台商也多需要各種投資規劃及協助。

總之，我們應回復台商的主體、主權地位，認清台商是台灣前途的契機，一切施政不可以背離這個原則。

15. 大陸小額投資

從實務的觀點來看，台灣人民去大陸投資，有一種非正式的小額投資，他們甚至不以台商名義，而是以大陸親友名義開辦、經營。這種投資活動，對台灣及大陸都是有利的；如果要將這些微不足道的投資項目也列入管理，並在「查獲」時，依兩岸關係條例處三百萬元的罰鍰，將與潮流及人民意願背道而馳。

事實上，對大陸投資可以區分階段。例如三百萬元以下的小額投資（像開個雜貨店），主要是為了和大陸親友，共同合作增進各種商機，有助兩岸的進一步交流。這類投資，政府不宜干預太多，只要求報備即可，不需要採嚴格的許可制；真正需要採許可制的應是投資金額龐大，足以影響兩岸經貿互動的情況。

當然，在兩岸關係條例通過後，在立法授權之下，還訂定了許可辦法。建議經濟部或陸委會能放寬小額投資部分，改採報備制。鼓勵大家報備，讓政府了解狀況，如此才不會截斷許多台灣人民在大陸獲取機會的管道，也才是把根留在台灣的方法。

小投資個案可能相當多，如政府強力干預，演變成政府與人民（投資者）為敵的情事，相當不智。其實，政府是否真的有那麼多人力來管，也是一大問題。數目多、金額小的小額投資，有助於階級流動，也有助於大陸發展工商業、容納農村釋放出來的就業人口，也較不易造成兩極分化，大陸也應鼓勵這一種投資，不應只是愈來愈歡迎大財團的大項目投資。

16. 上海風雲

比起北京，上海十足是一個工商業城市。三百年來，上海發展成為中國最大的城市，無疑地，代表著工商業在農業中國的崛起。

大陸自十四大後，確定走「社會主義市場經濟」的路線，使中國工業化的過程，就像三、四百年以來，荷蘭、英國、法國、比利時、德國、美國、日本等發達國家，所走過的現代化過程、工商業化過程，基本上是一樣的，只是所面臨的問題、衝擊、進展程度，中國似乎走的特別坎坷。

十多年前，從農村起家的共產黨，擊敗了以江浙、上海工商業為基礎的勢力，取得政權，注定了上海的暗淡命運，上海的光輝，長期以來，就在「不患寡而患不均」、「重農抑商」的傳統思想下，以社會主義左的形式，被壓抑的極度缺乏生機。

有一部分較年長的台商，在離開上海四十年後，重新回到上海，另有一部分較年輕的台商興沖沖的趕到上海，都發現上海的建設仍是四十年前所謂舊中國的建築。上海居民與官員一半驕傲一半感傷地訴說，上海以一地負擔全國六分之一以上財政，本身因而缺乏建設經費。顯然，代表工商業的上海，長期受到了壓抑。

然而，到了今天，上海的壓抑似乎將要翻身。在政治上，上海的幾位要人江澤民、朱鎔基、吳邦國、黃菊已經入主中央，浦東及長江流域的開發，也吸引了眾多境內及境外的商人前往投資。上海從輝煌、走過壓抑，又要回到輝煌，在輪迴一圈以後，又是工商業大顯身手的時代。

上海能抬頭，代表工商業與企業家的抬頭。大家不妨看一看，前幾年王永慶在記者會中發表談話，吐露關於兩岸石化投資計劃的心聲，「長江計劃」具有振動兩岸當局的架勢，這是工商業階層在中國長久歷史中，從來未曾擁有過的力量！台商在國民所得一萬美元的基礎上，挾著四十年經營的資力，足以在工商業抬頭的大陸，大顯身手。

假如，沒有這樣有活力的台商，中國發展工商業的道路也就沒有這麼多彩多姿了。

除了投資以外，台商也在大陸開辦了獎學金、辦學校、參與農業開發，增加了台商的參與，大陸在發展工商、落實社會主義方面，多了一股力量，這是大陸加速現代化的契機。

17. 火車頭與車廂

有一列火車，從農業社會駛往工商業社會，出發時，乘客口袋裡有三百元美金，到了初級工商業站，口袋中變成了一萬美元，再往中級、高級工商業站，可能變成二萬美元、三萬美元。

在追求富足的工商業化進程中，工商業者扮演著火車頭的地位，勞工、受僱人、農民、環境、均富、治安等等就像車廂，火車頭既拉著車廂走，也「必須」拉著車廂走，對整體而言，才有價值。

台商在台灣尤其是在中國大陸，就是扮演著火車頭的地位，是兩岸發展的契機。

第五章 工商業化與階級流動

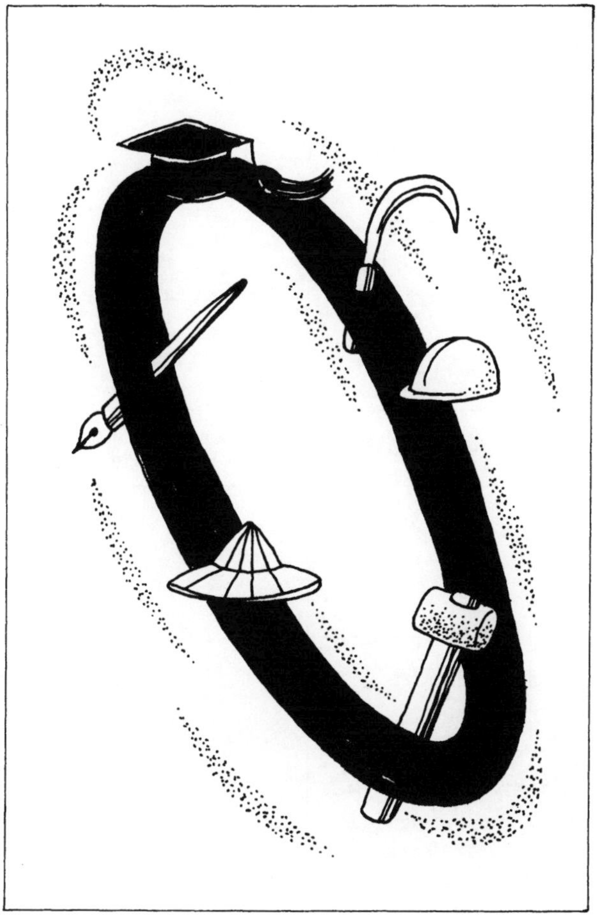

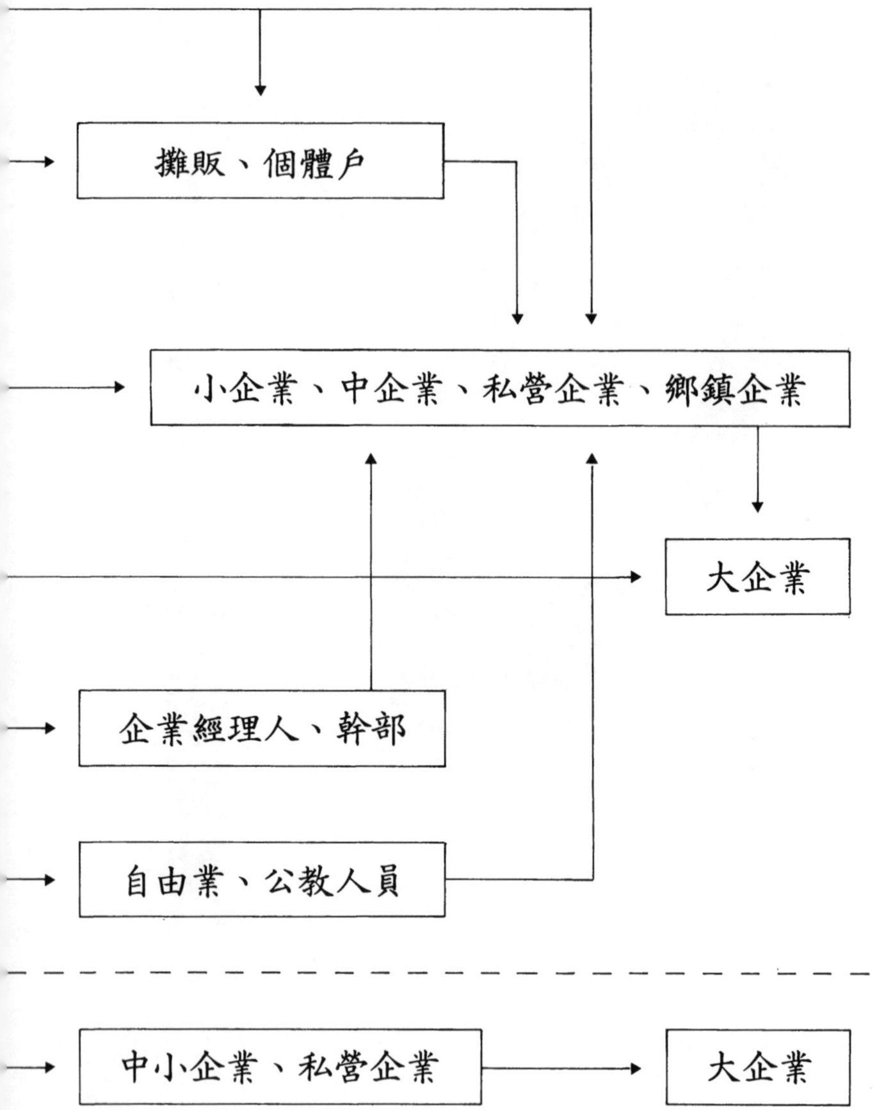
攤販、個體戶
小企業、中企業、私營企業、鄉鎮企業
大企業
企業經理人、幹部
自由業、公教人員
中小企業、私營企業
大企業

工商業化與階級流動（農轉非）圖

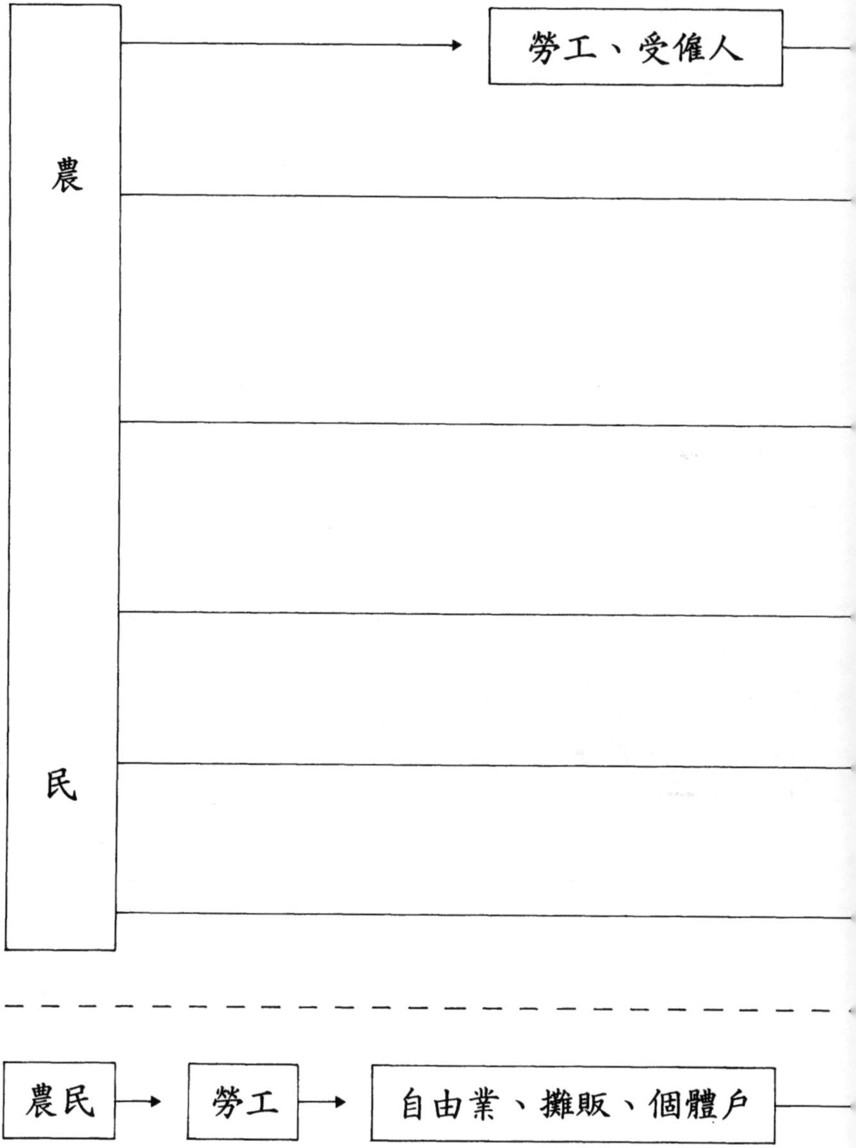

第一節　階級流動與互助

1. 農轉非（農）—工商業化

在由農業社會邁向工商業化的潮流中，一方面國家由「農業國家」變成「工商業國家」，另一方面，國民或人民也紛紛由農民（或其子女）流動成勞工或小中企業；勞工（或其子女）也有可能流動成自由業或小中企業，形成大幅的階級流動，多數社會、民生問題因此而起。

一九七〇年至九〇年代的二十年間，是台灣農村急遽轉變的年代，不僅年輕人口快速流入都市，連留在農村的人的生活方式都發生了極大變化，繼續種田的人少了很多，有的外出做工，在公司上班、受僱，有的成為「田僑仔」，有的經營家庭式工廠做「頭家」，有的老人雖然還在種田，卻成天怨嘆種田的收入難以維生……，凡此種種農村現狀，其實就是向工商業化一面倒。農業人口從原來的百分七、八十，急劇降為百分之十二以下，就這樣，原來的農業人口「解放」成為工商業人口以後，台灣的年平均所得由兩百美元，快速提高為一萬美元，但也引起了許多社會問題。

以我自己的家鄉——淡水呂厝為例，原本單純的農村，由於接近台北大都會，工商業化的程度比其他地方來得早而且快，從民國六十五年起，祖先三百年來賴以維生的傳統事業——種稻，由於賺不了錢，已經沒有人再繼續從事了，任由農地荒廢，只有幾位老農人（包括我父親在內）還整理出一小塊地種種菜，不過，種菜也不是為了賺錢，老人家一方面是心疼耕種了一輩子的農地荒廢，另一方面是希望藉此活動筋骨，所種的菜大部份是送給鄰近的親友了。

我歸納呂厝的呂氏族親們朝工商業發展的情況，大致可分為六個類型，第一種類型是靠土地投資致富的，我曾祖父有五兄弟，其中三房之一支繼承了許多農地，除了耕種之外，農暇還到淡水街上擺豬肉攤，賺了錢就去買更多土地，在土地投資交易中累積了相當財富，於是開始經營企業並參與政治，選上了台北縣議員及國大代表。

第二種類型是搬砂石發跡的故事，村裡有一家三兄弟很年輕就到附近砂石廠去搬砂石，存了一些錢之後就買了部卡車做載運砂石的生意，生意愈做愈大，三兄弟開始買土地蓋房子，目前淡水繁榮的建築，已經蔓延到呂厝一帶。

第三類型雖然也是打工出身，但運氣就沒有上一類型好，這些人當中，男的以當泥水匠做代表，女的則進工廠當女工。泥水匠目前的行情雖然每日工資高達二、三千元，但是工作卻很辛苦，當年還需要花費三年四個月的時間當學徒，其實賺的是一份辛苦錢；而工廠女工更是只有微薄的薪俸可領。這類勞動階級，人數最多。

第四種，由於地理位置接近有名的淡水高爾夫球場，語云靠山吃山，靠海吃海，當年呂厝的年輕男女還有一項很特別的打工事業——當桿弟，這可以歸納成轉型為工商業社會的第四類型，我的哥哥、弟弟都曾經當過桿弟，當桿弟還可以「練球」，若是桿技高超就有機會成為高球明星，我的堂哥——呂良煥，就是從桿弟出身，靠著自己的天份及努力而成為在我們親族記憶中，活躍世界球壇的高手，比我晚一輩的呂西鈞也是一樣名揚高球界。他們一直是村人心目中的英雄。

第五種類型是開工廠當小小企業家。我的兒時玩伴中，大多只唸到初中、小學畢業就到工廠去做學徒，出師之後積了點錢，就開起工廠自己當老闆，有的開鐵工廠、有的做插花用鐵線，有的到鎮上去學做成衣買賣，生意做得不錯，也賺了些錢，最近正大興土木重建新房子。

第六種類型就是書讀得比較多的人。唸書的人註定要當中產階級，如果是唸商科，大多是到貿易公司或是到銀行當高級職員；若唸工科就到大企業上班，有的人更進一步創業，經營中小企業。我嘛，則變成一名律師及行政院公平交易委員會委員。

這就是台灣由農業社會快速轉化成工商業社會的縮影，一方面提高了國民所得，但卻形成了階級大流動，製造了許多社會問題。

它既是台灣的縮影，也是中國大陸將來三十年的縮影，甚至先進工商國家過去兩百年的縮影。我們且以此作為楔子，來探討工商與社會正義問題。

2. 階級（層）流動與社會正義

在由農業邁向工商業化的過程中，階級大流動是不可避免的現象，一個正義的社會，應有充分的階級（層）流動機會。農民可變成企業家、工人、律師、教師；工人也有機會變成老闆、攤販；企業家、老闆經營不善，也有可能變成受僱人。

只要有充分的階級（層）流動機會，社會就不必有階級仇恨與鬥爭。

只要有充分的階級（層）流動機會，資方、勞方就不必僵化的堅持己見，就勞動立法、政策，勞方和資方就應該互相站在他方的立場考慮，所謂「勞動三法」的修正，才可能產生共識。

台灣在快速工商業化的過程中，基本上還算有階級流動機會，許多農民、受僱人及子女，可以有各種機會變成攤販、小店店主、中小企業、律師及其他各行各業；但是，最近隨著地價、店鋪的上漲、工資的上漲等等因素，階級（層）流動日益困難，我們應該正視這種惡質化現象。

我們應該有政策，促成年輕人覺得明天有希望。有「將相本無種，男兒當自強」的希望。

大陸在「左」的時期，「黑五類」、「紅五類」的階級劃分及鬥爭方法，甚至延及子孫，即無任何階級流動的機會，顯然過於極端；及至今日，面對快速的工商業化，仍有戶口及「農轉非」等管制措施，對階級（層）流動，加以嚴格的限制，不利於農民及其子女轉化成工商業或相關行業人口，並非妥適，也許，這是大陸防止大量人口流入都市的不得已措施，但根本的解決方法，應特別重視擴充鄉、鎮就業、轉業機會，縮小城鄉差距，以經濟方法和緩農村人口大量向少數大都市集中。鄉鎮企業及私營企業、個體戶的發展可扮演這種功能，應該進一步加強發展。否則，面對「民工潮」或盲流，社會問題嚴重。

3. 階級流動與經濟向上權

基於人往高處爬的原理，我們認為階級流動的可能性是社會正義的基礎，農民、勞工或其子女，也有機會成為小、中企業，達成經濟向上。但在工商業高度發展以後，好的位置與機會，日漸被人占滿，後來者機會愈少，所剩下來的只是勞力或智慧財產權、姓名權等等而已，我們對於小人物的這些權益應多予保護，例如，在「林強有氧飲料」一案中，廠商以台灣知名藝人林強及其成名曲「向前走」作為飲料名稱及廣告用語，雖然其臨時吸進另一香港人「林強」作為小股東，作為非搭便車的抗辯，但既另有以「向前走」作為廣告詞的積極行為，結果就不是「正好同名」可以解釋了。這樣認為本案違反公平交易法，承認個人的姓名、藝名，透過努力不斷向上，也能產生商業價值，進而形成階級流動，讓個人在資本主義的世界中，也有經濟向上的機會。這種個人姓名權的保護，從「演藝」擴大到飲料等等不同行業，比企業和企業關於商標的糾紛只限於同類產品或行業，較為擴大，從下層階段擁有經濟向上權的角度來看，應具有合理性。

4. 階級流動的代價與對策

基本上，我們肯定階級流動是社會正義的基礎，但我們也深切警惕到階級流動的代價甚至副作用。

例如，農民轉變成中小企業主，可能沒有現代化的商事法律概念；受僱人多想自己創業，寧為雞首不為牛尾，董事長滿地都是，影響了僱主與受僱人間的信任感；企業主變成政治人物，也不一定馬上能有現代化的民主理想；還有，許多少男、少女，淪為罪犯或姻花。

總之，過度的階級流動使得大家都不夠專業，也使得各行業的倫理不易建立，於是，社會就顯得毫無秩序。

因此，我們應該提倡階級互助及社會連帶制度，透過互助與連帶，和緩階級流動的「市場」。

以勞基法、環保法制為例，它們固然增加了企業的負擔，但它們同時也抑制了一些勞動階層創業的可能性，對企業也有利的一面，對勞工的階級流動也有不利的一面。

在中國大陸，大批的「民工潮」或盲流，產生嚴重的教育、交通、治安等社會問題，萬一不幸發生經濟不景氣或農業欠收，就有可能形成動亂。

5. 教育、學費政策與階級流動

在社會大變遷中，階級流動是社會正義的原動力（人往高處爬）。

但是，階級流動談何容易。絕大多數的農民、工人勞碌一生，還是農民、工人。

我們認為，教育才是階級流動的樞紐，我們應該以階級流動的哲學來辦教育。教育可能使農民及工人的兒女完成隔代的階級流動。

因此，基本上我們反對高學費政策。

台灣近幾年來，有關各級學校的學費日益提高，將不利於工、農子女的階級流動，我們主張，如果資金是辦教育所必須，也必須對勞、工子女輔以廣泛之獎學金、助學金、貸款制度，這是國家的義務。

在大陸，教育原來也是「農轉非」等等階級流動的重要樞紐，但是，隨著「公費」制的取消，教育比例過低、學費及物價的上漲，大陸的農民已難於負擔子女接受高等教育，使階級流動日愈困難，哀哉農民！為此，我們對大陸廣大的農民，抱持著無限的關心。

第二節　勞動政策

1. 兩岸工商業化與農、工運動

在由農業逐步朝向工商業社會發展的過程中，多數農民「流動」變成勞工、攤販、個體戶，少數變成小企業、中企業，形成階級大流動。

在階級流動過程中，先後依次出現兩種社會矛盾：其一、農業人口與工商業人口的矛盾（兩極分化）；其二、勞工階層與資本主（企業）間之矛盾。

台灣幅員較小，城鄉距離近，快速完成了工商業化，雖有第一種矛盾，但農民力量小，又因農村距離城市近，農民兼業容易，是以矛盾不足以爆發太大的運動或動亂。倒是，第二種矛盾，於一九八四年勞基法頒佈後五、六年間風波不少。但由於階級流動大，很快的產生勞工不足現象，很快的又緩和了勞資爭議。勞工的最大武器只剩下「不當勞工了」，因此，企業也苦於找不到勞工。

反之，中國大陸，農民人口眾多，城鄉距離遠，第一種矛盾即農民與非農業人口間的矛盾（兩極分化），容易匯成運動或動亂、革命，這是太平天國、共產黨農村包圍城市的基礎，當年毛澤東選擇農村路線，取代直接進入第二種矛盾的工人「城市暴動」的路線，而能獲得成功，應是這樣的道理，遺憾的是，毛澤東的農村路線似乎沿襲古典中國的農民運動（陳勝、吳廣、朱元璋、李自成），對於現代農民運動的特質：由農業社會進化成工商業化，大部分農民將流動成工商業人口（含資本主及勞工），並未充分意識到，以致於在取得農民革命成功後，徹底的打倒了所有私有資本，阻止了工商業的健全發展，阻止了農業人口轉成工商業人口，雖然表面上避免了第一種矛盾（農業人口與工商人口）及第二種矛盾（勞工與資本主），但經濟停滯，到後來對農民及勞工，也沒有什麼好處。

鄧小平主導下的改革開放，發展工商業，以提高所得，繼續帶動了農業人口轉化成工商業人口，自然附帶地也帶來了第一種矛盾及第二種矛盾，前者形成民工潮，後者形成工人的生計問題，大陸當局必須特別用心於解決這些矛盾，維持社會正義，縮小兩極分化，穩定的達到工商化的目標（二〇五〇年，人均所得四千美元，農業人口低於百分之五十）。如果能夠達到這樣的目標，可以預見鄧的歷史評價將高於毛。

2. 勞動者財產形成與階級流動

在工商業化的過程中，大多數人均淪為較為弱勢的勞動階級或受僱人，我們的政策應該多照顧受僱人，但照顧不能忽視有關的經濟原理，社會主義左的失敗，留給人們許多教訓；不過，如果因為這樣的失敗就放棄照顧勞工，那也不對。

總結歷史教訓及勞動法知識，我們認為照顧勞工的方式，最切合實際的便是勞動者財產形成制度與階級流動的理念。

通過這個制度及理念，勞動階段能逐漸享有資產，也有一部分有機會轉變成中小企業主。這樣，階級能夠流動，所謂「勞方」及「資方」在對勞動政策及法令、勞動條件有所主張時，也比較能夠站在對方的立場加以考慮；通過這個制度及理念，也就不必像大陸在過去強烈主張「有產、無產階級」或「階級鬥爭」了。

勞動者財產形成及階級流動的具體做法包括：

1. 勞工住宅政策

2.員工分紅入股

3.勞工工資比照自由業（如律師）可扣抵收入之百分之三十的費用免稅

4.輔導有轉業意願之勞工赴大陸創業

5.輔導勞工做一些投資（代理操作，不能影響工作）

6.輔助勞工及其子女之教育（教育是階級流動的重要方法）

3. 引進外勞對階級流動的影響

階級（層）流動（例如，勞工轉業成非勞工或轉向服務業）是維持勞工權益的根本，外籍勞工政策可做為調節階（級）層流動的一環，但如失之過寬，將破壞階級流動的功能，而影響勞工權益，我們應站在階級流動的觀點來制定外勞政策。

但是，影響階層流動的因素還包括價值觀的轉變、土地高漲等等社會因素，若欲企業負擔全部的後果也非公允，因此，長期的外勞政策應以這些因素作為指標。但基本上應採取較保守之態度。

4. 勞工創業是最後（佳）武器

在工商業化及階級流動容易的台灣社會中，搞傳統的勞工運動並不容易，勞工最後的武器只有「不幹了」！「不當勞工可以吧！」

不做勞工，拒當勞工，可以去當攤販（台灣），可以去當個體戶（中國大陸），也有一些幸運的，創業變成了小中企業（台灣）或私營企業（中國大陸）。事實上，攤販、個體戶充斥，小企業的董事長滿街跑，也顯示這樣的階級大流動。近年來，企業都感到勞工缺乏，就是這種結果的反映，企業家必須警覺，「人往高處爬」這一句話，當更多的勞工覺醒「往上爬」自創事業時，勞動力將更加減少，因此，在台灣這種環境，應儘力、及早將勞工當作「事業夥伴」。

當然，勞工自創事業，也不能盲動！資金、專業、風險都要考慮。

在思想上，勞工階級彼此要有「互助、團結」的理念，以互助、團結，克服資金、專業、風險的困難。在方法論上，例如由工運組織設立「創業輔導小組」，整合、輔導十個人、二十個人集資創業，由其中一、二人「不當勞工」，離職執行創業，其他的人仍努力作勞工，分散風險。

不可否認的，在台灣創業已日益困難，但赴大陸東南亞投資小生意，空間廣闊，部分台商在台關廠赴大陸投資，勞工為何不能？也因為這樣，許多台商也常面臨派赴大陸的幹部離職創業的難題，我們提倡「勞資合作」模式，在大陸共創事業，只有做到誠信合作，才能適應大陸那麼寬廣的空間。

勞工與企業家均應共同密切注意、因應這一點「階級流動」的現象，進而互助、合作，也因為這樣，勞資可以不必「階級鬥爭」；這種道理，不僅存於台灣，也存於中國大陸。

5. 工、農與攤販、個體戶

在由農業社會轉化成工商業社會的過程中，需要更多的工商業來吸收從農業釋放出來的人口，也有許多原是勞工的，透過學習而創業，再吸收一部分勞工。在僱主與受僱人之間，有一種數目不少的「自僱者」，從事於極小型的工商業，它們是台灣的攤販、工作室和中國大陸近十多年來的個體戶。它們是階級流動過程中的「中間人」。

因此，當攤販或個體戶是一種基本人權，任何法律及政策無權消滅攤販或個體戶，否則，應屬違憲，但這並不意味著不應加以管理。中國大陸在「左」的時期，消滅了個體戶，即阻礙了工商業化及階級流動，在改革開放以後，也就到了個體戶蓬勃發展的時期。農民、勞工、受僱人應有勇於做攤販、個體戶的勇氣。

6. 勞基法與小企業

在階級流動充分的社會中，許多農民、勞工進行階級流動，創業小企業，許多小企業主做失敗了，又成了受僱人。勞工立法例如勞基法，常常無法保護到流動性高的小企業勞工，卻成為階級流動的障礙。當勞工創業成為小企業，他們馬上承擔勞基法的負擔，但事實上卻無心或無力負擔，因而造成法律與事業的巨大差距。

因此，我們認為，勞基法中關於解僱、工作時間、假日、勞動災害等起碼待遇之規定，仍適用於小企業，但是，對於「退休」的規定，適用於小企業（例如，僱用二十人以下），並不切實際。

中國大陸在「市場經濟」化的過程中，也必須逐步建立現代化的勞動法令，也應注意區分小型企業與大型企業的不同。可惜，一九九四年公佈的勞動法並未加以區別。

7. 勞基法修正與雙贏的可能性

對於民國七十三年制定的勞基法，勞方認為保護不夠，資方則認為超過，因此，有關勞基法的修正，「勞方版」與「資方版」似乎愈離愈遠。

就此，我們主張以「團體協約」作為媒介，尋求雙贏的可能性。我們應該在勞基法中一般被認為較窒礙難行或成本很高的條文（例如，第四十九條、關於工資之定義、關於加班之規定……）後面加一個「但書」，規定「但團體協約另有約定者從其約定」。

在此架構下，如資方覺得勞基法有所「不便」，必須和工會談條件；反之，勞方考慮「讓步」的收穫是設法從協約得到一些東西，開啟團體協約的門，達成雙贏的均衡，並以個別行業、企業的團體協約取代勞基法式的中央集權勞動條件。

勞基法式的中央集權勞動條件，和大陸中央集權式的勞動條件，有著類似的弊病。不過，在社會主義的市場經濟下，大陸勞動法已經在改進之中。

第三節　民營化與均富

公營事業民營化不僅是台灣面對的問題，也是全世界的一股趨勢，各國在此潮流下都不可避免的要走向這條路，這如同台北的基隆河，雖然流程彎彎曲曲，最後仍要流入大海中。由於過程曲折，會產生許多衝突，必須加以調整，尤其台灣經濟發展快速，問題更是複雜，其中勞工權益的保障，就是民營化過程中一個重要的課題，如果調整的不好，就會如同大水氾濫一發不可收拾，產生很大的傷害。

至於如何調整，我們認為，表面上將工人當作主人翁的階級，把所謂的資本完全消滅，而且不僅資本沒收，資本家的人格也受到很大的摧殘與侮辱，被打為黑五類，子女因此喪失了在社會中發展的機會，產生了不少悲劇，這一套看來已是行不通的。因此，在此時勞工權益的保護面臨十分黯淡的命運，為什麼這樣說呢？因為高調已經行不通，而新的替代方案還未出現，在這種舊的理想已經崩潰，新的理想仍未出現的交換時刻，如果沒有想出新的特殊的方法，這時搞工運、爭取勞工權益，都是蠻黯淡的。但是，暗淡並不代表問題不存在，我們必須想出新方法。

1. 民營化與員工財產形成

民營化的問題也是一樣。我們應該讓每一個沒有錢的人都有辦法形成自己的資產，放在勞工問題上，就是要想辦法使勞工可以去掌握更多的財產，造成「階級流動」的可能，使勞工在生活、子女教育等各方面有改善的機會，這樣的社會才是比較合乎公平正義的，而民營化就是達成此一目標的方法之一。

在「階級流動」促成財產形成的中心思想下，現在先讓我們就勞動者財產權形成的制度來開始談。首先就過去提出的一些制度概念加以檢討，勞工分紅入股是大家耳熟能詳的，勞委會提出的勞工住宅貸款等措施，這些都應該更為積極推動，甚至在稅制上也應有改革，加以配合，來促成勞動者形成財產。

以律師行業來說，在繳稅時有百分之三十的所得可以當作費用不必繳稅，反觀勞工薪水階級則無此規定，企業也有成本抵稅的規定，形成節稅漏稅的比比皆是，企業節稅連連，勞工卻毫無優惠，實在有失公平，我認為勞工本身隨著年齡增長也是一種成本折舊，收入的百分之三十當作費用免稅。再拿教育問題來談，我認為教育是造成勞工「階級流動」最長遠的一個方法，對中下階層應多加獎勵補助，即使農民子弟透過教育也有機會成為律師、建築師、企業家，這一代沒有希望，下一代好好念書，還是可以有翻身的機會。

再談到目前的國建六年計劃，似乎已形成鼓勵民間投資與防止財富集中的兩難局面，不加獎勵民間不可能參與投資，獎勵太好，又容易造成力量愈大者愈得好處，形成財富集中的現象。中國過去兩大工程，長城與大運河的建造，造成了兩大朝代的滅亡，為兩大因素。而當前民營化問題上也是如此，在民營化問題上，必須防止財富過於集中的現象。舉例來說，民營化必須找財團接手，條件不夠好的話，沒有人會接，條件太好又會愈有力量的人愈可能得勝，進而造成財富集中。

在此情形下，我認為必須朝向財富平均的方向來處理，也就是透過股票上市，讓一般大眾擁有取得機會，同時讓該公司資深員工擁有固定分配額度。

根據此一理念，我們來看經濟部的民營條例施行細則及相關實施辦法，並進一步檢討其不足之處，闡述我認為理想的改進之道。

2. 員工取得股份

首先介紹民營化相關的一些法律規定：

在民營化後員工取得股票數的規定上，有兩大限制，一、總額不超過百分之三十五。二、按月平均工資的二十四個月來計算。如果一個月平均工資是五萬元，就可能購買一百二十萬元價值的股票，但全部員工購買總額不能超過百分之三十五，如果超過，要按比例扣回，未達百分之三十五，也不可能超過一個人二十四個月平均工資的數額。至於，員工具體可能取得的股數，就要看股價而定。

另外還有一些個別的差異，雖然薪水一樣，還要依年資、考績加以區別，年資久、考績優者擁有較多的認購權利，這在個別國營企業中會有不同的規定，不同的實施辦法。

其次在認購資本上，公司員工從上到下，從總經理到基層員工都有認購的權利，但也有一些排除規定，以雇用人員條例雇用的人員、以聘用人員條例聘用的人員、借調人員、契約工、臨時工、不定期工等，都沒有權利來分配認購。這裡難免出現一些解釋、認定上的問題，何謂定期工，何謂不定期工？雖然勞基法第九條規定，超過六個月以上為不定期工，但是民營條例及有關法源對此並沒有明白肯定的解釋。

同時員工擁有程序上的優先權，也就是只要是員工就可以優先認購股票，不需要到股市上去和別人搶來搶去，不必和別人排隊或抽籤，不過這點規定是否有其實益就要看股價如何，行情怎樣，有沒有吸引力。另一項優惠是保留員工的第二次承購權，如果在規定期限間沒有賣出，將可在第二次股票公開發售時獲得一定數額的優先承購權。

不過大家可能已經想到，也是員工們最關心的是，員工承購股票是否股價較低，在這一點上目前倒是沒有規定。

接下來談到相關的權利義務問題。有人可能要問，如果員工本人不想買，沒有能力買，是不是可以把機會讓給別人，甚至賺一些佣金？目前政府的規定是不可能的。員工不買，優先承購的權利就消失了，如果想當仲介，可以在買來以後再賣給別人，但是其間股票轉售的限制甚多，必須按股市交易程序進行，因此此種企圖在技術上很難實施。

另外，員工購得股票後，公司是否可以要求代為保管？為什麼會有這個問題呢，因為過去曾經發生員工以分紅入股購得股票再賣出後，以此資本成立新公司，與原公司打對台的情形，一些公司為了防止此類情況，就規定員工在一定期間內不可轉讓股票，或乾脆要求員工將股票交給公司代為保管，但是在股票自由處分的原則下，公司是不可以要求代管的，除非員工向公司借錢，而以股票作為抵押，這在一般行庫也有相關以股票抵押借款的營業項目，公司如果想要代管股票，應該設計相關規定，由員工以股票進行抵押，才是合法途徑。

總之，員工購得股票後，對股票擁有自由處分權，可以自由將股票賣出，也可以自由離職，是不是鼓勵這樣做，是另一回事。我個人認為公司應該設計一套制度，鼓勵員工承購股票，員工也應該踴躍承購，不過在我參與多次的相關討論中，有些人對此仍抱持不同看法。為什麼我主張公司鼓勵而員工應該踴躍承購股票，是有很大的意義的。

一九九三年大陸將國營企業改為國有企業，可交由民間經營；另外，也引起了如何股份化的思考，過去大陸的國營企業形式上全國十二億人每個人都有份，實際上是每個人都沒份。在台灣過去也曾討論過勞工參與經營的問題，有人主張應該推選勞工代表進入董事會參與決策，德國似乎已有相關作法，台灣還沒走到這一步，一些人也對勞工進入董事會的效用感到質疑，認為勞工加入董事會並不一定會對經營產生好的作用，甚至不懂經營形成干擾，不同陣營有不同意見。

我個人認為，勞工加入董事會，身份畢竟還是不同，易遭歧視，如果能夠在民營化過程中，讓勞工掌握相當股份，選舉自己理想中的董事進入董事會參與經營，大家平起平坐，不致發生適應上的問題，同時可以達到勞工參與經營的目的，如果連這一步都做不到的話，想要推派代表進入董事會，可能有些困難。所以我認為，民營化是勞工參與企業經營的一個契機，不應輕易放棄。

這個主張聽來似乎有些高調，所以接下來提出我認為理想中的配合實行措施。在三七五減租、耕者有其田政策上，承租的農民於地主出售農地時可以無償得到三分之一的金額，如果比照這個，勞工可以無償取得三分之一股票才對，不過現在已是多元化社會，勞工享有此種優惠，難以獲得社會大眾的支持。退而求其次，也可以要求低於市價百分之二十的股價承購權。也許這一點仍顯困難，那麼再退而求其次，我主張應有貸款上的補助。

貸款上的補助，可由公司設計制度以股票抵押提供貸款，或由公司集合員工，協調銀行提供貸款，將股票作為貸款擔保，至於還款上，也最好不要動到薪水，而由股票盈餘分配來支付，由公司每年集中支付。

員工取得股票進而參與經營權後，雖然達到民主化，卻也可以產生經營效率上的問題，要避免這一點，最近談論甚多的信託法可能派上用場，員工可透過信託制度，信託專家行使經營權，既民主又可掌握效率，利益也可以獲得保障。

以上所談的，我認為可以真正導向「勞資共同體」，公司是大家的，勞資衝突也可以和緩化。台灣經驗如果成功，更可以作為大陸表率。台灣的國營企業比例並不大，如果不能成功是很可惜的，遠的不說，台灣如果成功的塑造出此一模式，可對大陸國營企業之股份化、民營化形成很好的示範，超前一步，具有相當大的社會意義。

同時，我認為各個不同的國營企業，可以有聯合民營化式的設計，員工交換股權，分攤員工的投資風險，形成更大的吸引力。並且應有時間表，不必急著將所有的國營事業一次民營化，要考慮大量股份釋出對經濟的衝擊，做務實長程的運作。

3. 員工權益補償

接下來談勞工權益補償的問題。國營企業民營化後，將會產生員工去留以及相關的補償問題。

第一個是工作權的問題，也就是去留問題。民營化時是否由勞工自行決定去留，在法律上規定的很巧妙，民營條例中看來是由勞工自願，但又附一但書，在新舊雇主另有約定的情況下，依其約定。也就是說，以但書為優先，如果大家都不買的公司，可能由財團接手，這時就產生了新舊雇主的關係，新僱主接手後，對於員工去留問題可以做決定，決定員工留下，或是與政府打個協議，資遣部份他想辭去的員工，如果他想全部留下，也就不必約定了，所以說有約定必有資遣，本來是一項例外，反而成了原則，這是大家必須注意的地方。

所以員工在此情況下，必須向政府或公司方面反應，在新舊雇主定約時顧及員工的意願，不然可能在新舊雇主訂好協議的同時，員工的去留就這樣被解決了。這個情況與勞基法第二十條公司改組的情況類似。

如果沒有特別約定，那麼員工可以自行決定去留，而留下來是怎麼樣，離職的情況又是怎麼樣呢?選擇離開的人，或是被選為必須離開的人，他可以獲得什麼?根據目前法律的規定離職給與有三項:

第一、一律依照退休標準來給付。不管年資夠不夠，一律依照退休的標準發給退休金。不像勞基法規定必須在年資滿十五年，或二十五年才可以退休，否則都按資遣計算，在基數上有所差別。

第二、必須再加發六個月的薪資。

第三、再加發一個月的預告工資。

也就是說離職給與等於是領退休金再加上七個月薪水。而留下來的人也可以獲得一筆錢，但代價是必須將過去的年資一併清算，將來在公司內年資重頭算起，發給的是退休金及六個月薪資，但少了一個月預告工資。所以留下來與離開的人，總共只差了一個月薪水，而這筆錢同樣都是以年資換來的。

為了避免新雇主假藉各種理由造成員工離職，條例中也規定，如果新雇主接手後五年內，發生員工離職，這時公司應發給離職員工資遣費再加上七個月薪資。這可以說在資遣問題上給與員工特別的保障。但另外，有關勞保、公保的改變，公務人員資格等問題，卻沒有特別提及。

個人認為，民營條例對股權取得、勞工權益上雖有若干規定，但仍顯不足。所謂國營事業民營化不只是把股權釋出，更重要的是如何在民營過程落實社會正義，而社會正義最重要的，必須對原來國營事業的勞工多做一些考慮。

詳言之，國營事業民營化的目的有三：一是使國營事業效率化，二是解決國家財政問題，第三則是社會的公平正義。一般人常常只強調前面二點，但是一個鼎要三足才能鼎立，必須兼顧公平正義的問題，不要造成財富的集中，讓勞工或是社會大眾也能享受到民營化的好處，這隻鼎才站的起來，才是健康的解決之道。

在東西德合併有關立法過程中，最難也最重要的就是社會權、工作權的問題，東德勞工原來有的那麼多福利，一下子都沒了，如何讓它完整的過渡，是最重要的困難。因此，民營化不僅是台灣的問題，也是大陸的問題，也是世界各國的問題，尤其那些社會主義將走向市場經濟的國家，如果台灣在這方面能夠有成功的經驗，可能使台灣的名聲將比用MADE IN TAIWAN的外銷口號更響亮，讓我們大家對此都有共同的期待。

4. 民營化關鍵問答

問：國建六年計劃已經造成政府很大的財政負擔，而國營企業勞工約有十萬人之多，如果要發七個月的遣散費，政府如何負擔？

答：國營企業股票上市，應會有所盈餘，相關條例明訂成立基金，以此支付員工遣散費，應不致形成財政不足的現象。這是民營化應採的「自償性原則」。

國建六年計劃也是一樣，其中有百分之四、五十的成本用在土地取得，既然鼓勵民間投資，為什麼不與地主協商，由地主持土地加入股份，共同經營。例如高鐵，可以成立一個高鐵公司，將沿線土地納入股份，因為設立公司，除了金錢出資，也可以現物出資，現物就包括土地，這樣的方式如果能夠以保護賺錢來鼓勵，將可解決大部分的財政問題，地主會覺得加入投資總比土地被徵收後什麼都沒有要好得多。

回過頭來再看民營化問題也是一樣，政府發給員工大筆退休金，員工可以拿這筆錢再買股票，有一個循環，經濟上最重要的就是循環，不是僵化的有去無回，這都是同樣的原理。

問：如何避免國營企業民營化演為財團瓜分？

答：這個問題很大，以下我所談的，只能提出一個大方向。我剛剛提到鼓勵民間投資，如果不具吸引力，沒有人想要投資，如果保證賺錢，又會造成財團爭相瓜分造成財富的集中，我提出此一問題，希望政府加以重視，制定相關措施，既能吸引財團，必也能吸引一般民眾及勞工，以中油為例，民營化過程中即應考慮二萬員工，避免全由財團介入。

問：政府一直朝向民營化腳步邁進，站在中油員工立場頗覺人心惶惶，不知呂先生今天是以官方立場來做說明，或是幫中油考慮，剛才你提出不少民營化的方法，我個人認為，應以對全民有利者優先。

答：首先說明，我擔任公平會委員是三年任期制的，雖然職位不低，其實也是一個臨時工，目前雖暫是官方的一分子，但今天是以個人身分發表我對民營化的看法，何況現在政經情勢複雜，誰能代表政府也很難說。

民營化時，股份賣給誰，理論上有三個層次，最大的平均社會財富是股份賣給全民，但這也比較理想化，就像我剛剛說過，全民所有，其實是全民都沒有。這第一個層次是全民公開市場，透過股票上市，公平公開的讓大家都有機會去買，但是現在股票那麼多，也並不是每個人都會去買，炒股票的大部分還是財團。雖是最理想的，實際上卻有困難。

第二個層次則是賣給勞工，國營企業勞工共有十萬多人，與股票市場主力相比，人數多得多，理論上雖不像全民那麼廣闊，但我認為卻是最廣大的社會化。

第三個層次就是由幾個財團瓜分，頂多不會超過二十幾個，在平均社會財富上是最狹的，情況似乎會朝此層次發展，在此情況下，我覺得關鍵就在各位員工身上，如果員工能夠有一整體性，能夠整合的話，至少可以買到百分之二十到三十五的股票，這是一個很重要的比例，如果能夠集合百分之二十至三十五的力量，說不定董事長就是各位員工選出來的，問題是一個公司二萬員工要加以整合的確很困難，所以說一方面努力整合，一方面公司的領導幹部很重要，必須要有認知，法律規定公司董事長、總經理也是從業人員，大家應該有共同體的觀念，趕快整合起來，在民營化過程中發揮影響力。

今後在整合過程中，如果需要法律上的協助，我願意貢獻棉簿之力，如擔保、貸款、信託等制度的設計、員工組成管理顧問公司、合約問題等，我都願意協助，與大家磋商，對此我是抱著鼓勵態度的。在民主中現在已發展到了整合問題，個別的民主大家都已了解，如何整合則是現今的重點。

整合是最重要的，台灣今天的局勢就是整合問題。如今各方山頭林立，國民黨內如此，民進黨內也是如此，有如朝代末年各路英雄好漢競逐天下，我不是在說笑話，而是現在局勢真的如此，如果整個地球只有台灣，山頭要存在多久都沒有關係，但是台灣還必須面對世界各國，還必須面對大陸，如果不能整合，就會被吃掉。

各個朝代幾乎都用武力來整合，現在已不是可以用武力的時代，如何用說的就達成整合的目的，實在很難。我覺得如果台灣不能在五年內趕快整合起來，實在很危險，為了大家的退休金，還是必須趕快整合，有一些枝節必須捨棄，只要抓住重要原則，就去落實整合。

問：呂先生在勞工法令上的研究大家有目共睹，但是歐美、西德等國在勞動法令中有一些很好的觀念，為什麼從未提出，例如西德勞動法中有所謂的「生產民主？」，西德二千人以上的工廠就有共同結社？為什麼在我接觸的自由派經濟學者、律師中，都未見有人秉持專業良心提出，這些對保障勞工權益，促進勞資關係都有助益的觀念？

答：其實我在一些零散的演講場合提出過，為什麼不加強調，因為覺得自己的思考尚未成熟。

有關個別勞動民主的參與制？我認為一套法令、制度最好能夠跟社會的一些動作配合起來，比較能夠實行，過去單純談德國的勞工民主參與制度，要引起共鳴，或是說時機的選擇，我認為過去比較沒有那個條件，我剛才也稍微提到了，以前董事會中都是董事，是擁有股分相當多的人去參與的，勞工要參與其中，那些人一定防得要命，在正式董事會中該談的都不談。而透過民營化，勞工有機會掌握百分之三十五的股權，可能選出三分之一以上的董事，甚至可能掌握那些零散的股分，達到百分之五十以上，到時大家都是董事，平起平坐，人數不足法定人數，不可能會有會外會的情況，所以我覺得在社會背景和時機上，這是一個很好的機會，如果不能好好掌握，可能必須再等個五十年。

至於德國的方式，大概是夾在資本主義和社會主義之間，我剛才說過從農業社會到工商業社會產生勞工問題的解決，不外乎兩種方式，一個是社會立法，像勞基法、工會法等，德國就是很標準。另外一個就是極端的社會主義，沒收資本，變成共產社會，勞工階級在概念上雖然號稱當家作主，實際上並沒有真的當家作主，這一套制度現在已經逐步瓦解了，可能基本上還是會回到德國的情形。

但是要回到德國的情形並不容易，德國從俾斯麥一八七〇年社會立法，到一九四五年提出勞工民主參與制，已經七十年了，不知道我們有沒有比德國人聰明，如果從現在開始算，五十年是差不多的數字，從十年前開始算是六十年，從光復後開始算也要好幾年，所以說我認為現在是一個很好的時機。

但是我也要強調，如果勞工能夠透過股票掌握成為董事，也不要自滿，大家應該要去學習，充實各種經營的知識，如果說大家的層次還是沒有長進，大家控制董事會，也許反而不利，如果覺得學習不夠，應該推選委託專家、經理人，信任他們，由他們代為掌握經營方針。也就是說，雖然勞工成為董事也不能自滿，要認識自己不足之處，信任真正的專家。當然現在要信任一個人並不容易，信任的往往是親近的人，其實人材很多，但是如何信任才是困難的問題。

（後註：本文是作者於一九九三年六月就「民營化與勞工權益保障」問題，對中油員工發表演講及解答整理而成）

5. 如何協助民營公司之勞工取得股權及轉業

民營化必須協助勞工取得股權及轉業，落實社會正義政策，其細步動作如下：

(1)依民營條件，勞工可以購買約二十四個月薪資總額之股票。
(2)協助勞工向銀行融資，取得購買股票之資金，勞工以取得之股票作為擔保品。
(3)銀行撥付股票價款予民營化之公司（或國庫）。
(4)民營化公司將勞工每年取得之股利撥付銀行作為勞工之貸款返還。
(5)勞工委託或信託顧問公司代為行使股權。
(6)顧問公司代為行使股權。
(7)·(8)其他財團及國營分別行使股權，與顧問公司代為勞工行政股權，鼎足而立。
(9)·(10)顧問公司輔導部分離職之勞工創業（如去大陸投資）。

第四節　農民權益

1. 扶助農民，因應GATT

我們做過長期的農民，深知農民的問題。

在由農業轉化成工商業的世界潮流中，農業人口紛紛流動變成工商業人口，在農業人口比例降低後，平均國民所得提高了。真正仍然留在農業行列的人，相對的所得最低（然而，許多人看到土地價格高漲的畸形現象，就有農民致富的假象，致富的多是炒作土地的非真正農民或退出農業的人）。他們是社會進化中的落後者，需要特別的照顧，但一般人多不明白這種道理，農民常常被犧牲。

以一九九三、九四年為例，台灣缺水，首先被停掉用水的是農業用水，農民先被犧牲。

再以加入GATT為例，對工商業整體、甚至國際地位之提升而言，是有利的，但是，唯一受到衝擊、犧牲的就是農民，農業主管部門原來所提一百億元的補助，一下子卻被刪成兩億。於是有農民揚言組織「農民黨」，我們至表同情。

至一九九四年，台灣農業人口已經低於百分之十二，而且，年輕人無人願意繼續從事農業，因此，我們主張以下列方法「解放」農民：

(1)農地變更用途「準則化」，符合準則的（如一定面積、稅率多少）即可申請變更，不採許可主義，許可制易造成特權及地價高漲。在變更準則主義下，工商業用地供給多，暴漲的現象就較和緩了。

申請變更後，應課一定比例之「地目變更稅」，以支付「農民年金」。

(2)農地可以分割出售。過去不能分割出售，造成農民必須全部出售，全部剝奪農民的漲價利益。在農地「所有」可以分割的情形下，仍然可以設計「經營」與「所有」分離的制度，擴大經營面積。

(3)農地繼承仍繼續耕種時，減免遺產稅，防止農民必須賣地繳稅。

(4)於農民人口低於百分之十以下時，按月支付繼續耕作的農民「工資」，感謝他們繼續為大家供給食物，維持起碼的農民人數。農民年金制過於消極。

(5)因加入GATT而獲利的行業，應提撥基金，支助受損之農民，落實階級互助的理念。

(6)未被停水的工商業應提撥基金補助先被停水而受損的農民，落實階級互助的理念。

中國大陸較大，農村問題龐大，在加速工商業化時，應及早有計劃的規劃解決類似問題，否則，可能引起另一次農民革命，對此，我們有深刻的體會和策略。

2. 釋出農地政策與地目變更稅

行政院於一九九三年指示農委會大量釋出農地，以供工業及振興經濟之用。對此，我們認為「方向」正確，但如能進一步處理好有關平均社會財富及鼓勵農民繼續留為農業人口，可能更能改善台灣的體質。

近代的世界潮流、中國的現代化、台灣的變遷，簡單的講，不外乎是一個由農業生產方式走向工商業的過程，為此，有的國家花了數百年，台灣則在四十年間，快速的成為以工商業為主的社會。為了順應此種社會變遷，在土地政策方面，必須以稍快於（或至少不慢於）工商業化的速度，將農業用地釋為工商業用地，使供需平衡，但過去或許由於「作戰存糧」的考慮，使農業用地釋出的速度，趕不上工商業化的需要，在需要大於供給的情形下，造成工商業用地價格暴漲，而有能力獲得地目變更者，也因此可獲得地目變更的巨大利益。

目前，大量釋出農地可以改善此種供需失調的情形，因此，方向正確。不過，將供給即變更地目完全操在官員（公權力）手中，顯然不符市場經濟的原理，因此，我們主張供給應儘可能自由化，具體作法，可以「地目變更稅」等間接方式來作為調節市場的工具，政府可按不同地區、生產力、污染狀況等否申請變更地目（當然，為了避免零散、無秩序，可由政府進行相當的規劃）。以後，工業用地變成商業用地或建設用地，同樣也以地目變更稅的方式來調控。

這種稅制，也具有平均社會財富或漲價歸公的意義，當政府收到此項財源，可考慮降低公告地價，降低地價稅之收取，因此地價如果降低或不再漲，所謂振興經濟問題，可解決大半。

最後，我們也很關心，以什麼方法鼓勵農民留在農業人口的行列。就此，我們深刻體認到農業所得長期低落，長期以來，農民面臨生活困苦或賣地致富的選擇困境，中庸之道，應建立以將來部分「產權換取年金制」，具體言之，賦予農民選擇權，由政府按面積、農民年齡等因素，每月或每年支付農民一筆金額（例如每月三萬元），而於農民放棄農民身分申請變更地目或死亡時，其土地部分價值或產權歸政府所有，使私有部門及公有部門間獲得經濟之平衡，解決擬議中傳統農民年金制金額少、財政困難的困境，也使農民超脫「清貧」或「致富」的極端，最終使社會彰顯正義。

3. 農地交換年金制的建議

一九九三年淡水農民李秀隆因賣地致富而招來殺身之禍，使農民出身的我感慨萬千。台灣的農民（真正的農民）長期以來一直處於低所得的生活困境，一個五口之家，耕種一甲（約〇．九公頃）水田，傾一家之努力，年所得約十至十五萬新台幣，除了米、菜自給外，能用於生活費者實極為有限。如果其中還有一、二名子女有志升學，那就更困難了。許多農家多利用農閒打工或長子（女）做工培養下一代或弟妹了，漸漸的，農地也都荒廢了。

台灣農民苦了三、四十年，隨著地價暴漲，農民總算翻身了，但忍痛「賣」掉相伴四十年的土地，所付出的代價卻是情感的傷害及土地可能繼續上漲的機會風險。最後，最大的贏家多是有資力炒作的商家。而像李秀隆先生，更為農業土地制度的不當，付出了寶貴的生命。

假如，我們國家對於農業與工商業的變遷有更好的設計，也許農民不必長期吃苦或擔負高風險了。因此我認為可由農民行使選擇權，選擇維持現行制度及部份的增值、所有權

「交換年金制」。所謂「年金制」，詳言之，由政府按面積、農民占人口中之比例及其他因素，按月支付農民若干金額（例如每月三萬元），於農民死亡或出售土地時，部分所有權或增值歸政府所有；這樣在某程度上也有財富分配的意義，也許，政府於四十年前進行土地改革時，沒有設想這樣細密，也許土地完全私有化，本身就是一個錯誤。欲改變既成的錯誤是一件難事，目前，中共即以「使用權」形式進行私有化，應避免相同的錯誤，不過，因中共之使用權均有年限，尚可避免過分私有化的弊端。

本來，農民可以透過出售部分農地之方式來達到類似上述目的，但為了防止農地細分，法律早已限制農民出售部分土地，所以，此路也就行不通了。

無奈的是，到了土地一坪二、三十萬以上，一甲地八、九億元以上，要實行上述「交換年金制」恐已有困難，但如果早在十年前，每坪三、四千元或更低時就不同了。趁著現在還有不少農地價格不高，政府該做一點事了。

4. 解決假農民的方案

假農民問題的普遍性，證明了農地保護政策的大失敗，除此以外，更傷害了人們對法治的感情。

我們不容許這種事再發生了。解決途徑可能有二：嚴懲假農民，包括剝奪他們的土地；有條件有規劃地將農地管制市場化。

第一種途徑看似妥當，但卻未面對社會問題的全貌，因為在有關農地政策之下，你、我及大部分的人如果有錢，為了高利，又在政府公權力有限的情況下，誰都會去炒作農地，因此，又何以能夠嚴懲假農民呢？但假農民違法又是事實，原來應受保護的農民未受到真正的保護，也是事實，在面對社會問題全貌之下，我們主張「五三二制」，以全面「和解」替代依法嚴懲，由假農民及出讓農地之真農民、政府，依五比三比二的比例重新分配，在承認資本的價值下，同時落實社會正義，解決社會問題。如沒有和解的政策或方案，我們的法院又要忙得喪失鬥志了，這又是一種無形的傷害。

第二種途徑是面對未來，全面解決問題的方法，我們應認清公權力永遠有限，不可能以公權力長期地管好農地之取得資格（例如，自耕能力證明）及地目變更，管制只會帶來鑽法律漏洞，形成特權，因此，面對農業人口已降至百分之十二以下的現實，我們主張以市場化代替管制，在課徵地目變更稅等等條件下，允許農地自由買賣、允許農地自由申請變更為其他用途（可附設一定面積等條件）。

5. 階級（層）互助—農民與非農民之互助

長期以來，台灣農民生活困苦，陷於「賣地」求解脫的現象，為了解決此社會問題，我們曾主張由政府主辦「部分產權換取年金制」。

如果考慮到由政府主辦的「公營」性質，常陷於效率的問題，則取代的方式，應鼓動「階級（層）互助」，由非專業人口中有「富餘」的人，在平日以部分富餘扶助農民，當然，天下無白吃的午餐，農民於死亡、出售土地時或不再從事農業時，應由扶助者取得或多或少的部分土地產權。

我們應該建立類似這種非農業人口以餘力「投資」農地的「折衷」方案，非農業人先扶助農民十年或二十年，才可能獲得投資農地的合法目標；反之，長期以來法令雖規定「完全禁止」非農民購買農地，但事實上「假農民」炒作農地或以「信託登記」的方式炒農地，卻又多如牛毛，我們為什麼不面對事實，建立「階級互助」的制度，解決農業人口與非農業人口的矛盾。

在建立這種「階級互助」的制度以後，我們要徹底消除變相的農地炒作。

6. 農家子女的教育

我從小知道種田辛苦，但懵懂的兒時只以為書唸好了，長大就不必種田，並不清楚種田以外，還有什麼可以可做，一直到離開淡水、至台北唸高中，才明確地感受到行業別對一個人、甚至整個家庭的影響，比較同學們的父親不是經商就是公務員、老師，我的父親工作比他們辛苦很多，收成能否養活一家七口，還得看老天的賞賜，有了比較之後，我才真正了解到種田的辛苦。

在唸高中時，我發現軍公教子女，有各種學雜費減免，而農家子弟即使家境貧困，卻無半毛錢的減免。以我自己的情況為例，直到我大學畢業為止，我的學費一直是靠母親編草鞋供給的，家裡種田的收入僅夠一家子溫飽，根本沒有餘錢供子弟讀書，然而，對於這樣的農家，政府並未減免其子弟的學雜費，從高中時代起，我就深深瞭解到政府對不同階層的懸殊差別待遇，而這樣的政策也違反了社會公平的原則。

當年，私立學校的學雜費雖然不若今日的這麼高，但，以我家的環境而言，根本供不起我唸私校，在這種經濟壓力及出人頭地的自我鞭策下，考取公立大學是最理想的出路。

而今天私校的學雜費已與過去不可同日而語，一學期的註冊費動輒三、四萬元，而教育部仍有調漲公私立學校學雜費的計畫，今天農家的收入雖有增加，卻如何也及不上學雜費跳躍式的膨漲，在我們的農村裡面，很可能有許多仔子因為考不下公立學校而輟學，但是，政府在調高學雜費時，顯然並未考慮到農家的收入水準，從來不曾對農家子弟有任何學雜費減免。

在鄉下，農家耕種只能求得三餐溫飽，很難拿出餘錢來給小孩子多唸書，許多農村子弟小學、國中一畢業，就去當學徒、待工廠，像我堅持讀高中、唸大學，親戚之中就有人認為不孝，長大了不去賺錢貼家用，反而讓家裡花錢唸書，唉！寫到這裡，我又想起母親在一盞小燈下的夜裡雙手飛快而熟練的穿梭著，因為那一雙兩塊錢的草鞋積少成多，勉強可湊足她兒子唸高等學府的學費。

在淡水的農村裡，民國六十五年左右，男孩子唸完基本國民教育，很多去當泥水工，像我大哥就是，也因為這樣，我也做過不少小工，現在經過石牌一帶，我還可以指出那些房子的磁磚是我貼的，當時小工一天工資是兩百元，只要做三天，就是一石穀子的售價。因此，我很能了解現在農民們會荒廢田地、跑去打工，如果光是靠種田，根本不夠孩子們求學花費。政府若再無止境地提高公私立學校的學雜費，導致農村子弟唸不起書，是可以想見的。

事實上，農民對一個國家的政治穩定，有相當大的貢獻，這從中外每逢選舉，農民福利就高掛朝野各黨嘴邊的情形，就可能了解，但，可悲的是農民對政治的影響力卻又微乎其微。近年來，由全國各大學院校工農子弟學生發起的「人民民主聯盟」，於十月二十五日光復節當天，赴立法院請院，要求工農子弟就學比照軍公教人員子弟學費補助。雖然，學生團體的力量極為有限，但，比起以往沈默的數十年，這總算是農民爭取基本民權的開始。

我們要知道，在民主社會中，充分而公平的教育機會才是社會正義得以維持的基礎。一個正義的社會，應有充分階級流動的機會，農民可變成企業家、教師、律師，工人也有機會變成老闆、會計師，社會就不必有階級仇恨或鬥爭，而這一切的轉變都必須靠教育來達成，如果不是教育，我現在不僅當不成律師、政務官，恐怕還是個農夫或泥水工，大家也應該都有「教育才是階級流動之樞紐」的共識，唯有教育可以使農民、工人的兒女完成隔代的階級流動。

體認到階級流動是社會正義的原動力，一個正義的國家就必須以階級流動的哲學來辦教育，因此，高學費政策根本是錯誤的，退而求其次，倘若教育的資金成本必須由學費中反應，政府也必須對工、農子弟輔以廣泛的學費補助，這是國家對收入較低的工、農家庭的義務。今天，工農子弟學生們會舉起旗子來要求政府比照給予軍公教子弟的學雜費減免優惠，已然證明了上述的說法不只是空泛的理論，並且反映出工農子弟的就學權利已受到嚴重的威脅，值得政府及民意代表們重視。

在大陸，教育原來也是「農轉非」等等階級流動的樞紐，但是，隨著公費制的取消，教育預算比例過低，學費隨著通貨膨脹上漲，大陸的農民已難於負擔子女接受高等教育，使階級流動日益困難，哀哉農民！

7. 農耕經驗

我個人從小必須下田種稻，因而學會了許多農耕本事，多數朋友都不相信，他們說我「膚白肉嫩」，怎麼看都不像農民。不過，雖然「身懷絕技」，我還是必須承認自己從小以農事為苦，才立志讀書，轉行當律師。

我是自小學五、六年級開始幫忙父母種田，從那時候開始到大學畢業為止，我就很不喜歡寒暑假，每年暑假將屆時，同學們無不雀躍，參加戰鬥營去了，只有我因為面對兩個月的苦工而發愁，對我而言，讀書實在是再輕鬆不過的差事了。

每年一放暑假，七月初淡水老家的一期稻作正值收割的季節，每天曙光出露的四、五點時分，我們全家就趕到田裡去，拿出鐮刀割稻，一般人以為割稻只是右手出力拿刀往裡割，其實快速割稻的要訣是握稻的左手必須往前推，如此手揮腰轉，一行行的稻子就在刷刷聲中倒下，但說來容易，不習慣俯身割稻的人不一會兒功夫已經腰背酸麻了，而我們一天總要連續割上七、八個鐘頭，才能在日正當中的時候回家休息。下午由於太曬了，為了避免中暑，農人們大多不割稻。

稻子收割後立即在田裡面脫穀，初期，打穀機是用腳踏的，一邊用左腳踩打穀機踏板，一邊將稻穗輕徐地放在轉動的圓桶鐵齒上，穀粒便被急速的刮落，我剛開始學打穀時，經常把稻桿給捲進機器內，後來才掌握訣竅，只打進稻穀，但這種操作方式，手腳和腰部得用力，若無相當的體力，很就會腰酸腿痛了，幸好後來裝上了馬達，只須打穀，不須腳踏踏板帶動齒輪了。

以平均一個人一天須割四擔稻穀的速度，一甲稻田，四個人就要割上四、五天，當男人把穀子挑回家後，晒穀子就是婦女跟小孩的工作，在晒穀前，還得用米籮筐篩掉稻草、雜物。烈日下晒穀，表層的稻穀很快乾了，裡層的穀子卻還是濕的，因此每隔十分鐘，我們就要拿著「爬不仔」翻穀一次，到了黃昏時刻，將滿埕埕的稻穀掃集，堆成一個個小丘，再拿稻草蓋上。光就披蓋稻草來說，也要有相當的功夫，否則雨水、露水侵入，一天的曝晒等於作了白工，披蓋稻草的技巧是像魚鱗般由下而上逐層覆蓋。我記憶裡最深刻的景象是夏天的午後，天氣說變就變，一家家老小拼命也似地揮舞掃把、拖扒，為的就是在西北雨嘩啦灑落之前，將稻穀集中，蓋上草披，不過，經常在來不及收堆蓋好時，西北雨已傾盆落下，而大家也淋得像落湯雞。如今，每逢夏日台北下起西北雨之前，在悶慌的空氣中，我總會想起兒時在晒穀場上與老天搶飯吃的熱鬧情景，不覺莞爾。只是，氣候在變，總覺得現在西北雨少多了，為此，我心裡似有一絲絲的憂慮。

在大太陽底下，穀子晒個三、四天也就乾了，在收藏稻穀之前，先在晒稻埕中擺好風鼓，風口順對風向，搖動穀葉，風便呼呼吹出，隨著緩慢落下的稻穀，風就將穀中的土塵、空穀、雜物吹出，而結實的穀粒，則順著斜漏嘴落下，再以米斗量好一石（一百台斤）稻穀，裝入布袋中，好賣給穀商。

一期稻作收割後，我的暑假生活並未因此而空閒下來，為了準備八月初第二期稻作的插秧，在這中間的二十多天中，我須負責把收割後躺在田裡面的稻桿收拾起來，這個工作叫「紮草」，將稻草紮成一叢叢，再旋開稻桿，使其如圓椎狀豎立於田間通風晒太陽，風乾後再挑回家，大部份賣給製紙的收購商，小部份拿來蓋稻穀，其他的就堆成「草坪」（像個小型的蒙古包），當作廚房火灶的燃料，到了後來，工錢提高，沒有人願來收購稻草，只好放把火燒掉。

接著就展開整地的工作，本來是應該讓牛犛地的，但因為我家窮的連牛都沒有，只好叫我們這班兄弟姊妹到田裡踩地，其實就是把一叢叢仍矗立在田裡的稻桿頭踩進泥土裡，讓其腐化成為養份，大約踩了一個禮拜，父親才雇牛來整地，讓牛駕著「碌碡」翻滾拍打，把田地攪拌成均細平整的軟泥。「碌碡」是在一木製圓軸上裝置七片木葉，形狀像水果楊桃一般，到今天為止，在淡水老家，我們都還把真正的楊桃叫做「碌碡」呢！

碌碡整地的工作隔周須再進行一次，接下來就是要用「鬭刀」砍除田埂上「ㄇ」字形三面長的雜草，再把草塞進田泥裡。這同時也必須種秧苗，苗田整地的工作要比稻田更仔細，才不會長出雜草，秧苗才會長得好。以北部而言，二期稻作的插秧工作約在八月十日完成，十天之後，就必須展開第一次除草。

事實上，第一次「搓草」時，根本還看不見草，只是用手指翻動土皮、以手掌搓過田泥，讓正在發芽的雜草長不出來；十多天後再進行第二次搓草，搓草時手掌必須以秧苗為中心點，在最靠近秧苗的所有範圍內用力搓揉田泥，這項工作看似簡單，但因為整天彎著腰，雙掌用力，再加上田水晒得滾燙、蒸氣上升，上煎下迫，很快就叫人汗如雨下，然而，除草的工作不能久停，只有咬緊牙關繼續，半天下來，腰不能直，兩腿顫抖，手腳又被稻桿割得劇痛，十分難過，只好用剪刀剪掉襪子的底，穿在兩手手臂，以保護雙手。

有時為了多收成二、三石米，還必須進行第三次搓草，初秋天氣仍如炎夏，彎在田地中除草，上有爐火似的太陽，下有蒸籠般的水氣，上下蒸騰，我的衣服從沒有乾過，一個下午就要喝掉一大壺的茶水，正如古詩所描述的「除禾日當午，汗滴禾下土」，我的汗水成了稻米養份的一部份。

除草完畢，終於熬到開學了，我興高采烈地回到學校上課，大同中學、建國中學的同學看我曬得像黑炭一般，還以為我暑期間參加了很多戰鬥營呢！讓我苦在心頭說不出，因為同學們大多是城市裡長大的，怎麼懂得種田的辛苦？反而是上了臺大之後，發現不少南部來的同學，還了解一點農村生活。

在學校開學以後的期間，父母為了不影響孩子的學業，並不叫我們「休學」幫忙農事，但是，轉眼間寒假又到了，此時雖然二期稻作早已收割，然而，整地、踩稻桿頭的工作還是非做不可，淡水的冬春之際，天氣經常是刺骨寒風挾著整天下不停的細雨，站到冰冷的田水裡以腳整地，或是用手挖田土做田埂，真不是一句春寒料峭可比形容得了，在幼小的心靈深處，只好以課本上讀到的「天將降大任於斯人也」的文句自勉。

過農曆年時，秧苗田也正長出小秧苗，為了避免麻雀吃秧田，小孩子們便有一項趕麻雀的工作，偏偏此時也正是老鷹的天敵烏秋產卵的季節，為了保護鳥蛋，烏秋常不明就裡地攻擊經過的小孩子，那樣子真像戰鬥機俯衝下來，可怕極了，我小的時候負責看秧苗時，就最怕烏秋來啄我的頭，為了保護頭，不管下不下雨，只好帶著斗笠。好容易學校開學了，我又躲回學校去，不過，緊接著又是青年節、清明掃墓的春假，我又要到田裡搓草，感覺上，我的假日，幾乎都是在田裡過的。

我儘管不喜歡種田，卻也從未拒絕農事，因為我很了解狀況。台灣北部的稻作，一年兩熟，一期稻作的收成較好，一甲地約有七十至七十五石的稻穀，二期稻作收成約在五十五石至六十五石之間，一般農家大約一甲地就要養七、八口人，扣掉必須留下來自食的四十石，大概有八十五石稻穀可能繳田賦、賣給穀商，以民國七十年每石稻子六百五十元的價位，得款為五萬五千二百二十五元新台幣，再扣掉購買肥料、雇用牛隻、賦稅……等費用，一個農家整年的收入不過三、四萬元。

我清楚記得，要是哪年一期稻作的收成是七十五石，家裡的孩子們就很高興，因為下半年有比較多的肉可吃；但是，如果收成期間碰上颱風，僅有五十五石的收成，我們就知道下半年只有空心菜和大肚魚可以配飯了。

第六章

工商發展與經濟民主

第一節　產業政策與競爭政策

1. 黨、國、特權資本與小中企業

工商業後進國家，為了「迎頭趕上」，加速發展產業，常常以兩種方向來累積資金，其一，就是川井克倭（Kawai）教授（註一）所用的名詞「由上而下」累積資金，即「政府介入」發展產業，這一方面集中在金融、交通運輸，甚至電、石油，以法令排除競爭，從「競爭法」的觀點來看這現象，會覺得「不好」，但因為排除了競爭，而有了「吸引累積資金」的正面功能（別人不能做，投資者有高意願投資？），此現象，不只存在日本，也存在於台灣，甚至中國大陸。

近年來，這些產業才都有逐步開放的現象。在台灣，公平交易委員會所公告的獨占事業名單，多屬這一類事業。公平會並在一九九四年推動「46Ｉ」計劃（註二），從競爭法立場與各部會協商放寬排除競爭法的各項經濟管制規定。

其二、「由下而上」的累積資金方式——小、中企業，甚至比小企業更小的「攤販」或中國大陸所稱的「個體戶」。這些小、中企業數目龐大，台灣較中國大陸幸運的是，在一九四九年至一九七九年的三十年間，許多小企業可以生存，也有機會發展成中企業、甚至大企業。這些小企業的所有人、受僱人大多數原是農民或其子女，就這樣，四十年來，台灣人口原來百分之七、八十的農業人口，如今已降到百分之十二以下，台灣的人均所得也從農業經濟的三百美元提高到工商業的一萬美元。川井教授提到日本一些強化中小企業的產業政策，以及中小企業carteles由多而少的變化，也許和日本「官僚體系」，及團體主義（Groupism）息息相關，但在台灣，向來「天高皇帝遠」，個人主義濃厚，政府實際上沒有什麼有效的中小企業產業政策，中小企業競爭激烈，兩年來，也未有向公平會申請中小企業卡特爾（cartel）的案例，倒是經過共產主義的中國大陸，官僚體系及團體主義濃厚，一九九三年反不正當競爭法究竟能夠實現多少競爭政策，仍待觀察。

農業問題一直是後進國家快速由農業為主的國家邁向工商業化時，最麻煩的問題。在小的國家，農民人口快速的降低，常常被犧牲（註三），但在大國，農民多，常引起革命而延遲了工商業的發展（註四），因此，日本自明治維新、台灣自一九四九年以後，快速完成工商業化，反之，與日本同時推動自強運動的中國，估計到二〇五〇年才能工商業化（註五），但小國的農民沒有力量革命，但並不是不會惹麻煩，所以工商業後進國家為了解決農民問題，都有一些農業政策，限制了競爭政策（註六），可是，都先後面臨GATT的挑戰，這種痛苦恐怕不是先進國家所能理解的。

總之，台灣是一個比日本後發展的國家，將心比心，我們很理解川井教授所述，日本自明治維新以來，為了快速發展而採取的產業政策及競爭政策，只是日本已經富有，台灣已經不算窮，過去的政策，是有待調整了。我們也期待有上述快速發展經驗的日本，多幫助比它發展還慢的國家（註七），包括台灣。

註一：川井教授，日本名古屋經濟大學法學部教授。川井於一九九四年三月十二日至十五日至台灣參加行政院公平交易委員會所舉辦「國際競爭法之調合」研討會，並在會中發表「日本之競爭政策與產業政策」論文。本文是呂榮海針對川井教授之論文所作之評論。

註二：公平法第四十六條第一項規定「其他法律有特別規定者，不適用本法」據此，其他部會根據特別法可以排除競爭政策。

註三：例如，一九九三年台灣缺水，農業用水首先停用；東亞國家在GATT下，農業也首先受害。

註四：毛澤東、太平天國領導農民革命成功後，都實行「反商」政策。

註五：鄧小平計劃於二〇五〇年達中等發達國家人均所得四千美元，參見鄧小平文選第三卷五七頁、七七頁。

註六：例如，台灣農產品市場交易法限制了部分公平法的規定。

註七：以此觀點來看日本在一八九五年至一九四五年以軍國主義、「大東亞共榮」欺侮比他晚發展的中國、台灣、東南亞，就不對了；如今，日本應改「霸道」為「王道」，幫助後發展的國家，在無形中發揮影響力。

2. 黨國特權資本的功能與資源民主化

工商業後進國家，為了快速也從農業社會發展成工商業社會，其一，常以黨、國、特權（特殊關係）主導累積資本，先佔據獲利較高的產業部位。其二、以小、中企業甚至攤販累積零散資金。

在台灣，從公平交易委員會對獨占事業的公告名單，可以證實第一點；在大陸，維持了至少四十餘年的「公有制」國營事業經濟體制，於改革開放後，外資或私營企業也是依賴於「特殊關係」而從事投資、交易，更可以說明第一點。

當人們對黨、國、特權資本持以「異樣」眼光之時，也宜觀察到它對加速工商業化的功能；只是，速成通常帶來副作用，我們必須在工商業化的過程中，尤其是工商業已有相當發展時，減輕有關副作用，或逐步解決有關的黨、國、特權資本問題，促成經濟資源民主化。有關公平交易法對獨占事業、結合、聯合的規範，還有，國營甚至黨營事業的民營化，都與經濟資源的民主化有關，應確實做到，尤其應避免由「黨、國特權」變成另一種「民間特權」。

當我們看到黨、國、特權資本在工商業化「速成」的過程中，具有加速資本累積的正面功能時，將其逐步民主化，也就不必採取過激的手段，當年，在大陸將有關資本冠以「官僚資本」的名義一律加以沒收，現在再看看大陸的「新官僚資本」，也就顯得過去的手段過激。只有認清整個工商業化的歷史過程及走向，才有能力選擇一個適當的資源民主化手段。

3. 黨營事業與資源民主化

在威權體制解放成民主的、多元的、法治的社會之過程中，公平交易委員會承擔了許多「重擔」，既要促進社會資源的民主化，也要認真考慮改革方案的可行性、實際性。其中，以黨營事業的問題最複雜，例如救國團經營旅遊活動、補習事業，被業者檢舉違反公平法一案，就面臨這種問題。我們主張：在相當時間內解決此問題，有關旅遊設施、補習班，宜出租民間或與民間合營。這是另一種形態的民營化。在民營化的過程中，須考慮到員工的權益及民主化的公平性。

在大陸，共青團、軍隊、公安、學校等等各個機構均各有龐大的事業，在「市場經濟化」以後，也面臨了與私營企業公平競爭之問題，大陸也於一九九三年制定了「反不正當競爭法」，其本質和前述台灣之問題相同，甚至有過之而無不及，它的社會包袱也比較大。

4. 大企業集團的結合、併購與民主化

結合、併購是一種經營趨勢，但也要注意到資源民主化的課題。

在過去，我們一直沒有感覺到台灣有大企業集團，因為，相對於國際大企業集團，我們還不算大。但是，這五年來，隨著房地產的飆漲三倍、十倍、三十倍，我們既感到貧富距日愈懸殊，同時，也感到在台灣大企業集團日愈壯大，它們已相當比例地占領了台灣的主要經濟資源，這讓許多小老百姓在潛意識中逐漸感到不安，為了社會及企業的健康發展，大企業集團和政府應謀措施，消弭這種不安。

這種現象在從事非生產性事業的金融服務業、不動產業，尤較顯然。因此，有關大型金融業、不動產業之間依公平交易法申請結合的案件，宜採取一種比較嚴格的尺度。我們在發展資本經濟的同時，必須兼顧經濟及社會資源的民主化。

5. 出口產業與內需產業的共存關係

在工商業化的世界潮流中，企業必須直接或間接面對世界的競爭，貿易業者、出口業者是直接面對世界競爭的前線尖兵，異常辛苦，其他內需業者或不須直接面對國際競爭的壟斷性事業，仍應有間接面對「競爭」的感覺，體認國際競爭係一切生存的關鍵，傾全力支持直接面對國際競爭的前線尖兵，支持的方式包括不賺取壟斷性利益，以降低前線尖兵的成本，使其有利於國際競爭；如果不是這樣，長期下來，前線尖兵一旦在國際競爭上敗下陣來，勢必萎縮有關內需市場，到那時候，內需業者或壟斷性事業，也就沒有多大的發展與前途了。

因此，內需產業與出口產業必須相互體認，大家是一個「生命共同體」，從法學理論來看，是一種「社會連帶」；從階級或階層的角度來看，是一種「階段（級）互助」的關係。

在台灣，上游產業多屬壟斷性的內需產業，中下游產業多係必須直接面對國際競爭的前線尖兵，二者之間也可以用同樣的關係來加以理解。彼此之間對這一點的體認，關係著台灣經濟的前途。

台灣及中國大陸在由農業社會，向工商業發展的過程中，為了實現資金（資本）累積，基本上出現中小企業及黨國特權資本兩種路線。前者，集眾小而成大局；後者則加速巨大資金之累積，但也產生了一些違反經濟民主的副作用。

6. 中小企業與企業流動

台灣快速由農業社會發展成工商業社會，由百分之八十農業人口快速釋放成工商業人口或其員工、相關行業。現在，農業人口已低於百分之十二。這就避免不了中小企業林立，屢起屢仆，屢仆屢起，它們共同創造了台灣的經濟奇蹟。比中小企業更小的，擺攤子、開個小店也算初形商業，在階層流動中扮演相當的功能。

為了確保快速發展的經濟活力，我們應給各種中小企業公平、合理的機會，例如，各種投標資格之訂定、貸款機會應充分考慮到這一點。

不過，所謂中小企業是流動的，一方面隨時有一大批農民之子女、受僱人創業，變成中小企業，另一方面，小企業也可能變成中企業、大企業，因此，中小企業與大企業的劃分與保護，不能形成對立。

在大陸、私營企業、鄉鎮企業相對國營企業，絕大多數相當於中小企業，在左的時期被禁止，是以大陸經濟停止了二十年，九十年代後，它們將是大陸經濟發展的主要成分，其產權、機會、稅賦、發展、政治地位，應該獲得平等的保障或待遇。只有大陸的中小企業能有蓬勃的發展，才能容納從農業釋放出來的廣大人口，中國才有前途。

第二節　振興經濟與土地政策

土地價格高漲，固然代表了財富，但也反過來吞食了大眾，使大家過得好辛苦。由於用地貴，投資者既無法投資，消費者也負擔了高額的轉嫁費用。如果，我們不放棄自私，共同進行土地改革，我們及子孫會活得很苦。

1. 土地是振興經濟的根本問題

在振興經濟方案中，所提到的投資比例下降的原因有十點，其中包括土地取得不易、勞工不足、大陸投資過速等因素，但究其根本應該是土地價格高昂，因為有關勞工工資成本的提高，主要是勞工取得住宅或租房、生活費的費用過高，帶動勞工提高工資需求。有關大陸投資的問題也是因為土地的問題取得不易，地價過高，因此去大陸投資有相對的利益等等因素，因此，對於土地問題價格過高，必須徹底的改善，縱使不能降低地價，也必須維持不要再繼續飆漲。必須達到這樣的目的才能解決整個結構性問題。

土地為何價格飆漲，牽涉到土地的制度問題，過去有關釋出農業土地變成工商業用地，顯然供給不足需求（供不應求），造成工商業用地價格之高漲、建設用地的價格高漲，因此必須促成大量土地變成工商業甚至建設用地。過去因為對農業的保護，使農地變更為工商用地極為不易。事實上，許多非農民炒作農地，當他們利用各種方式克服地目變更的問題時，即可獲取暴利，因此應該大量的開放有關農業用地，變更地目而成工業用地，當然在變更的過程中亦須徹底清查非農業人口取得或者藉他人之名義取得農業用地，根本的限制這種非真正農業人口取得用地，甚至在稅捐上課以重稅。

另外，如果依所有權人的志願，將農業用地變成工商業用地，可考慮徵取必要的「地目變更稅」，以稅捐的手段、經濟的方法來調節農業地目和工商業地目的變更，並藉課稅適當的平均財富於社會。

有了這一項地目變更以後，應該適當的降低或取消有關土地的公告地價而依市價，因為公告地價和市價就像身體和影子的關係，二者互追，當市價高的時候，公告地價跟著調漲，接著由於公告地價的調高市價也隨之上漲，二者互相競賽，造成今天土地價格的高漲，因此，當市價低迷時就該考慮降低或取消公告地價，而不是為了財政的因素，一再提高公告地價，應該以一種反面操作的手法降低或取消公告地價，雖然這方面會使稅收減少，但可在地目變更稅上獲得一個平衡，唯有這一種徹底反面操作的手法，才能夠扼止台灣土地一再飆漲的困難，使農業部門、農業用地和工商部門、工業用地能夠獲得一平衡，不要因為現在為了保護農地而造成二種地目變更的瓶頸，有瓶頸就會製造特權，沖高地價，製造了特權，社會的財富分配就不平均。最後，使高地價反噬了所有的企業及所有大眾。

2. 開徵地目變更稅平均財富

政府應開徵「地目變更稅」，使土地的利用趨向合理，以避免少數財團可利用金權，順利變更土地，謀取土地增值暴利；更可藉地目變更稅的開徵，使土地供需趨於平衡，抑制土地價格狂飆。

對於行政院提出的振興經濟方案中，有意透過公營、國有土地釋出，以刺激民間投資意願，若處理不當，將使台灣財富分配更趨於集中，財富分配將更形惡化，行政院不可不注意，以免造成「另一種不公平」。

土地供需不平衡，是造成土地價格狂飆的主要因素，也是民間投資意願低落的關鍵因素，但是要解決投資意願低落，絕不是由政府提供廉價公有土地，提供優惠融資利率，給予補貼，即可以根本解決問題，而應是對症下藥，從根本改革。（刊於民國八二年六月二九日工商時報）

3. 土地問題不解決欲振難興

行政院公平交易委員會委員呂榮海昨天針對振興經濟方案，提出建議他說，「東補西救，不如根治」。呂榮海認為，國內經濟不振的根本問題只有一個：土地價格高昂，取得不易；若能抑制偏高的地價，經濟不振也興。

呂榮海呼籲政府儘快制定「地目變更稅」，藉以平均社會財富，並適當降低公告地價。他說，否則經濟振興方案繞了一大圈，可能還是卡在這個結構性問題上，如果台灣土地問題依舊，十個振興方案也會功虧一簣。

經建會所擬振興經濟方案中指出，國內投資下降的原因有十點，包括土地取得不易、勞工不足、大陸投資過速等。呂榮海說，他追溯每個原因的根本，發現幾乎都與地價高昂有關，如工資成本提高，導因於勞工取得住宅或租房費用過高；大陸投資熱也是因台灣土地太貴，產生了去大陸投資的相對利益。

因此他強調，若無法改善地價偏高問題，或至少維持地價不再飆漲，整個經濟環境的結構性問題，不能解決。

身為公平會「房地產專業小組」主持人，呂榮海認為，土地價格過高，牽涉到土地制度。由於台灣由農業轉為工商業的腳步太快，釋出農業土地變成工商業用地的動作遲緩，供不應求下，造成工商業用地及建設用地價格高漲。

呂榮海指出，近年炒作農地、想盡辦法克服地目變更，以獲取暴利的，全是非農民的財團。他建議政府在大量開放農業用地變更工業用地時，應徹底清查並限制非真正農業人口取得用地，「五二三制是一個好方式」。

他指出，土地市價低迷時，政府就該考慮降低或取消公告地價，而非為了財政因素，一再提高公告地價、刺激行情。呂榮海說，雖然這方面的稅收減少，但可在地目變更稅上獲得平衡。（一九九三年七月十二日聯合報十八版，記者饒仁琪報導）

4. 振興經濟須防土地資源的集中

為了振興經濟、鼓勵投資，最近政府似乎做了許多事，其中，與提供土地資源了投資者的重要事務包括：要求台糖提出十三公頃土地設定地上權于統一企業，解決六輕所需一千公頃土地，另外，燁隆也提出了需要一千公頃土地的大投資案，報載也獲得經濟部甚至總統的表態支持。

我們應支持振興經濟，但同時也很關心國家資源分配的民主化或公平性的問題，擔心「振興經濟」的結果，是財富的快速集中及資源的壟斷。

為了社會資源的民主化，政府與其賣斷土地或出租土地，不如以土地出資入股，參與投資，然後將分得的利潤分歸全民共享。我們看大陸在提供土地吸引台商投資時，也多有提供土地使用權參與投資（合資）之例，大陸可說是「精」得很。我們國家的公共資源非常有限，應防止資源過份的集中，在振興經濟時，宜多考慮一點社會正義，避免過度的資本主義化。

5. 振興經濟的民主化與公平交易

近年來，若干重大投資案，投資者均從政府獲得土地等等資源，有見於此，可以預料一個個投資計劃將會要求政府「比照」，因此，頗令各界關心，到底那些投資者應獲得資源？那些不應獲得？尤其是，財力較少的中小企業是否也有相當機會？

為了解決民生問題，我們必須由政治的民主化邁入經濟及社會資源的民主化。從憲法原理及公平交易法制的角度來說，則是「平等權」、「機會均等」及「反壟斷」的問題。

如果提供土地的是台糖等國營事業及國有財產局，提供優惠貸款的銀行，則均有公平交易法的適用，公平交易委員會應關切有關的機會均等反壟斷的問題。

不這樣，社會財富將快速集中，社會將動盪不安，這不僅不利於民眾的生活，也將會帶來富人的不安。

6. 商業現代化與土地政策

量販店可以說符合商業現代化的原理，但卻卡在在土地政策上。

最近，許多量販店因違規使用工業土地的問題而受到各界的關注，它似乎已成為經濟發展與社會正義的試練場所。

從政府的角度，可以指謫量販店怎麼可以違規使用工業用地，如果變更地目使其合法化，豈不是等於鼓勵非法變成合法?從量販店的角度，則是以其獲得消費者的肯定為基礎，指謫政府的土地政策不符經濟發展的需要；從競爭同業的角度則指出合法使用土地者面臨「不公平競爭」，更有人向公平交易委員會申訴違規的量販店違反公平交易法；一般大眾則睜著大眼睛在看，有關機關多多少少在折損形象中。

對於這樣的一個案子，好像怎麼做都不很對勁。

我們認為，為了兼顧經濟發展及社會正義，應以「地目變更稅」的經濟制度，根本解決農業用地、工業用地、商業用地間的問題。一方面讓地目變更自由化，另一方面以「地目變更稅」平均社會財富。不要使地目變更的過份管制，成為特權獲利的途徑。

目前，尚無地目變更稅的法律，公平之道以及調和社會矛盾的方法，宜由當事人將變更地目之獲益捐給國庫，主管機關如果考慮為特定案件變更地目同時避免民眾的不良印象，可以和違規者就捐地問題談條件。如果由於「捐地」有困難，也可以加以金錢化。而公平交易委員會所能要求業者的「改正」措施（公平法第四十一條），看來也只有要求其將「獲益」捐給國庫，俾拉平違規者與其他合法業者間的競爭條件。如果不這樣，而要求違規者「停止」使用，那是更困難的。

7. 論工商綜合區與萬客隆事件

台灣在三、四十年間，由農業社會快速變遷成以工商業為主之社會，尤其是自一九八

○年以後的變遷更是快速。

在變遷過程中，原來農業人口占百分七、八十，到了一九九四年，農業人口已低於百分之十二，並且，還在逐年遞減中，農業人口紛紛轉業，變成工商業之受僱人或小中企業、自由業。

因為，這種人口結構的變遷，個人所得才能從農業之低所得成長成為工商業之較高所得，整個國家也因之富裕起來。

在農業為主之時代，必須有足夠之耕地，再加上兩岸之形勢必須「儲糧備戰」的年代，台灣必須保護農地，防止農地任意變更為工商業用地，然而，一旦社會快速地由農業社會變遷為工商業社會，再加上兩岸的「和平、開放」，甚至加入GATT不能避免帶來的農產品進口，農地理應參考社會變遷的速度，變更為工商業使用（註一）或不要落後太多，才不致於造成工商業用地之供遠低於需求，進而地價暴漲的結果。但截至一九九三年為止，農地釋出成為工商業用地的管制太多，基本上造成工、商業用地的供需失調，而造成價格暴漲，影響投資的狀況。

在這種原理下，我們認為自一九九四年起推動的農地釋出、工商綜合區的方向值得肯定，但是，我們也認為「為德不足」將造成資源分配不公、社會財富集中、人心怨懟的嚴重後果。嚴重的說，正如我們反對選擇性的執法一樣，我們也反對選擇性的設置工商綜合區。我們主張以「準則制」取代「許可制」，政府應將設置工商綜合區的標準、條件明訂、公告出來，讓符合標準、條件的人，都可設立，而不是由主管機關許可某特定人、某特定地設立工商綜合區。我們應將工商綜合區的設置儘可能「市場化」，以取代由公權力來許可。

另外，我們也主張以課徵「地目變更稅」及「開發影響稅」（註二）的新制度來取代「捐地」的制度。因為，地目變更是土地增值的最大原因，基於平均社會財富的理念，應課征合理比例的地目變更稅。這樣做，比「捐地」更合理，因為捐地不但又降低了工商業用土地的供給，違反了原來提高供給的本意，也不利土地使用人的規劃、使用，況且，捐地的結果只是做為綠地、公共設施使用，也不過是免除了原來地主的地價稅負擔而已，對國家或地方財政反而有害無利。總之，捐地對地主、國家均不利，以稅捐方式將捐地的精神「金錢化」，對地主、國家、社會反而更為有利。

萬客隆量販店於一九九四年五月被高雄縣政府認定違規使用工業用地從事商業、違規用電等理由而斷電，引起各界廣泛的討論。此案怎麼處理，似乎都無法全部對勁。我們認為，根本的問題在於如前所述工、商業用地的供給與需求問題，尤其是快速工商業化以後，商業或服務業的比重日益提高，已超過工業或製造業的比例，因此，商業用地的需求與供給，乃形成差距，有必要更加開放。

基於這種道理，我們認為在大方向上應朝工商綜合區開放「準則式」及「地目變更稅」的精神，解決萬客隆事件，但必須去彌補「就地合法」對法治的傷害，在地目變更稅立法以前，如果萬客隆智慧的話，似乎應主動將地目變更的地價增值全部或部分捐給地方政府，以「協議」達成地目變更與捐款，爭取社會的同情與認同。而社會大眾也應多體認上述社會變遷快速、商業用地供給不足、法令制度調整過慢等等因素，以變法、寬容的態度來成全萬客隆，在萬客隆因捐款而未獲益的情況下，弭平對「就地合法」的反感。

註一：有許多人基於「糧食自給」最重要的觀點，反對農地變更為工商業用地。對於「糧食」的重要性本文承認，但是本文認為應依循經濟原理擬定政策，正因為糧食、農地重要，政府應以類似「支付農民薪水」的方式，鼓勵農民仍留在耕種行列，以市場原則平衡農業用地和工商業用地，而不是像目前法令仍管制變更，但事實上桃園以北基本上已經沒有農業了。

註二：汐止鎮「鎮長稅」之立意有創意，但在立法及地方分權制度確定前，不免引起爭論，因此，以立法方式（甚至是地方立法權）在地目變更、開發使用時課徵（開發影響稅）以取代「鎮長稅」的功能。

第七章 工商業化與民生問題

第一節　住宅、交通建設、環保

1. 工商業化與高房價對策

從農業社會快速變遷成工商業社會，使得人口在地理上的分佈，快速地由「面」變成「點」，這意味著供人居住的土地，其供給日益減少，因而造成房地產價格的高漲，人們從此變成了「屋奴」。

這種工商業化的變遷愈快速，高房價的問題就愈嚴重。

於一九九四年年代，屋價除以平均每年年收入（不吃不喝），英國是3.6倍，法國是2.7倍，德國是5.3倍，日本為6倍，台灣是6.8倍（註一），這個倍數和工商業化的先後正好成正比，英、法工商業化最早，倍數最低；德、日次之，台灣工商業化的時間最晚最快，倍數最高，這是「快速」工商業化的副作用之一。依此原理，中國大陸工商業化的時間更晚、速度更是「起飛」，其房價除以平均年收入的倍數約8倍以上，更大於台灣。

為了緩和此問題，應提高建房用地的供給：其一、大幅度變更地目，將農業用地變更為建設用地，將變更地目制度儘可能市場化，而非操縱在有關官僚手中；其二、廣泛做好大眾捷運交通建設，使郊區能與都市快速交通，不必過分集中居住於都心區，其三、產業投資分散地區，以稅捐等優惠方法獎勵企業於農村鄉間投資。

相信徹底提高土地之供給以後，房價才有可能下降，否則，以過分人為之方式提供「每坪六萬元」之房屋（註二）恐是一個夢，而且，過分干預市場，許多建築業被迫退出市場，將為下一次的供需失調及房價上漲提供了契機。

據統計，一九九四年的空屋率高達八十萬戶，但屋價卻不易下降，這和「公告地價」的制度有關。因為，公告地價對房屋價格之下跌具有支撐作用。長期而言，我們應放棄為了徵稅的便利目的而設置的公告地價制度，而儘可能回歸市場原理。

註一：依據衛明不動產顧問公司於一九九四年六月提供之資料。

註二：針對高房價問題，一九九四年六月李登輝總統提出「一坪六萬元」的政策宣示。

2. 住宅政策

擁有合適的住宅，是身為一個人或家庭的基本權利。

然而，因為土地政策及住宅政策的不當，在一九九〇年年代，造成房價的高漲，在都市地區每坪達二十萬元以上，在城鎮也已達到十萬元以上，以一個收入三萬元左右的新生代而言，真是望屋興嘆，年輕人常覺得沒有明天。

我們認為應採取下列措施，助成人民尤其是年輕人擁有住宅，這是階層流動中，財產形成制的一部分。

1. 以全面低率貸款，協助人民擁有三十坪為基準之住宅；貸款繳納金額可扣繳所得稅稅款。
2. 對超過三十坪住宅之家庭課徵「累進稅」，以多收之稅款補充前項稅款之減收。
3. 三十坪之基準生活空間可隨經濟情況之變動而調整，或隨城鄉地區之不同而調整。
4. 確實辦好國民住宅，適當調節市場。
5. 做好地目變更市場化等土地政策，防止土地飆漲，降低建築成本。

3. 健全預售屋制度

由於房地產交易金額大，購屋者一生難得買一、二次房屋，加以交易實態的花樣繁多，房屋預售買賣的糾紛層出不窮。自公平會成立以來，有關預售屋糾紛的申訴，即占百分之三十七左右，在法院或法院以外，房屋預售糾紛也占絕大部分。為此，購屋者、建設公司、法院、公平會，長期以來為此付出了巨大的社會成本。

面對糾紛之哀鴻遍野，公平會正逐步就「工業住宅」、「假國宅」、「契約審閱權」、「坪數嚴重不足」、「誇大使用面積」、「變更設計」、「不實廣告」……等類型，逐一處理中，諒可發揮一些匡正之影響力。不過，隨時可以感覺到，因此所付出的行政成本甚大。

如果不願讓政府、法院老是落在事實後面「追逐」眾多糾紛，則應該反過頭來想一想，設計一套跟本解決房屋預售糾紛的制度。

基於多年訴訟實務、執行公平法及長期關心不動產制度之體認，本文認為應該根本改變房屋預售制度，其應「改變」的要點如下：

1.應承認「建築中建築物之物權地位」，准許就建築中的建築物設定抵押權，得以辦理建築中建築物之抵押貸款。為達到此目標，必須修改物權法（在民法中）或在不動產交易法中加以規定。

2.由銀行（或經理公司）主導房屋預售制度，購屋者不將預售款直接交付建設公司，而將預售款交付銀行；由銀行按建築之進度分次撥放貸款（前述1）予建設公司以支應工程款。

3.由於施工品質、坪數是否充足，影響購屋者之權益及支付房屋部分價款之義務，事關銀行回收貸款之來源，銀行或其配合之經理公司應負起責任，監督工程之進行及與建設公司協商出合理的預售屋契約條款，改變現在基本上倒向建設公司的現實。為補銀行事業之不足，得由建築經理公司來協助銀行。

4.建立建築經理公司對工程之查核及協助銀行為貸款之控撥制度，經理公司作為購屋者、建設公司、銀行、仲介公司等與預售活動有關主體間之協調或經理者。

二十幾年來，我們聽慣了每個法官都說工作愈來愈忙，為此，我們應將法院（及公平會）當作社會現象的「實證場所」，當發現某類案源特別多時，表示在那一方面社會有病了，政府就應針對病態進行矯治，調整制度，以降低案源，否則，任令案源持續坐大，不僅法官喊忙甚至不想幹了，就是民眾的怨氣也長期難於獲得舒解！預售屋糾紛可以說是典型的案例，讓我們共同來思考及行動！這樣，建築業才有長期發展。

4. 交通建設資金、土地問題與財富之平均

國建尤其是交通建設目前主要面臨下列困難：⑴資金困難恐影響財政；⑵土地取得不易；⑶各別多種法令限制及行政程序複雜，無法有效吸引民間參與國建。

我們認為，以上三項困難並非個別的因素，而是互為關連的因素，解決問題的設計應朝著設計一種制度，形成立法，同時解決三項問題。簡單的講，由於取得土地之對價是國建中的一項最大宗支出，因此，如能減低土地取得之「現金」支出，必大大降低資金調度之困難；當然，減低土地取得之「現金」支出，不能只是慷地主之慨，而宜以代替「現金」之其他利益補償地主，例如：⑴讓地主取得一部份高鐵或高速公路之股權（必要時可保證此部份股權之利益）；⑵讓地主取得開發沿線土地之優先權，地主可以自營或將優先權出售，甚至以此優先權出資與他人合組公司開發、經營。

為了達到此項目標，必須在現行各種土地法規以外，制定一特別法，規定政府為從事國家重大交通建設而從事土地徵收時，除以現金補償外，得一部以該建設完成後之公司股權或沿線開發之優先補償之。以股權或優先權補償之方式有二：選擇權（option）在政府和選擇權在地主，何者為宜或者採折衷方案（如一半強制，一半地主選擇），可再進行評估。

也許，上述方案不可避免的會有來自地主不一定願意配合的壓力，但此壓力應低於實行「漲價歸公」政策的壓力，因為如果「漲價歸公」實行的程度不高，對資金無多大俾益，反之，如果實行的徹底，則高度「剝奪」地主之預期利益，其反對聲浪必大。將國建後之股權或沿線開發之優先權補償地主，關鍵只是在於如何確切證明這二種「權利」是有價值的而已！如果能夠確切證明，相信地主亦無強烈反對之道理。確切證明之方法，例如，國庫保證或承諾以何種價格負有買回義務。如果能再形成一個買賣「股權」（嚴格言之，只是將來之股權憑證而已）或「優先權」之公開市場，更有助於資金之形成。如果，能夠進一步在稅捐方面優待選擇以股權方式接受補償之地主，更能促成此事。

也許，非強制補償股權之部份，無法全部獲得地主之認同、接受，則可將其中一部分公開出售予社會大眾。以此種「大眾化」之方式吸引民間參與國建，較諸集中少數財團參與國建而冒著財富集中之風險，更具有社會化之意義，在貧富日益懸殊之今日，值得追求。

5. 環保、育嬰與隔代互助

小時候，我們常在河川、溪谷裡面游泳，現在，河川都髒「死」了。

四十年來，我們快速地完成了工商業化，卻完全犧牲了環境。這不是人與環境的對立問題，而應該還原到人與人的問題，環境的破壞，代表破壞的這一代人，侵害到下一世代子孫的權益。在隔代互助的理念下，我們應該為子孫，保持一個值得人過的環境。

另外，在工商業化的生活方式中，夫婦過著都必須外出工作的生活。這不只是兩性平等的內部問題而已，更影響到外部的，對下一代子女欠缺較足夠的家庭教育，進而社會治安惡化，不利於工商發展。因此，我們應以隔代互助的理念，思考育兒假甚至有關的兩性外出工作的生活方式。

第二節 財政政策與社會福利

1. 工商發展與社會正義

基於四百年來的歷史宏觀，我們深刻的體認到，台灣及中國大陸必須持續走「工商業發展」和「落實社會正義」兩項基本路線。而且，必須強調的是，這兩項路線是體系的關係，彼此之間，互相影響。我們不能片面、孤立的處理其中一項問題。

2. 財稅政策

近來，大家所關心的國民年金、農民年金以及整個社會福利問題，屬於「落實社會正義」的範疇，但我們必須以體系的思考方法，同時考慮到「工商業發展」的問題，尤其是，有關財稅來源的支應能力。

落實社會正義，須先解決財源。我們認為，不可以用不正義的普遍加稅方法，來籌措財源；我們主張，以符合社會正義原則，從下列途徑，取得財源：

(1)課稅地目變更稅（同時讓變更自由化）。

(2)以「五三二制」解決假農民問題（假農民、原出讓之農民、政府依五比三比二的比例重新分配）。

(3)課徵大陸投資稅（同時讓大陸投資自由化，改許可制為報備制；且可按不同產業部主不同稅率，以租稅方法調節大陸投資）。

(4)以「土地投資入股制」代替「徵收」，同時解決國建資金、土地與民間參與（地主為民間之一）的問題，並可防止財富集中。

(5)國營事業及公營部門儘可能民營化（但須同時落實社會正義）。

(6)以公地投資入股參與民間投資，在成熟時再出售公股。

(7)協助民間建立不動產市場資訊，促成價格透明化，在此基礎上，逐步實施按實價課徵增值稅，廢除公告地價制度。

3. 薪水三成免稅

有了上述稅源以後，才有基礎落實較多的社會正義。最直接的，我們主張薪水階級應比照自由業，可以用三成的收入當作費用，不必繳稅（約二百餘億元），因為，人是會折舊的，這和企業的資本財的折舊可以免稅是一樣的。目前，薪水階級的費用抵減不如自由業，自由業不如企業，必須導正。更重要的，這種減稅方式，是勤勞者財產形成制的一部分，弱勢的受薪階級直接受惠，也不會像國民年金那樣必須支付有關的管理成本。

4. 農民年金、勞公保、國民年金及其民營化

目前，針對較弱勢的農民、勞工、公務人員，我國已有勞保、農保、公保制度。為此，我們設有龐大的公保、勞保管理機構，也不斷傳出浪費的現象。

我們不反對擴大社會安全制度，將農、勞、公保擴大成全民健保及「國民」年金，但

是，我們更擔心同時也會擴大管理機構及成本，也可能擴大浪費，因此，我們主張民營化，在當前保險公司已開放市場的環境下，妥善規劃以民營方式，來經營各種保險或年金制。

另外，國民年金也不必好大喜功地擴大至全體國民，至少高所得者不必納入，以避免增加負擔管理成本。

第八章 社會正義法治

1. 工商業化與法治

工商業化必須落實在社會正義的法治制度上。

這幾年來，我常在往來海峽兩岸的飛機上，閱讀歷史學家黃仁宇先生及經濟學家張五常先生在歷史及經濟方面的著作，使我在「法學」方面也受到諸多啟發（其它，史學及經濟方面，更是不在話下），這種感覺，是我年少時期，唸「中國法制史」時所未能感受到的。

二位先生均提及產權（財產權）保障之重要性及在中國歷史上長期以來均缺乏這一方面的保障及法律（尤期是民法），以致無法溝通、動員上層組織及下層民眾、形成公平合理的交易制度，於是，只能長期維持小農經濟體制，無法發展成有組織、有效率、公平的資本主義體制。

為此，組織簡單、行動快速的小小契丹、西夏、金、蒙古可以為患、或滅掉一億人口、經濟發達之大宋；滿清以組織簡單的八旗勁旅可以打垮離心離德、專制無比的大明朝；經過資本主義洗禮而能有效動員的日本過去也有能力入侵大中國。

不錯，長久以來，廣大民眾所感受的「法律」，只是上層組織（皇帝、總統、主席、及其所任命的百官）對下層民眾的單方面命令或宰割，人們覺得最好能躲得遠遠的，偷得「天高皇帝遠」的慶幸，從來不敢妄想法律是人身權及財產權的保障書，法律也是上層組織必須遵守的契約書。於是，上「逼」下「逃」，縱使上層組織再加上道德或精神方面的感召（儒家思想、「改革開放」、三民主義、社會主義），廣大民眾還是無法凝聚，因此，國家雖然很大，卻無法有效動員。

為了凝聚廣大民眾，國家及其他社會權力（soziale Macht），如政黨、大企業、政商結盟體，必須放下身段，以「民事法」為基礎，站在「自由、平等」的立場與廣大民眾協商「權利與義務」，讓大眾相信法律或法治是對人民的保障、是對權力者的約束。讓民眾感覺法律是對民眾有利的事情，才有吸引力及凝聚力。

台灣已由小農經濟進化成工商業社會，加以，教育普及，完全有條件完成上述現代化。具體作法，例如，宜編列全國普法預算，也許從國中開始，廣開傳述上述正確法律理念的課程，經二十年可臻現代化。必須強調，現代社會多元化，各界形成共識之成本日愈提高，在形成共識前，社會即顯得缺乏秩序與效率。為了追求效率、秩序並同時享受多元的活力，依前述方式根本使民眾學習自治、自律及團結，實屬必要，這也是台灣求生存的關鍵所在。

在中國大陸，自一九八六年開始才有保障產權的民法，開始使人民、企業學習以「平等、自由」的地位與他人、企業、國家從事交易，突破社會主義「公有、分配」的體制，我們樂觀其成。

我們已從農業社會進入工商業社會，在工商業社會中，不免增加了公司、企業等「法人」角色，而不像農業時代以自然人為主體。既然企業成了主角，則有關保障企業產權、（含智慧財產權）、股東權益、調整企業與員工間關係、促進企業與企業間公平交易、債權確保、貿易及交易糾紛、支票問題、大陸投資等等問題均須有規範可循，並能獲得保障。這一些，台灣顯然已較剛改革開放的大陸先走了一步。如果，西方國家是以二百年形成了這一套商業規則，則台灣是以四十年來形成，是以，台灣的變遷就顯得大多了，因此，所引起的衝擊也較大，而大陸則是以十餘年（及未來十年）企圖來形成這些規則，故當然顯得政策及法令多變，但有識者仍應有能力「認識」這一些變的意義及方向。

如果沒有這些商業規則，經濟是難以健全發展的。我們要現代化，必須完成這種法治革命，而且必須從基本的教育做起。

2. 傳統的法治觀及其調整

(1) 最好不要碰法律？

現在，經常有人說：我們是民主、法治的社會；但是，一旦提到法律，一般人總是脫口而出：「最好不要碰法律」，甚至認為「上法院」或「找律師」是倒楣的事。

這樣的印象，有很深遠的歷史。幾千年來，大家心目中的「法律」是指：與「犯罪」有關的「刑法」或稅法……，它們共通的特色是：法治或法律是「政府」是用來管人民、處罰人民的。對於這類法律，當然少碰為妙，碰到了當然是「倒楣」了（很少人反省是自己不對而違法，不只是倒楣）。

不過，現在講民主、也講法治。所謂「法治」的重心，可能不在於政府管人民，而在於政府本身受到法律的管理。這並不是表示，人民守法、接受法律管理不重要；而是「政府管理人民」這種說法已有源遠流長的歷史，容易理解；至於「政府本身受到法律的管理」，大家不習慣或不易明白，所以，才需要特別加以強調。

像上面所提到的刑法、交通法規、稅法……，雖是政府管人民的法律，但是，也意味著：政府同時受到這些法律的管理。具體言之：1.政府的行為不可以逾越這些法律所規定的項目及範圍（罪刑法定主義、稅捐法定主義）。2.政府部門的人員如果觸犯這些法律，一樣會受到處罰，而且，有可能因為是公務員的關係而加重處罰。

當然、管理政府的法律還有很多。例如，憲法（國家的根本大法）及各個機關的組織法、各種行政法規，都是設計來管理政府的，在所謂「依法行政」的原則下，政府本身必須遵守憲法及各種法律。

這樣，政府和人民一起來守法，才是現代法治社會的理念。人民為了管好政府，就不能「少碰法律了」，人民應該爭取懂得很多很多的法律，才有能力管理政府。

上面所講的，還只是政府與人民間「上下」的關係，此外，人民與人民或企業與企業之間「橫向」的關係，仍有一大片權利、義務關係，須由法律來加以規範，在人人多重視自己的權利情況下，又怎麼能夠「少碰法律」呢？

⑵天高皇帝遠？

在傳統中國的農業社會、一幅「日出而作、日落而息，帝力於我何有哉」的景象，人民追求的目標是「天高皇帝遠」，希望官方的法律最好不要管到自己的頭上來。

因為人民的「心」離法律很遠，故縱有嚴苛的法律，通常人民還是陽奉陰違，官方的政令難於深入民間。為了彌補因「離心力」而造成的法律不足，執政者通常另外提倡道德、禮法，企圖「拉回」人心、但其效果總是不易持續。

因此，根本之計，應該努力改變國人關於「天高皇帝遠」的觀念：皇帝的法律是單方要人民負擔義務的，人民不可能和皇帝談條件，也不可能要求皇帝負擔義務，人民當然離這種法律（皇帝）愈遠愈好。反之，法治社會的法律，可以說是人民和執政者的「契約書」，如何訂法律？可以講條件，人民也可以要求政府負擔義務，對於這種精神的法律，沒有必要「天高皇帝遠」。

目前，我們的體制，是透過人民選舉立法委員來代表人民立法，人民應該遵守民意代表所立出來的法律。如果立的法不好，人民也可透過選舉來換掉不合適的代表。

(3)情理法？

在討論法治的時候，人們經常提出「情、理、法」的順位問題，有人認為：依我們的民族習性，應是「情理法」。但是這種觀念和法治所要求的「法理情」有所牴觸，同時也影響了法治的推行，使法律打了折扣。

誠然，情、理、法的關係複雜，從法治的「應然」面（Should to be）應是「法理情」，但其「實然」面（to be），法又不時受到情、理的挑戰。

其實，完善的立法，應該已在法律的條文、體系中吸收、包含了該有的情、理，而不再受到情理的挑戰；如果，有一項「惡法」不合於情理，通常也多可以透過法律解釋或申請大法官會議解釋的方式得到解決，不必然會達到「惡法亦法」這一個我們不便苟同的概念。因此，情理法固然常被提出來，但於具體案件中發生真正困擾的畢竟不多，我們在法治的推動上，切勿於不知不覺中濫用其影響力。

讓我們舉幾個法律上考慮「情理」的環節：

①立法

法律在立法階段應充分考慮「情、理」，甚至，有沒有立法的必要？立法時從嚴或從寬？以怎樣的手段來實現立法目的。都要考慮情、理，所以，法律是蔚理、蔚情的，我們很難想像，一項立法可以不顧情理而可以獲得充分執行。例如，公平交易法的立法，就考慮到我國以中小企業為主，大企業不多、不大，因此，在「反拖拉斯」方面，乃採取低度立法，即規定獨占本身並不違法，只有「濫用獨占地位之行為」才違法。

問題是，法律涉及社會利益的衡量。由於社會利益的交錯複雜，加以法律是一項「高度技術」，有時立法時看不清楚應採取如何的條文才適當，因而發生法律與情理不合的情況。例如，對於像運輸業等不在固定場所工作之勞工及假日須特別提供服務之勞工，勞基法中關於其工作時間及假日之規定，顯得僵硬而沒有彈性，因此造成許多沒有必要的勞資抗爭。

②法律的例外規定

有時法律除了作原則性的規定外，也有依情理而作例外規定的情形。例如，對於犯罪，檢察官應依法追認；但是，對於「輕微犯罪」，刑事訴訟法又規定，檢察官會命令「停止」而且已經停止的，檢察官即可作不起訴處分。

再者，殺人應受處罰，但刑法也規定，基於「義憤」而殺人的，刑度可以減輕；只不過，「義憤」的認定很嚴，既須「氣憤」，又須基於「義」、「公義」。

又如、刑法第五十七條、第五十九條也分別就犯罪之動機、手段，犯罪後之態度、以及是否「顯可憫恕」而作了可以「減輕其刑」的規定。經過這些「情理」的規定和手續，我們實在沒有理由去批評法律不顧情理了，也不必濫於將「情理法」代替「法理情」了。

③法律的不確定用語

在法律的各個條文裡面，往往必須以「不確定用語」（不確定法律概念）來表示、這一些用語就是要執法者或適用法律的人考慮合理的、公眾的情理（不是個人偏好的情理）。當我們發現這些不確定的用語到處都是的時候，也就不忍心主張以「情理法」代替「法理情」了。例如，公平交易法規定「事業無正當理由不得對他事業為差別待遇」。所謂「正當理由」包括信用、成本、風險、市場狀況等因素，顯然其考慮「情理」之範圍相當廣泛；又前面說過，獨占事業不可以「濫用市場地位」，什麼是「濫用」，也就是必須考慮情理了。其他，「不當限制交易相對人之事業活動」、「以不正當方法使競爭者之交易相與自己交易」（搶顧客），都可以在「不當」、「不正當」的用語中，將「情理」考慮進去。

其他法律，如民法也規定，法律行為（如契約）違反公共秩序、善良風俗者無效。有些條文本身也規定，優先適用「習慣」、都可以大量的吸收「情理」。

④執法者的裁量餘地

法律條文是由「構成要件」和「法律效果」兩部分所構成。在法律效果方面，擁有相當大的裁量餘地。例如，在刑法方面，通常規定：「五年以下有期徒刑」、「死刑、無期徒刑或十年以下有期徒刑」。而「擄人勒贖」卻規定「唯一死刑」，完全無裁量餘地，對於未撕票的犯者反而不符情理。在行政罰方面，也多規定「○○萬元以下，○元以上罰鍰」、賦予執法上裁量的餘地。

另外，在民事損害賠償方面，有關傷害身體、健康、名譽等非金錢之損害賠償法律並未為固定的規定、而以受害的程度、雙方的地位等因素來加以裁量，也是考慮情理的一面。

以上有關「裁量餘地」及「不確定用語」既有包含「情理」的一面，但也有應該控制或管理「情理」的一面，期望使情理勿陷於個人的主觀或偏見。

(4)個人主義與社會連帶

台灣為了追求現代化，而學習、制定了許許多多德國、瑞士、法國、日本、美國的法律，但過於站在「個人主義」的角度來立法、執法，欠缺了一些「團結」或「社會連帶」的法理，將使得人與人之間的關係日益冷淡，對公共事務漠不關心。因此，應多從「團結」、「社會連帶」、「團體法」的角度，調整個人主義的立法，促使公眾監督個人，才能降低個人違法的僥倖心態。

個人與團體間的自由及關係，固然可以引起很多的辯論，但是，重要的是，二者之間在不同的時空下，應有適度的平衡。以前，在「家族」的力量下，個人無自由意志的餘地，為此，宜多主張個人自由、在立法上也應以個人為主體。但個人主義已成常態時，則宜多一些「團結」及「連帶」的反省。現在的台灣公寓裡，隔壁、樓上、樓下的人可能互不認識，因此，小偷可能被誤為「搬家工人」，所以，在集合住宅或公寓的立法上，應該適度的加入「團體法」的理念和作法。

在香港、日本，大樓與大樓之間互通，不必下到馬路，就可以「逛街」，但在台灣，極端個人主義、執法的結果，大樓不能互通，逛街也只能在路上逛。以後的捷運及各種交通設施互通也成問題。

(5)包青天

包青天一直是高收視率的電視連續劇，這顯示在法治不彰、特權橫行的社會裡，大家都期待包青天的「鐵面無私」與「辨忠奸」。

包青天劇情的模式，不外乎先塑造一批「橫行霸道」的特權或壞人，包青天欲對之執法，卻引來一些王親國戚的「非法干預」，於是，包青天在「尚方寶劍」的庇護下，就是太后也「沒法度」（陳世美案），然後大快人心。

雖然，我們不忍苛責人們殷殷望治、「大快人心」的正義感，而對包青天劇作一些檢討，但為了現代化的法治，也不禁想要來說一說它。

那就是：1.包青天有「刑求權」，對不肯招供的「壞人」（劇中先演出他們是如何的壞），以打四十大板，直到他們簽名「自白」為止；2.包青天可以扮陰曹，騙被告招供；3.包青天擁有「尚方寶劍」，如上一代皇帝親臨，「有先斬後奏」的權力；4.包青天有展昭、王朝、馬漢等「武林高手」的協助，當沒「法」度時，可以動武。

這一些特別的資源和手段，是現代的法官和執法者所沒有的，這是現代「法治」對公權力約束的結果，包青天的這些手段反而是現代法律首先禁止的。我們在欣賞包青天的時候，可不要忘了現代的法治。

3. 形式法治主義的弱點與言論自由

在百貨公司、書城、地下鐵……等等日本事物之中，成為我旅日期間印象最深刻的，竟是「日本人是愚笨的遵守制度者」。但這種精神卻是現代化所必須。

事情是這樣的：

日本東京的地下鐵五分鐘一班，月台上劃有排隊線，供到站的乘客依次排隊上車，並且靠站的列車也必將車門停在排隊線，加以配合，共同形成良好的秩序，提高上下車效率，維持五分鐘一班的便捷。

然而，令人驚訝的，是有關的守法與秩序！

有一次，我到地下鐵車站搭車，到月台時，恰好車子剛開走。要搭下一班五分鐘後的列車，我可說是全站第一人。因為那時不是上下班尖鋒時間，依照我的經驗，乘客應不算多，而且我也不想有座位，因此我便未入境隨俗依排隊線排隊，而隨意在線外一處站住，將我的心思，拋到遙遠的時空裡。

沒有想到，過了大約一、二分鐘，等我將思緒拉回現實的月台時，我感到非常尷尬，我發現我的身後，排了十多位的日本人。他們習慣於往日的排隊，只是沒有發現我這個外國人（外表上大概看不出來）領導者，站在一個錯誤的排隊點上。

這使我不知如何是好，一方面不好意思拔腿溜開，讓日本人發現我是個「錯誤的領導者」；另一方面又覺得讓他們全體繼續錯下去，而心裡感到不安。

還好，每班地下鐵的時間不長，在第五分鐘的時候，列車準時到達它仍然將車門準確的停在排隊線上，我則快步走到另一個車廂，留下一排頓時發現整體錯誤的日本人。

事後，我一直在深思「日本人是一群愚笨的制度遵守者」，以及此事所代表的意義。眾所週知，對於國家社會或對於一個企業，制度可以提供秩序與效率，維持公平與消除特權。為了得到這種好處，良好制度的設計以及人們習慣的、徹底的服膺制度，都是必須的。

以我們的標準及眼光，從上述這樣日常生活中的例子，我認為日本人已為乘車秩序及效率設計了良好制度，並且日本人也已習慣的、徹底的服膺此制度，因此，共同到了秩序與效率的好處。

將這種服膺制度的習慣與精神，表現在整個國家社會生活中，就是一個有制度、有秩序、有效率的社會。

不過，徹底的、甚至不顧一切的服膺制度與習慣，也可能夾帶著潛在的危險性，而且可能是整體、徹底的錯誤。

我是外國人，而且不想排隊有座位，但緊跟著我排隊的第一個日本人，在排隊的習慣中，未能立即查覺、辨認出這些「變數」，第二、第三個日本人也未能立即查覺出來加以變通，所以，等它形成一個隊伍的模樣時，後來的加入者更不可能查覺、辨認出來，而我這一個錯誤的領導者，為了面子，又不肯立刻承認錯誤，因此，必須等到「最後」列車來的時候，才暴露出整體、徹底的錯誤！

寫到這裡，不禁讓我想起日本的歷史：當日本的領導者要變法維新、要帝國主義、要戰爭、要放棄戰爭、學習民主制度……的時候，「愚笨」的日本人就會習慣的、徹底的、不顧一切的服從，所以，他們的變法、帝國主義、戰爭、放棄戰爭、學習民主制度……，似乎都做得十分「徹底」，而且，這些工作竟都是一百八十度大轉變！

當然，很自然的，我會想到，這一些徹底的工作，其徹底、整體的「錯誤」，很可能如前所述，與排錯隊的日本人，不顧一切地服膺我的領導一樣。

這一點，也許和最尊重法治的德國民族很類似：德國人被納粹德國帶到錯誤的方向，在戰後曾經引起以自然法、價值相對主義來檢討極端的法律實證主義的問題，值得我們深思。

因此，為了避免形式法治主義可能造成「偉大」的錯誤，在憲政體制中，應設有權力自我節制的制度，尤其是應充分的保障少數人之言論自由及思想獨立、自由。

4. 法治不彰的原因與改善方法

(1)普法運動、法律教育

人民不瞭解法律，是法治不彰的第一項原因。就以才剛實施的公平交易法為例，相信百分之九十五的國民雖然聽過，卻不知道公平交易法的內容究竟為何?事實上厚厚的一本六法全書中可以看到國家制定了這麼多法律，又有多少國民瞭解法律的內容呢?相信在高等教育階層也是一樣的。

筆者認為，一部新法的實施就如同新產品的推出，如果沒有投入相當的行銷費用、舉辦相當的行銷活動，讓消費者廣泛接觸瞭解這項新產品，是沒有消費者會去選購的。所以，政府如果不能編列預算，投入相當人力與時間去宣導、教育，一部法律訂得再好，也只有少數人能瞭解，對大部份不瞭解的人民來說，要依照法律的內容、方向與精神去遵守，當然不容易，更不用談要達到法律規範的目的了。這種推展法治的工作應當形成全民社會運動，否則在人民對法律一知半解的情況下，守法的效果終究有限。

為了要促成法治國家的理想早日實現，我們應該全面推動「普法運動」；並在小學、國中、高中、大學裡，加列法律課程。這些課程或獨立編定，或在傳統之生活與倫理、公民與道德、三民主義、國父思想等有關課程中挪出一部份內容，而以法律知識代替之。這樣，經過二十年，整個國家的法治必有可觀的改進。

另外，如果立法院通過重要的法律，也應配備相當比例的「普法預算」，由主管機關進行宣導。如果主管機關人力有限，也可以委託民間單位，甚至各地律師公會協助進行「普及法律」。總之，推行法律，就像新產品上市時，需要行銷及廣告一樣，否則就是「徒法不足以自行」了。

(2)降低執法的機會成本

法律必須由公權力去執行推動才能夠貫徹，而政府就扮演著法律仲裁者的公權力角色；無奈當前社會，公權力要管的事情太多了！近幾年來、台灣政治活動激烈，街頭集會遊行頻繁，政府動輒投入大批警力，如此一而再、再而三的警力調動，使得防範治安的警力相對減少，造成治安問題愈趨嚴重。政府如何將警力運用在刀口上，降低執行法律的成本，是促使人民守法極為重要的一環。

對於法律，通常都有其執法單位。例如，對於刑事法上所規定的犯罪，由警察、調查局、檢察官主管執法；對於勞工的法令，則由勞委會及各地勞工局主管；對於環保的法令，則由環保署及各地環保局主管；對於稅法則由財政部及有關稅捐主處主管；對於公平交易法，則由公平交易委員會主管……。

由於人民很多，主管機關的人手有限，因此，可以說執法的成本或機會成本很高。以警察力量之動用為例，當政治抗爭時，成千上萬的警力被調去對抗集會遊行，而可用於其他典型治安問題的警力，必相對的減少。

執法的機會成本既然如此高，就應該設法降低執法的機會成本：1.在政府方面，該讓步的就適可的讓步，以避免進一步引起不必要的抗爭而須動員警力。2.在民間方面，應慎用抗爭，或以最經濟的方式進行抗爭。

(3)因應快速社會變遷

法治困難的第三個原因是社會變遷迅速，一時不易調適。由於社會變遷如此之快、對於一些新的衝突，一時未有完善的法律加以規範，使得社會顯得毫無秩序與方向。例如在勞資關係上，政府於一九八四年實施勞基法，但是有關勞工抗爭的衝突不斷、勞工集體休假、罷工的事件也時有所聞。因為勞基法在台灣初次實施，一些僵硬的規定仍來不及修正，也是激化衝突的原因。就以罷工來說，相關法令仍維持在解嚴前威權統治時代的模式，一直沒有符合勞資雙方利益、讓勞資雙方都能夠接受的法令，使得勞工的罷工行動始終在不合法、不合體制下進行，因此釀成不少衝突。雖然對於罷工的相關法令有必要進一步調整，但社會與立法機關卻一直是壁壘分明，無法形成共識。

又以環保議題為例，台灣過去極端不重視環保，出口導向追求經濟成長、鼓勵製造業注重外銷的策略，雖然創造了八百億美金的鉅額外匯，卻犧牲了環境生態，使台灣的生存環境急劇惡劣，原本清澈的河流幾乎已找不到魚蝦，最近更發生飲用水污染問題，這樣下去也許有一天台灣再也找不到安全的飲用水，每一個人喝的水都必須以人工製造供應，想起來真是可悲！這許多的環保生態問題引起了知識界的討論與民眾的反彈，而環保法令不夠完善更加強了衝突。合法抗爭的法令未能形成，包圍工廠、圍堵通路的脫軌手段將不斷發生。如果不能提供合法途徑解決環保問題，再怎樣強調理性和平、依法辦事也毫無意義。

再衍伸到兩岸關係的議題上也是如此。兩岸究竟要統？要獨？台灣與大陸之間的定位為何？國家的定位何在？台商赴大陸投資該降溫還是鼓勵？且應如何規範？這些牽涉台灣兩千一百萬人民想法與兩岸互動層面的問題，始終停留在莫衷一是的局面。雖然兩岸條例及相關赴大陸投資法令已相繼制定，但其規定是否完善則仍受質疑。在這種沒有共識的情況下，每個人只能依照個人的價值判斷來行事，一切顯得毫無秩序，更遑論守法，守法的觀念自然大受影響。為了法治，應針對社會變遷，加速形成共識及修法。

(4)及時立法、修法

造成法治不彰的第四個原因是法令落後不當。跟不上時代的舊法令，就可能造成適用的困難。例如前面提過的罷工問題，戒嚴時期下所訂的罷工規定，使得合法罷工幾乎難以形成，不合法的集體休假於焉產生。而以阻止爭議作為目的去解決勞資糾紛，並無法適當地發洩勞工的不滿，也就造成大家都不遵守法令的局面。

又比如最平常的交通規則問題，一九九三年台北開始取締行人穿越快車道等不守交通規則行為；但是台北的市區的環境規劃、道路設計幾乎都是要求行人適應車輛而非由車輛適應行人，行人往往必須「上山下海」曲曲折折的走過天橋、地下道，行人在此種環境下當然不會守法。要鼓勵行人守法，就必須在道路設計規劃上多下點工夫，即使增加一些工程上的成本，卻能節省不守法帶給社會巨大的無形成本。去過日本東京的人都會注意到東京街道兩旁很少違規停車，不像台北每條馬路都停滿了車輛，對行人也是一種守法的阻礙。換個角度想，這種由行人去適應車輛的情況也隱含著社會不公的意義。由買不起車子的行人「讓路」給開車的較富階層，頗有犧牲弱勢造就強者方便的意思。台北大廈地下室往往違規使用、缺乏停車設備，車子都停到馬路上，也是犧牲眾人利益成就業者利益的一種表現。這種法律公平定位的倒錯，影響社會守法理念，亟待改善。

針對社會問題，有的時候，缺乏法律或法律太過陳舊、沒有妥善的法律來解決問題，此時，就必須及時的立法或修法，以營造有利的守法環境。

例如，動員戡亂時期結束時，原來許多「動員戡亂時期○○法」就必須加以適度的修正，而不只是拿掉「動員戡亂時期」的字樣而已。以勞工法法制而言，依動員戡亂時期的規定，罷工基本上是禁止的；因此，工會法或勞資爭議處理法對罷工的要件規定得非常嚴格，幾乎不太可能進行合法的罷工。那麼動員戡亂時期終止後，便應適當修正工會法，適度放寬罷工的條件，使在合理的情況下，得進行罷工，促成集體談判。另外，在動員戡亂體制下，「人必入會」，強制勞工加入工會，以利於進行統制；在終止動員戡亂後、也應改為「自由入會原則」。

隨著兩岸人民交流政策的開放，衍生了許多兩岸人民間的法律問題，亦有待法律規範。在此背景下，政府也及時地制定了「台灣地區與大陸地區人民關係條例」以資規範，這也是及時立法的表現。當然，不可諱言的，其中有部分內容，可說是見仁見智，仍有人認為太過保守、有「法律落後於政策，政策落後於事實」的現象。所以，如何認定社會趨勢，真正「及時」地立法，可以說是非常大的學問。

如果不能及時立法、修法，則大多數人民即領先於法律、突破法律，自然造成一個不利法治的環境。例如，在政府制定兩岸人民關係條例以前，即有數千家廠商赴大陸投資；在一九九三年六月三日「補報備期間屆滿」前，則有八、九千家向政府補報備。我們認為，有關這一方面的法制，採「報備制」即可，不必像現在的條例採「許可制」。另外，為了維護台灣地區的安全及根留台灣，可採取課徵「大陸投資稅」，規定到大陸投資的，按投資金額、投資行業、投資所得，各課一定比例之投資稅，作為建設、防衛台灣之用。對於鼓勵投資之項目則課較低之稅，對於原來不准投資的項目課較高之稅，而一律放行投資，以「報備制」替代「許可制」，這樣才能以「經濟方式」解決經濟問題，使政府與民眾接近，而不是政府與民心愈離愈遠。政府必須在和大陸當局搶民心的競爭中獲勝，台灣地區二千一百萬人民才有幸福的未來。

(5)沒有希望的心態

現今社會充斥高度的金錢遊戲，上焉者玩股票，下焉者賭六合彩。房地產高漲，動輒八百萬、一千萬，一般年輕人窮其一生領薪過日也許買不起一棟房子。意志不堅者為了謀取利益鋌而走險，擄人勒贖、搶劫銀行、走私毒品不斷，犯罪率直線上升，對於整個社會風氣造成極大的殺傷力，對於社會安定及大家對社會的信心都有非常深遠的影響。這種沒有希望、挺而走險的心態有賴積極建立社會安全制度來加以導正，使人人在有恆產、有信心的希望下穩健發展。

(6)加強守法的硬體環境

常到台北北門搭乘往淡水客運的人都可以發現，該處上車候車處設有一列一列長排的鐵欄杆，到此搭車的人購票後即順著欄杆排隊，即使車子來了，四、五十公尺的隊伍也不會爭先恐後；沒有如此設施的搭車處則總是人潮擠成一團，秩序混亂。又如香港啟德機場出口處，對於搭計程車、乘坐巴士或自用車也都以鐵欄杆加以分隔，使下機人潮順序前進。反觀我們的桃園中正機場，同樣是國際機場，而且蓋得較晚，但是一出入境大廳，因為沒有這些硬體設施，也就毫無秩序可言，這就是缺少守法的硬體環境所導致的惡果。北京首都機場也是一樣。

另外，貪污弊案影響所及，也使老百姓覺得法治沒什麼意義。一九九三年鬧得滿城風雨的中油廢水工程弊案，呈現在眾人面前的是一幅幅官商勾結、特權營私的景象。這些金額龐大的貪污弊案連政府官員與大企業家，執行法律的人反而利用職務上的方便來違法，有錢的人利用特權，非法使自己擁有更多財富，看在老百姓眼中，誰還會相信法律呢？現今金權政治泛濫，關說文化橫行，對於法律，老百姓只想到找民意代表或其他靠山出面關說，即使是小小的糾紛協調，也常是民意代表「為民服務」的績效，長此以往難怪知法守法風氣蕩然。所以說，要求人民守法，首先政府要以身作則，整肅貪污違紀、掃除特權關說，將政治的歸政治，法律的歸法律，是十分必要的。

5. 司法改革

大多數人都了解獨立的司法、公正的司法及高水準的司法非常重要，但是，我們也常看到，許多人在有意、無意間踐踏司法。

(1)社會基礎

猶如我們經常期的觀察指出，這四、五十年來，台灣快速的由農業社會轉變成工商業社會，其對司法的重要影響有下列：

第一、在農業社會，大家所得低，付不起支持司法體系、律師、了解複雜法律的時間及金錢，高水準的司法難於發展；到了現在工商業司法，已有支持高水準司法及法律體制的社會基礎；只不過，由於社會變化快速、缺乏有遠見的設計、培養，而一時之間，司法尚不足以符合現代化的期待，因此，我們必須體察社會的轉變，以維新的精神，建立獨立、公正及高水準的司法及法制體系。

其二、由於社會變遷快速，社會衝突、矛盾劇烈，製造了大量糾紛，演變成訴訟，使司法人員的工作超載，不僅影響了士氣，也阻礙了司法的品質。為政之道，必須努力化解社會衝突，減少訴訟量。例如，主政者有魄力的宣示禁止賄選，則可減少選舉訴訟；將六合彩「非罪化」，或嚴禁報紙刊載六合彩廣告，可減少六合彩刑案；解決農地制度、假農民問題，以減少偽造文書案件；導正不動產交易，以減少房屋買賣訴訟……，這些例子，實在太多了。過去，票據犯占刑案百分之七十的例子，掠奪了大量的司法資源，使法官只忙於一些小事，而無時間、精力，作智慧性的思考，可為殷鑑。

(2)改革重點

至於，其他有關司法改革的應有方向包括：(1)增列法官助理一至三名；(2)司法院最高法院化；(3)法官互選院長，避免司法官僚化；(4)建立法官進修制度；(5)逐步建立挑選優秀律師、教授擔任法官的制度（不變更原任法官之法官地位）；(6)在司法水準提高後，訂立藐視法庭罪；(7)改革法學教育；(8)司法預算獨立。

聯合報退報案，大體上是一個法學教育的問題，學生判決刑法老師有罪，也許必須回到根本的法學教育問題，才能解開不同見解的滔滔雄辯。

總之，現在已經到了司法官可以用智慧來提昇司法地位的時代了，我們願與司法官共勵、共勉，也對司法人員長期以來的負荷，表示敬意。

(3)大陸司法

在大陸，過去長期打壓司法及法律，自一九七九年以來，才倉促建立司法大軍，兩相比較，更足以證明司法尤其是人才培養、司法信譽的累積是一項必須長期建設的工作，無法倉促成軍，但現在已有十餘年的開始，總是好現象。目前，大陸司法面臨的問題，包括：待遇低、收賄嚴重、司法與黨政關係之分際不易釐清、司法人員培養仍待加強。這些困難很像台灣二、三十年前之狀態，台灣的經驗包括不好的經驗，可以作為大陸司法的參考與借鏡。

6. 清官與社會問題

在皇權極端高漲的明代，海瑞無疑是清官、好官的代表，他的權力來自皇權，因此，皇權可能隨時剝奪他的權力，但事實上並非如此單純，因為海瑞是清官、好官，並代表傳統讀書人高貴情操的輿論力量，皇權固然可以隨時奪他的權，但奪權的皇帝在當代或將來在歷史上，可能被指為不是好皇帝，通常，皇帝也不願意這樣，所以，他常使皇帝感到進退兩難。

關鍵應在於，在有限度的權力下，作為清官、好官的海瑞，縱有傳統讀書人高貴的情操，事實上也無法解決晚明的社會矛盾，面對海瑞，關係人形成兩大陣營，變成意識形態之爭，反而忽視了社會問題之所在及在技術上解決社會問題的方法，進而更使問題惡化，直至明亡。除了明朝以外，這和北宋王安石、司馬光各自一脈的新、舊黨之爭，有其類似之處，王與司馬二人都是「人格者」，但都無法解決社會問題。

王部長罷官事件中，擺在我們面前的形勢是：我們有好多好多皇帝，他們群起罷王部長的官，說王部長不僅無法解決社會問題，還會使地價更加高漲云云，但相反的似乎也有幾百位知識分子齊曰不可，指摘這些皇帝的不是，慨嘆平均地權何在？逐漸形成兩大意識形態的陣營，人們已模糊了惹起問題之問題本身，何況，解決社會問題的方法？（本文於一九九二年十月作。）

後按：

①為了實現「理想」，王部長宜尋求直接的權力來源，擺脫權力者的委任，他在辭職後競選、當選立委，可說是邁出了一小步，但顯然還不夠，他應該組織政黨，向全民尋求全面的權力來源。（一九九三年七月十五日補記），他的參選，正如本文十個月前的預料。

②一九九三年八月王委員參與登記「新黨」，他這一年的變化正如我們的預料。（一九九三年九月九日補記）

7. 法治的展望

比起先進法治國家，我們常常不滿意我們的法治水準，並因此喪失民族自信心，認為我們的民族性不適合法治。

其實，我們大可不必沒有信心。因為，現代意義的法治是以近代工商業化的經濟作為社會基礎的，工商業社會是逐漸形成的，法治也需要一段時間形成，大抵言之，一國法治化之完成，約在該國民法制定後近百年，也就是在近百之中，逐漸邁入法治境界。

例如，法國大革命後，於一八〇四年制定民法，其後在近百年中，數度徘徊於帝制、共和之間，到了十九世紀末才完成工商業化、民主、共和與法治；德國於一八九八年制定民法，也一直徘徊於帝制、共和之間，至第二次世界大戰之後，始完成工商業化、民主與法治，日本於十九世紀末制定民法，也是在二次大戰後才完成工商業化與民主、法治；台灣分別於一八九五年間接施行日本民法，於一九四五年施行中華民國民法，兩個時間綜合起來除以二，恐怕要到公元二〇一五年才可能完成法治化，中國大陸於一九八六年制定民法，恐怕要到二〇五〇年才可能法治化。

不過，現代的教育、傳媒比十九世紀發達，一個國家只要有決心，積極傳播、教育人民、積極執法，也有可能縮短法治化的時間，尤其是小型國家更有可能性縮短時間，也就是說透過人為的努力，也有可能變更大環境，提早實現法治。

我們以這種角度展望法治，無非是強調法治與經社基礎的關連性，大家不要喪失法治的信心，誤以為我們的民族性不能法治。我們和外國比較，也必須注意有關經社基礎演化時間表之不同，才不會盲目。

第九章　二十一世紀人權法治影像

1、法律的客觀性及其敵人

二〇二三年三月十七日中午就吃臺鐵便當了，排長龍，耐心購買，中午搭高鐵去高雄開庭，我以效率爲上，拚了，這個案子，在高雄高分院更一審三年多，尚未結案。原來「錯判」的審判長（被撤銷發回）已經高升至最高法院當法官、又調升至兩個高分院當院長，升官的速度比審案正確及效率，高的多了。

我二十六歲時對法律充滿信心及熱情，年紀輕輕就出版了《法律的客觀性》一書，暢銷又屢獲好評，約一個月前在王澤鑑教授家與師友聚餐，政治大學法學院院長還對大家說，「我年輕時買過、讀過呂律師這本書」，我聽了更加堅定想要「再版」這本書。想東想西，初步決定增訂這四十年來的體會，增寫「及其敵人」的部分，成爲「法律的客觀性及其敵人」（Legal Objectivity and Its Enemies）。而「及其敵人」的部分則是仿效我在年輕時喜歡的Karl Popper在《開放的社會及其敵人》一書中所言之「及其敵人」。Popper氏主張「間主觀批判可能性」爲客觀的主張，和我在五十五歲才發現的「鵝湖之會」，西元一一七五年呂祖謙企圖融會「理學」、「心學」的旨趣是一致的，可見中華文化的優良部分並不遜於西學。

法律客觀性的敵人是什麼？

我初步想到：1.不對的人；2.不對的「心」；3.程度不夠（知識不足、腦不夠好）；4.沒有效率，久訟；5.勢與權、錢；6.因「顏色」不同而判斷不同；7.事實繁多，法律人以簡單邏輯推論，未能達成允適判斷。

我計劃以三個月為期，增寫出「及其敵人」的增加部分。

王澤鑑：題目真的太棒了、太有創意了！內容可以再加思考整理充實。要有判決等作為基礎！避免空泛！必有貢獻！！！

教學認真，令人感動，真不容易！

法律客觀性最大的敵人是法律本身及法律人？不客觀的法律、不客觀的法律人？不客觀的思維方法及解釋適用的規則？

客觀化，符合事理及可論證性及其能力，是教學研究的任務！加油！

林美惠：非常期待

魏憶龍：期待拜讀！如老師所言能以案例分析論證，內容必更「精彩」哈……^_^

呂榮海：謝謝指導、鼓勵。

「思想無內容（判決）則空，直觀無概念則盲（康德，《純粹理性批判》）」。「學而不思則罔，思而不學則殆」（《論語》）

利董：阿海說的沒錯，法律的敵人多的是，越是資深的法律人越不相信法律的公正性，應該多讓年輕的法律正妹當法官、當審判長，這樣臺灣的司法才有救！

侯邦為：四十年來，上過不少法院。有些判決合理，有些判決荒唐。

仇符瑞：三月內完成大作，以你的經驗、能力定無問題！法官斷案若考慮權、錢，則是法界的悲哀與恥辱，小民只有徒呼負負啦！

王淑貞：媼也有多次上法院的經驗（包括當證人；當暗中觀察考核法官作記錄者；今年因遺失後揹包當過告訴人），對某些法官，確實不敢恭維。當然也有好的。

林昌燿：其實股票就是賭對錯……，法律是在論對錯……哈……結果……各自承擔囉。客觀？每個人角度都不同……市場自會論斷囉……共識？對指數嗎？哈哈。交易員都只想活著。我很主觀的。酸民一點都不客觀，哈哈。

陳熙煬：初做生意時因一件涉及美金二十萬的訴案，被士林法院折騰了一下，從此以後，就在心中對法律人、事有了戒心。直到認識王澤鑑老師及呂律師之後，才發現原來法律界，也有像蓮花一樣的人士！

周隆亨：兼俱學養及多年豐富法律職場和跨領域經驗，呂大律師海哥的最初的學術論文著作，值得一覽深究。讚！

鄭惠芬：@呂律師 呂律師學長，您寫的英文沒錯，但…大小寫不符合慣例：Legal Objectivity and Its Enemies。書名可以因封面設計搞一點怪，全部大寫，或，若您欣賞美國詩人e.e.cummings，他堅持連自己的名字都全部小寫……亦可全部小寫。

中華電信
下午7:28
49%
Popper
The Open Society and Its Enemies
大小
ɔks.google.com.tw

中華電信
下午7:31
46%
For the politician and civil rights advocate, see Elijah E. Cummings.
Edward Estlin Cummings, who was also known as E. E. Cummings, e. e. cummings and e e cummings (October 14, 1894 – September 3, 1962), was an American poet, painter, essayist, author, and playwright. He wrote approximately 2,900
大小
ɜn.m.wikipedia.org

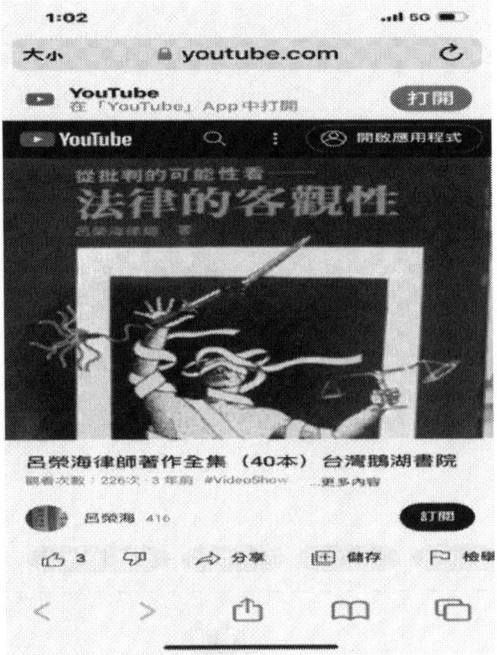
1:02
5G
大小
youtube.com
YouTube
在「YouTube」App中打開
打開
YouTube
開啟應用程式
從批判的可能性看——
法律的客觀性
呂榮海律師著作全集（40本）台灣鵝湖書院
更多內容
呂榮海
訂閱
3
分享
儲存

2、講授勞動基準法／違反勞動契約或工作規則情節重大／樹林步行

二〇二三年四月十八日下午，到開南大學講授勞動基準法的核心問題，「違反勞動契約或工作規則情節重大」（得解僱）、勞動法的豐富法源與民法互動印證的理論與案件實務。講二小時很賣力，自認內容豐富、有位階層次又前後互相呼應，認眞講的滿身大汗，精力似乎透支。

項宗慈律師：老師的課，很棒！還記得老師教授的民法專題研究，有一年考試的考題，就是老師上課的內容「共同危險行爲」。

楊興亞：欽佩大律師做功德、我已辭職

不教了，鐘點費和付出不成正比。（以上取自臉書）

呂榮海：謝謝。

講完後，坐火車回臺北。突然想起還沒有吃晚餐，臨時決定在樹林站下車吃飯，並夜行樹林火車站周邊中山路、文化路、大安路、保安街、中山路，步行走了一個多小時、拍拍街景，完成「步行200 個鄉鎮之203」短片。

今天從早上七點出門，活動到二十二時，沒有感覺到累。是春天來了、氣溫回暖的緣故嗎？

樹林步行/步行200 個鄉鎮之203 https://youtu.be/t8wyMu3sHc0

3、臺大碩士論文《融資性租賃契約》再版序（呂榮海律師）

最近五年，「論文」的問題竟然頻頻成為臺灣社會矚目的焦點，回想我在臺灣大學法律研究所時，「眞的，很認眞的」寫了厚厚的碩士論文、博士論文，分別獲得了臺灣大學碩士、博士學位，該二論文的寫作，對我後來的律師工作助益不少。其中碩士論文《融資性租賃契約之研究》，廣受租賃公司重視，他們在我出版的此書中「贊助廣告」，間接助我印刷並購買，之後還不時邀請我去演講，並陸續委託我這律師關於融資租賃的案件，讓我感覺眞符了「書中自有黃金屋」的諺語，也讓我感覺當時社會的溫暖，給出身貧窮但「努力」的我有生存的機會。感謝租賃業前輩簡茂男、黃水淋、劉偉剛、陳田鈺、黃泰興等人（抱歉，年紀大了，有些名字記不起來）的支持及切磋、鼓勵或委任。

也感謝前大法官黃茂榮博士對我碩士論文的指導，他也是「法學方法論」的先進之一，也讓我在「植根」砥礪多年，合編了《支票法案例體系》、《公司法案例體系》及《融資與確保債權案例體系》，練就了基本功。

雖然我的碩士論文也許有些「前衛」，結論主張在「動產擔保交易法」中多加一節「融資租賃」，至今仍未實現，融資租賃仍停留在近於「無名契約」的狀態，大陸則先後在「合同法」、「民法」中規定「融資性租賃合同」，就此臺灣的法制已然落後，希望能迎頭趕上。我雖「前衛」，但我在論文的論述過程中關於「契約類型區別」、「租賃之融資性格」、「租賃之擔保性格」、「租賃公司標的物之取回」、「變賣與結算」、「擔保利益」等等基本問題的論述，仍然有益於當前解決實務問題（與傳統租賃之區別、瑕疵擔保、期限利益之喪失、清算……等）。於是，趁現在比較不忙碌之際，乃思再印刷，以供當前更為蓬勃發展的租賃業（包括前往大陸、東南亞設立租賃公司）及交易相對人、關係人參考，並期為尚待迎頭趕上的立法作為參考，是為序。

新印刷出版時補充了第六章〈補論〉，更具體補充論述相關的實務問題。

時公元二〇二三年三月一日 呂榮海律師

4、忙碌的二月初／這一審就是三年／《當代新儒家的奮鬥》（周博裕編著）／鵝湖理學書屋／蔚理法律事務

1.開庭／這一審就是三年

今天已是二〇二三年二月初一日，度過了忙碌了一天。上午到臺灣高等法院民事庭出庭，一件光在高院更一審就待了三年的案件，訴訟眞是費時，對方到了最高法院判決發回的這個更審才「追加」，法院竟容忍其再拖二年，又對方律師抱著「多主張求一中獎」的作法，主張、追加了一堆法條（眞有用的一條就夠了），審判長還在辯論庭整理不出對方（上訴人）的請求權基礎，還是由受命法官來做（表示前面未做好，審判長也搞不清楚），繼續問「是作爲理由？不是作爲請求權基本？」，不認眞遵守「民事訴訟法」的規則。今天總算辯論終結，預計三月底判決。沒有效率的司法之一。感覺：和一堆「不聰明」或是「不是公允」的人耗一件事，很辛苦。體會了「本心」與「窮理」一樣重要！若失本心，歪理可能橫行！唉！

進入高院門口時，某法警主動跟我說：「（已退休）俞慧君法官是很好的法官及好人。」

（會通古今中外之書，儒學與法治，述而不作）

2.清理辦公室，轉向小型的「理學書屋」？

中午依約和老鄧、小鄧簡單聚餐，食小火鍋，花費八十分鐘後回律師事務所「斷捨離」，老鄧、小鄧幫忙我一起把不要的東西拿去鄰近的回收場回收，把該運去別的地方存放的書籍一一打包、分類，聯絡搬家貨運，打算周日搬運。這樣的清運工作，希望三天完成。也許「清理門戶」之後，朝向在小型的「鵝湖理學書屋」式的環境中，伸張儒家仁說、道家自然、佛家放下、基督愛的宗旨之法律正義：蔚理法律事務。

鵝湖書院
人勝法，則法為虛器；法勝人，則人為備位；
人法並行而不相勝，則天下安（蘇軾）
無財作力，少有鬥智，既饒爭時；
本富為上、末富次之、奸富為下（史記貨殖列傳）

（欣賞的兩位古人、兩段話）

3:Case study

下午四時至美僑商會和某兄討論案情約二小時，簡單吃點Pizza，再回到辦公室整理、清理至九時。度過忙碌的二月初。

4:當代新儒家的奮鬥

是日晚翻閱周博裕兄的大作《當代新儒家的奮鬥》，一本以近七十年來（1949-2019）儒道哲學學術活動的相片——尤其是以牟宗三為重點的特色書籍。下午開始整理臺北的律師事務所辦公室、打包，一箱又一箱打包，希望三天清理出，周日僱車轉運送至臺灣鵝湖書院保存。空間有限，有的書、雜誌可以斷捨離，周兄的書值得保存。

（志：效法黃宗羲、全祖望、梁啓超、錢穆之作）

5、改變自己的勇氣／環境決定論？自由意志？／甘於平凡的勇氣／《被討厭的勇氣》／讀阿德勒心理學及其對刑法的影響

在小鎮小咖啡店，讀了半本阿德勒（Alfred Adler 1870-1937）心理學的書《被討厭的勇氣》（其實，書名或許改為「改變自我的勇氣」比較合乎內容的比重，它主要透過與年輕人對話，闡述阿德勒反對佛洛伊德「決定論」（人的性格、幸福受環境影響，非自己能決定）的心理學，從「非決定論」（自由意志、選擇）的角度，鼓勵人「改變自己的勇氣」，不要自己找「不改變」的「藉口」（目的）。

這讓我想起：我在十九歲開始在臺大法律系修習「刑法總論」時，對蔡墩銘教授所授「目的行為論」（教育刑）或「因果行為論」（應報刑）深有所感及努力研讀，而得到最高的九十分。原來就是阿德勒與佛洛伊德心理學的運用。

我個人認為「環境因素」（決定論）與「自由意志」（非決定論）的因素都有。如果都是環境因素所決定，人對其行為就沒有刑事責任了，如

果完全不考慮環境因素，全是人的「目的選擇」，也非公允。可能宜「兼顧」才是。

書中還提到「甘於平凡的勇氣」，以治癒「特別的好」轉化成「特別的壞」的孩子，只是爲了引起父母的關心之「目的」，所以，「甘於平凡」也適宜啊！書中也述及「貢獻於他人」才是「幸福的人生」，但「貢獻」主要由「自己評價」而不是「他人的眼光」，

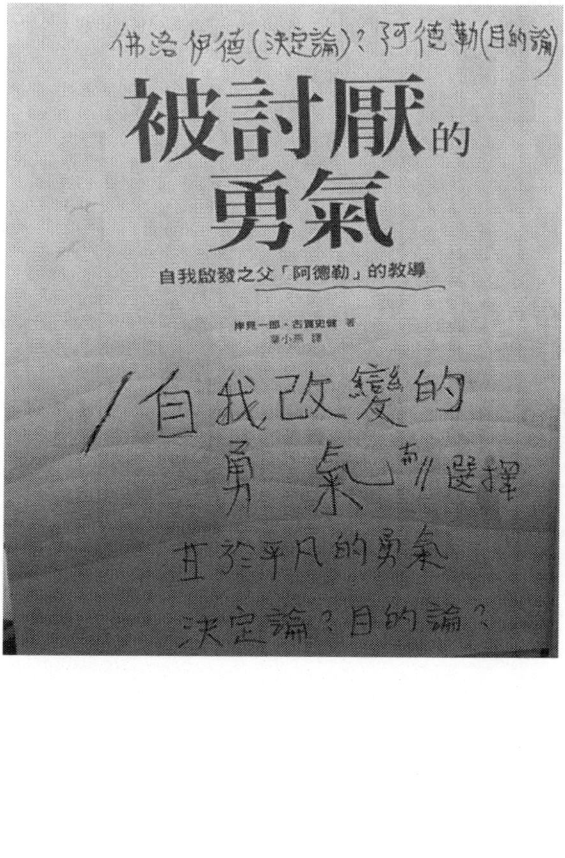

以免活得太累。「人際關係」常是「煩惱的來源」，阿德勒的心理學對人的行爲常有「相反」的見解，值得品嚐。

本書作者是岸見一郎、古賀史健，葉小燕譯，究竟出版社（股）出版，二〇一四年出版，二〇二二年十二月第三百零一刷。了不起，第三百零一刷，書扉稱：熱銷破五十萬冊，連續一百五十八周長踞書店排行榜。

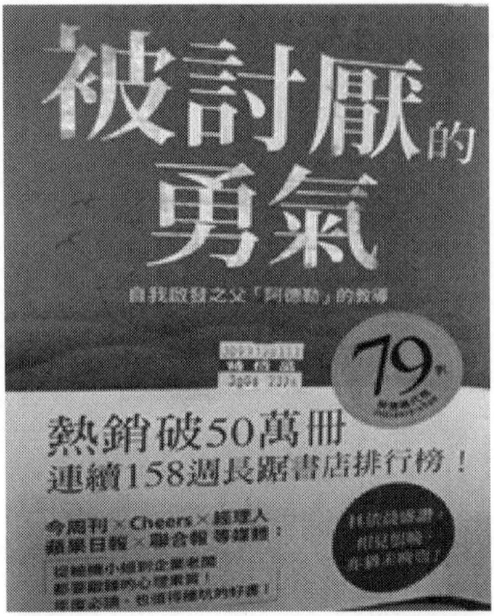

6、「仁」才是儒家的核心價值，不是「復古」本身／看柏陽〈王莽論〉有感

二○二二年十一月間讀柏陽《白話資治通鑑第九、十冊／王莽》，殊不認同柏陽的觀點，述其相關要旨：

一、**班固評王莽**：坐上寶座不知局勢危險，任意作爲，毒害全國，激怒外國。

王莽坐上寶座，危險的局勢比桀、紂更爲嚴重，可是他卻沾沾自喜，自認係虞舜再世，任意作爲，施展威力和詐術，毒害全國，災禍蔓延到外國，四海之內一片愁苦，遠近同時反抗，城市不能守，身體被支解，使有人居住之處皆成廢墟，害苦了天下蒼生。自從經典記載以來，考察引起的苦難跟失敗的悲慘，沒有一個超過王莽。秦王朝焚詩、書，制定不准私人議論的刑罰，王莽通儒家六經，卻加以曲解，他們的方法雖不一樣，目的卻是一樣，結果都歸於滅亡。

二、**趙翼**：王莽結怨中國，結怨外國，附會古禮儀，見識不如三歲兒

童。

王莽把外族的「王爵」都改成「侯爵」，……這都是激怒外國的措施，外族起兵反叛。王莽徵三十萬大軍出擊，並徵因犯私鑄貨幣、私經濟行爲等罪被連坐的罪犯到前方服役，男女囚入檻車，婦女兒童步行用鐵鍊鎖住脖子，約十餘萬人，到達後，把夫妻拆散交配。運糧從江南直達極北，將領及軍官在邊境無法無天，……結果，四海像滾水沸騰，變民四起。王莽開始執政，故意做出若干激烈的行動，建立盛大名譽，用來作爲更大邪惡的基礎，等到取得政權，竟認爲可以無止境的欺騙，結怨中國，更結怨外國。天下已經土崩瓦解，王莽只一味埋到「古」代，日夜「訂禮儀」、「訂聖樂」，對儒家六經儘量牽強附會，不去過問國家大事，禮儀聖樂未完而身受誅殺，這種見識還不如一個三歲兒童。

三、**柏陽**：王莽崇古、社會理想、「大儒」，令人惋惜。

1.以一個學者而建立一個龐大帝國，中國歷史上僅此一次。

2.司馬光在《資治通鑑》只記其害、不記其利。對有些驚人的重大措施，更一筆抹殺，但我們可以歸納：（1）土地國有；（2）耕地重分配；（3）凍結奴隸；（4）強迫勞動；（5）實行專賣；（6）建立貸款制度；（7）計劃經濟；（8）徵收所得稅（呂注：還有山澤林木都不准人民私取，難怪天下大反）。

3.從這些措施，可發現王莽從事驚天動地的全面社會大革命，十九世紀才興起的社會主義，早在一世紀就有了架構。王莽的失敗，使人惋惜（呂注：不失敗，何有天理？何必惋惜？）。

4.王莽是一位「大儒」，用政治力量推動儒家學派的崇古政治理想，但儒家學派卻不得不放棄原則，對他痛加詬罵……

5.王莽使用和平手段，把政權轉移到自己手中，是儒家學派讚不絕口的「禪讓」的實踐（以上見《柏陽版資治通鑑》，第十冊，前言及P.2203~2210）。

四、**呂律師甚不同意柏陽之見**：仁愛才是儒家的核心價值。

1.儒家的核心價值是主張「仁愛」，勸爲政者「愛民」。「崇古」不是儒家的「核心價值」，引古例只是歷史的借鏡例子，本身並不是核心價值，不宜被例子之「古」框住、「仁愛」才是核心價值，通古今基本不變。因此，柏陽錯誤的以儒家「崇古」而批評儒家，不去分析王莽究竟是對人民「仁愛」還是「不仁愛」？是否眞儒家？而錯誤地以「崇古」去認定王莽是「大儒」，也許他加了「」號，也不一定眞的認同王莽是大儒吧？

2.哈！王莽取得政權是「禪讓」嗎？柏陽先生竟認爲是「禪讓」！不去探討「自願」與「不自願」之區別，以及「積極有意」或「消極被迫」的區別，我不相信柏陽不懂其區別，就像從來沒有人相信漢獻帝是「自願禪讓」予曹丕吧？柏陽未分別眞假「禪讓」，並據此批評儒家崇眞正的「禪讓」，我不能認同。

3.王莽隔絕衛姓家族的作爲，連他的長子王宇都不認同，王宇和老師吳章、妻舅呂寬協助衛姬，事發，王邑被下獄自殺，王莽又下令把衛氏家族全部屠殺，並擴大打擊呂寬黨羽，用血腥手段打擊潛在敵人〈P.2024~2026〉，這只是其中之一例，毫無儒家「仁愛」心性的核心價值，不配稱儒。

4.司馬遷在《史記貨殖列傳》說，「上者因之，其次利導之，其次教誨之，其次整齊之，最下者與之爭」。偏偏王莽大行國有、專賣、強迫勞動、計劃經濟、重分配的「大變革」，乃是「最下者與之爭」的國家經濟制度，弄得民不聊生而天下大亂，赤眉、綠林等民變造反，名聲赫赫的柏陽先生還稱許王莽的「理想大變革」而爲王莽「惋惜」，讓我減低了於年輕時曾對柏陽推崇的份量！查：有名的人有較好的機會大放厥詞，但也可能造成遺害學子的惡果！為文豈能不愼哉？希望年輕學子智足以明辨是非。儒家之說走到二十一世紀，固然有若干弱點、缺點須檢討，並於現代須進一步改良、精進以符現代所需，但柏陽爲了批儒，已到將「禪讓」、「復古」、「學者」、「大儒」「差之毫厘，失之千里」之地步，不能認同！

7、「法院無權建請總統特赦」的語言分析／法勝人，人為備位

七十九歲老父因不堪已經照顧五十年的腦性痲痺女兒在病痛折磨而做出予以解脫的行爲，被法院判處最低的徒刑二年半。法院法官說「法院無權建請總統特赦」、「總統主動特赦、無請求權」。

我實在不明白何謂「法院無權建請總統特赦」？語言分析一下？「建請」何意？如果只是「建議」，人人有「陳情」甚至有「表達意見的言論自由權」，法院作爲一個機構，不會比「人人」（小庶民）更沒有「建議」、「陳情」或「表達意見」的自由及份量吧？至於所謂「無權」，那當然不是「請求權」，然而，只要是「建議」，也就不需要「請求權」（權）也是可以建議啊！就看要不要「多一事」或是「少一事」了。就乾脆說「法院不想多一事」就好了，何必說「法院無權建請總統特赦」等經不起語言分析的話。

蘇東坡說：「人勝法，法爲虛器；法勝人，人爲備位（也是無用）；

老父悶死腦麻女 求特赦被駁回

痛苦做出解脫決定 判最低刑度兩年半

法院無權建請總統特赦

總統主動特赦 無請求權

高院合議庭指出，根據醫院鑑定結果可知，陳翁當下「認知與控制能力」均沒有顯著降低，且北院判陳翁兩年六月徒刑已是最低限度，本案並不符合「受兩年以下有期徒刑」的緩刑要件，依法不得宣告緩刑。合議庭審判長許永煌強調「法院無權建請總統對被告給予特赦」。最高法院昨駁回上訴定讞。

總統主動特赦 無請求權

〔記者溫于德、吳政峰／台北報導〕陳姓老翁悶死腦麻女，台北地院合議庭輕判法定最低刑度兩年六月，並請總統考慮對陳翁發布特赦令。不顧唯人法並行而不相勝，則天下安。」在「法治時代」，常有國家幹部躲在「法」之後而不爲宜做的事，形成「法勝人」，人成爲「無用」！人們宜更積極一點，做一些「對」的事！

8、此案和解了／異中求同／曲則全，枉則直（《道德經》）

這件打了十三個月的繼承案訴訟，今天在南投地方法院簡易庭得到和解。雙方談了很久的金額有一點差距，我也主動表示退一些律師費予以補充，拉小差距，辛苦地完成和解，使他們親人可以止訟。

最要感謝客戶的支持同意「以和爲貴」支持和解了，結束可能要五年的漫長訴訟，他們和我一起在法庭上的文件簽名，以示愼重。我又完成了一件和解事，異中求同的努力，也是鵝湖會的精神。

清末大儒俞樾在蘇州置「曲園」，爲蘇州名園之一，取《道德經》「曲則全，枉則直……夫唯不爭，故天下莫能與之爭」之意，如大雪積壓，能曲的樹枝能夠不折斷。「曲全」之意竟然可以形成那麼美、那麼有意境的曲園！曾昭旭教授著有〈曲園學記〉論文，述俞樾之學術。

9、李靚蕾拒絕王力宏想贈與四．八億元不動產／房地合一稅制不利於贈與、繼承取得不動產／魏哲家贈與家人臺積電股票

不少人想將不動產透過贈與、繼承的方式，傳承於下一代，但在房地產合一稅制之下，第二代將來如果要轉賣被贈與或是繼承而來的不動產時，會發生「很高稅額」的不利。造成第二代的重大負擔。

因爲贈與、繼承是以政府公告的「價格」計算贈與稅、遺產稅，該「公告價格」往往低於「市價」；但將來第二代出售時是以「市價」（實價登錄）作爲交易價格，加上「時間差距」將造成「市價減公定價格」間「巨額的價差」，拉高了「交易所得」，產生了巨大的稅額，往往不是第二代所能負擔的。

在王力宏與李靚蕾的離婚事件中，媒體報導李靚蕾拒絕接受王力宏「贈與」值四．八億元的「吾彊」不動產。以此爲例，如果以「贈與」的方式辦理，則將來如果李靚蕾想賣這不動產，依上述說明，依將來出賣時的「市價」扣減當前贈與時的「公定價格」再乘稅率，將負擔很高的所得

稅。

反觀媒體報導臺積電魏哲家夫婦贈與其子女各一・二億元市值的臺積電股票，贈與人須依「市值」支付贈與稅，反正贈與人付得起，也算是對國家社會作出貢獻，而其子女將來賣股票也不會有類似「房地產合一稅」的負擔與煩惱。

我個人認爲不動產、股票的贈與稅制違反了憲法上的平等權，希望將來有機會打這一種憲法訴訟。新的憲法裁判訴訟制度在二〇二二年一月四日施行。

註：政府公告的〔價格〕（備註：土地用公告現值，房屋用評定現值計算）。

10、感覺感謝老天常關照呂博士／一年多以來少去法院啟示錄……／法家治國的時代／從法歸儒的少數

遠的來說，自二〇一六年創立臺灣鵝湖書院，從事傳統文化的研讀、研究、寫作、讀書會、辦活動、編撰《鵝湖民國學案》，「從法融儒」以來，我就減少上法院了，感覺漫長的「他律」的法治程序，非本；提倡「自律」的儒學或是自愛的宗教才是社會規範之「本」。

近的來說，自二〇一九年年末更是大幅的減少辦案、上法院的量，反而勤於在鄉下、田野活動、步行（步行200個鄉鎮系列）、田園間慢跑。

及見二〇二一年五月十八日聯合報報導，「律師確診，法官檢察官居家辦公」、「法官要雙北律師毋庸到庭」的報導，以及司法院決議除了緊急案件外，原則上延至五月二十八日之後。

哈，呂博士律師感覺也感謝老天的厚意與關照，總是「疼憨人」，讓他不擔心，給他的天意示意、讓他不愁、過得去。

律師確診 法官檢察官居家辦公

要雙北律師「毋庸到庭」

2021／5／18聯合報

法官要雙北律師「毋庸到庭」

天下第一院 門可羅雀

律師界、司法界、檢察官界人心惶惶……

法家治國的時代？

天意何所在？怎麼在「需要時」給予他「足夠的」福氣、金錢……等等。

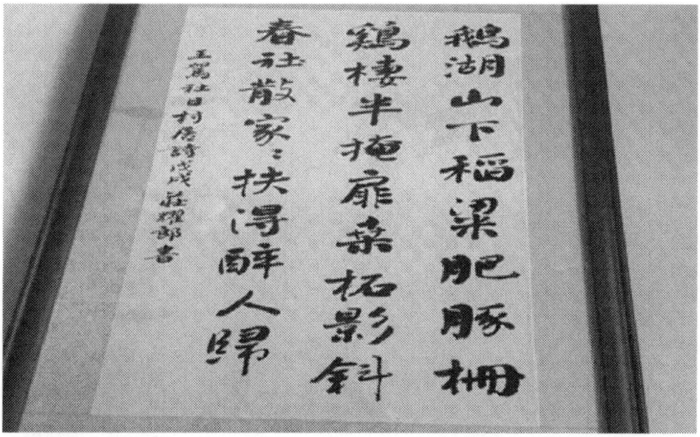

莊耀郎教授書法
從法融（歸）儒的少數？哈，自我感覺良好。

臺灣鵝湖書院藏書　朱茂男贈

11、當前司法的「未能信」？／清代真儒張五緯著《未能信錄》之好官心

二〇二一年年初，臺灣爆出「司法大醜聞」，產生「司法未能信」，可見「現代」學自西方的司法、臺灣自稱的「民主法治」，也沒有「進步」到哪裡去。

這個「大醜聞」讓「多數好法官」及無辜的多數律師、法學院教授也顏面無光，甚至感覺恥辱。

司法改革除了外部制度的改來改去（如參審）以外，如何驅動法官內心眞正想「爲人民服務、做好官的熱情」才

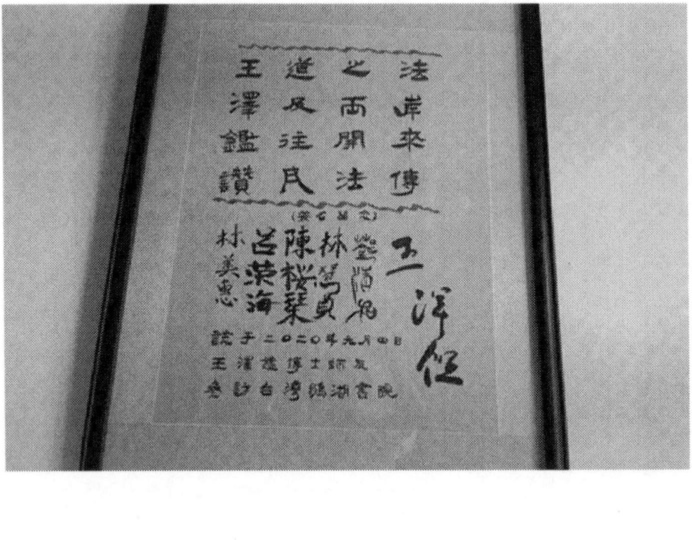

是關鍵。

「外來的制度無論如何優異，若乏法官內心的接引，終究無法驅動」！二讀蘇亦工教授論文〈公正與公益的動力——從《未能信錄》看儒家思想對清代地方官行使公共職能的影響〉，深有同感。論文論述：張五緯這位清代名不見經傳的江西府、縣小官著作《未能信錄》的辦案實例，及募款建立制度改善二千年來地方「溺死女嬰」之惡習，在清代「家天下」致重刑輕民的制度下，張五緯仍勤於辦民事案件、公正辦案、反思自己的過錯、能決而非不辨是非曲直的息訟、不只依制度上的每月三日、八日、十三日、十八、二十三、二十八日才能提訴民事訴訟、不各打五十大板、反對刑訊逼供，主張以理服人，願意比制度做出更多的努力與付出。

支撐張五緯這位小官的動力，是儒家經典與母訓「愼」、「公」、「勤」、重民事，否則地方生靈何須父母官？張五緯常言「天即理也，悖理者可不知所警惕耶？賞善罰惡，理亦在其中矣」。書名所謂「未能信」取自《論語・公冶長》：「子使漆雕開仕，對曰：吾斯之未能信。子說。」書名大意是說訴訟之前不持偏見、訴訟中不過於自信，虛心求証。

書名已見張五緯受儒家正能量所驅動，時時以折之以理、不許冤民、公正、勤求民隱、無愧父母斯民之任！用現代的話術就是做好人民的公僕、全心全意爲人民服務。

蘇亦工教授下結論稱，「國人致力於制度的變革，但卻又走向另一個偏頗」、「外來的制度無論如何優異，若乏內心的接引，終究無法驅動；中華傳統文化資源中眞正堪與西方制度之公正與公益精神相呼應者，惟孔孟之道……」，讀了蘇教授的論文，讓我知道了張五緯這個小官，在清代那樣困難的環境中，爲小老百姓做了許多優秀、公正的民事裁判，還積極地解決人民的問題，保障了女嬰的人權！令人感動！看了兩遍，我眞想出版蘇教授的論文（見法制史研究第十期）及張五緯的《未能信錄》，給司法院及法官、法律系學生讀一讀，奉勸沒有「眞儒心素養、抱負的人」就不要去當法官，不要去「丟人」及去破壞「司法信譽」了。司法院也應該去淘汰沒有理念的法官！這也是我們近十年來持續提倡「儒學精華」宗旨的內心想法與期盼！

12、中國《民法典》，臺灣人重點了解

大陸於二〇二〇年五月公布新的、完整的《民法典》，訂於二〇二一年一月一日施行，共一千兩百六十條，這是一項重要的法律。臺商、臺灣人涉大陸事務時，有什麼重點可以了解？

一、時效

1.訴訟時效三年。

「知道」或「應知」時起算。超過二十年也時效消滅。追債不要過時。

二、用益物權

2.住宅建設用地使用權「期滿自動續期」，但依規定續交費用或減免（359條）

3.工廠、店鋪、辦公室等「非住宅」建設用地使用權期滿的續期依法律規定（359條第二項）。還不確定，大家「等著瞧」。

4.豐富的「用益物權」。因爲土地所有權國有、集體所有，所以，大

陸民法創設了較豐富的「用益物權」，除了上述的「建設用地使用權」以外，重要的還有下面所述：

5.土地承包經營權

耕地可以承包三十年、草地三十至五十年，林地三十至七十年。注意登記，取得證書。取得承包權可以用出租、入股或其他方式向他人「流轉」，流轉期限超過五年的最好辦登記。

6.宅基地使用權

此項好像限於大陸的「村民」。

7.居住權

依合同、遺囑成立居住權，成爲「物權」，辦理登記。不得轉讓、繼承。

8.地役權

依合同利用他人的不動產，提高自己不動產的效益。最好辦登記，才有對抗第三人的效力。

中华人民共和国
民法典
人民出版社

三、債權

相對於上面所述的「物權」，租賃則屬於「債權」（依合同）。

9.租賃

最長二十年。承租人有優先購買權。

10.融資性租賃合同

一種新的「準」金融交易，大陸的法律的新規定。在危險負擔、資金回收、結算等方面有別於傳統的租賃合同，適用於和租賃公司之交易（但和一般的租車不同）。

11.保理合同

即「應收帳款債權」的買賣方式，企業的資金周轉，是中國民法的創新規定，將當代的新交易規定進入民法典。

13、二〇二〇庚子年兩岸紀事：以民本、民法典公佈作為歷史定位

1.十月二十五日這一天，古寧頭戰役打起

我們四個人於二〇二〇年十月二十五日在臺灣鵝湖書院集結，踏上七天步行南臺灣的「壯行」。這一天，各群組不斷傳著「臺灣光復節」的圖片和歌曲，雖然執政當局因意識形態的轉變，已經不再慶祝「光復」，但仍然有許多人記得「臺灣光復」。

這一天，我僅從一個小群看到一件傳來的圖片「古寧頭戰役簡介」，我細看它的小字說明，才知是十月二十五日打響古寧頭戰役。我十分吃驚！是這一天十月二十五日？發生了這麼重要的事！不只是臺灣光復節而已！

今年十月二十五日，大陸好像也要開十九屆五中全會，依照以前的慣例要決定下一屆領導人，至截稿時不知這一屆會如何？

啊！十月二十五日眞是一個重要的日子啊！臺灣人民是否和我一樣忘了金門古寧頭戰役在這一天打起？也忘了金門的重要性？該慚愧啊……我

很吃驚。

2.戰爭與和平

經過了數十年的和平時期，到了二〇二〇年的庚子年，感覺是三十年來中美之間、兩岸之間最容易爆發戰事的危險時期……

按理，戰爭是農業時代的把戲，工商時代國際利益連動，打別人也深深打到第三者甚至打到自己的經濟，因此對大家都有「壓力」而不易引起戰爭。

但相對的二〇二〇年年初到十一月是最容易打起來的時候，理由：（1）全世界工商國家都封城鎖國了，猶如農業時代沒有什麼往來，連動減少、傷害自己少，發動戰爭壓力小；（2）有一度，美國航母在亞太的大都染疫、無戰力了；（3）反正，中國大陸的經濟今年可能低成長了甚至負成長，可以比較不在乎發動戰爭對世界及對自己經濟的傷害；（4）川普忙著救疫、選總統。

因此，此時是世界和平及臺灣三十年來比較危險的時期，政治家還是小心為上！宜低調一點，渡過危險時期，等待國際經濟恢復連動……，至截稿時也不知川普（特朗普）是否會在十一月初落選？他是一個「狂人」？「美國第一」不利於世界的和諧。

世界、兩岸、臺灣藍綠需要「鵝湖會精神」，異中求同、兼容並包。

3.二〇二〇年中國大陸公布《民法典》，才是大功業

政治人物常要「功業」、「歷史定位」。其實，在二〇二〇年庚子年，大陸的政治人物要功業、歷史定位，不在戰爭，而在民法！拿破崙說：我的功業隨滑鐵盧而失，但在法國民法（成為大陸法系的典範）。中國大陸於二〇二〇年五月公布《民法典》，訂於二〇二一年一月一日施行，同時廢止一九八六年民法通則及其後的合同法、侵權行為法、擔保法、婚姻法、繼承法等多項「單行法」，摸著石頭過河，融合了市場經濟與「社會主義公有制」、歷經三十四年終於整合出了完整的《民法典》，比一八〇四年法國《民法典》晚了兩百年、比十九世紀末的德國、日本民法晚了一百年，比一九二九年的中華民國民法晚了七十年。遲沒有關係，

只要方向對，仍然可以趕上。終於在二〇二〇年完成公佈了中國民法典，保護自由交易、私有財產（物權）及財產權及人格權等不容被侵權，堪是一件大事、功業，足以作爲「歷史定位」，不必倚靠戰爭或武統。滕文公問爲國，孟子曰：「民事不可緩也，詩云『晝爾于茅，宵爾索綯；亟其乘屋，其始播百穀。』民之爲道也，有恆產者有恆心，無恆產者無恆心，苟無恆心，放辟邪侈，無不爲已，及陷乎罪，然後從而刑之，是罔民也，焉有仁人在位，罔民而可爲也？」（《孟子．滕文公》；呂榮海編《法律古文今用》P.14）。中國民法典的公佈、施行是一件大事，足堪作爲歷史定位！可惜兩岸對它不夠重視！加油！

4.臺灣公布反滲透法

臺灣在二〇二〇年年初公佈了「反滲透法」，要點如下：

一.反滲透法是爲了「維護中華民國主權」及「自由民主憲政秩序」。（第一條）

二.犯法可能的三段要件：1.主體方面：受「敵對勢力、滲透來源」

之指示有關；2.行爲「上半段」：受「滲透來源」之「指示、委託、資助」；3.行爲「下半段」：受上面「上半段」影響而繼續有下列「下半段」行爲，可能涉及反滲透法：捐贈政治獻金、捐贈公投費用、介入總統及公職人員選舉、妨害投票、集會遊行、煽惑他人犯罪或違背法令（這一點有些廣泛）。

三.解析：

1.因此，政治人物、助選人員、參加集會遊行……涉及選舉、妨害投票、公投、名嘴、演說……有風險。反滲透法對政治人物、選舉活動、投票行爲、集會遊行、演講、公投產生某程度的「恐怖」環境。

四.爲了避免觸及反滲透法的風險，人們可能被迫二選一：

1.不接觸大陸，不賺（拿）大陸錢；或

2.不從事上述各項政治活動（參政權、表現的自由權……）

五.有人說這樣侵害人權，……影響憲法的參政權、自由權；但是否違憲是大法官在解釋，不是人民自己說了算。

六.以上最概括的危險是涉及「煽惑他人犯罪或違背法令」，因爲

「不確定」！例如在Line或臉書上傳一些「敏感」的資料──尤其是來自大陸的資料，可能就得小心了。

這都顯示臺灣的「收縮」心態與不安全感。臺灣要想在人權法治水準方面再進步，需要靠獨立思考、有保護人權理念的法官，免除「不確定條文」危害善良的人士。

14、民國法官法律見解宜易簡素樸、直接、正義／退休前呂律師為自己鼓掌

1.到法院就是在清算

近期某客戶甲獲更一審判決確定勝了一千三百萬。案情：乙出資金、甲出不動產專業進行法拍，登記乙名字，按以前案例如出售獲利各分一半。

但隔十多年，甲找到有人丙願意以四千六萬購買，可賺兩千萬，但乙表示不賣。

高院第一次判決「準用合夥」，甲主張的事實有理，但甲應與乙爲合夥清算，駁回甲之請求。

上訴最高法院，主張「就是兩人無法清算才訴訟，訴訟就是清算，由雙方主張成本、收益計算，請法院判決」，爲最高法院所採而發回更審，並判決清算出來的金額一千多萬及利息。乙上訴被裁定駁回而確定。

我深感：1.法院宜站在「正義之一方」（如甲主張的事情爲有理）。

2.法律意見宜易簡、樸素、直接正義，不要反而成爲「實現正義的障礙」，直接判決「到了法院就是在清算」，而不必等到發回、更一，多了三、四年的奮鬥！才由法院「算一算」判決出了答案，當事人苦，更一法院也辛苦。

2.高院法官仍分不清楚「意定解除」與「法定解除契約」之效果差異

九月二十八日至十月四日這五六天，我初稿完成了二十五頁的民事答辯狀，分析合意解除契約與法定解除對回復原狀、不當得利、損害賠償效力之差異，眞是辛苦。

爲什麼當到高等法院的法官，對這很基本的差異也不分清楚而亂判，不如大三的程度，還麻煩最高法院指出錯誤而廢棄二審判決並發回二審更審，大家再重來一次。爲客戶的權益，我只好順最高法院的論調，再分析的更詳細。

3. 問題很多的一個不良判決

各位看官，在民國臺灣打官司要多久？「八年抗戰」不算什麼……，本案涉及民國八十六年至九十九年的公司經營糾紛，於民國一百零一年起訴。高雄地方法院在一百零三年判決。臺灣高等法院高雄分院在一百零六年一月十一日判決。我代理上訴最高法院，最高法院在一百零八年十二月十七日判決，我方在一百零八年十二月三十一日收到最高法院判決廢棄高院判決，發回更審。已進入一百零九年，一百零九年五月四日開始更審，已經經過八年。

雖然最高法院就審了近三年，但我還是「感謝」最高法院的主持正義，廢棄了臺灣高等法院高雄分院的錯誤判決。去看看上訴理由狀到八，可以了解二審的判決問題很多，從1.是否委任？還是無名契約？2.契約期滿後，是否默示合意繼續？3.契約是否違反廣電法頻道不得出租而無效？4.若契約關係不存在，是否可依不當得利請求？5.是否可依無因管理關係請求？6.如前面成立，得否抵銷？

問題很多，高分院「一意孤行」，對不當得利之後的無因管理、抵銷都沒進行問案、調查，就用無因管理判決且不准抵銷，判決書寫無因管理的長度比對方的律師寫的的還多很多，也違反民事訴訟法的當事人進行主義（即由雙方主張、法官判）。

我難得「很氣憤」這「不好」的判決……，幸好客戶信任繼續委任上訴。經近三年，最高法院以107年度臺上字第2306號判決，撤銷臺灣高等法院高雄分院的錯誤判決，發回更審。出了我一口怨氣。老天有眼！更審後可能至少還要四年才會結束，人民多苦！

最高法院還是有很大、不錯的功能！近來的「司法改革」，有人提「金字塔型」的司法，主張弱化最高法院，在未提升二審判決品質之前，我堅決的認爲這樣弱化最高法院，將是一場災難……。一堆沒有深厚經驗的人喊的改革，也是災難。

在我方上訴最高法院期間，臺灣高等法院高雄分院判出那件「爛判決」的陳姓審判長，曾調升至最高法院當法官，我認爲她去降低了最高法院的平均素質，我心想（自言自言）建議她年紀也差不多了，不如早一點退休！雖然該「不良判決」主要是另一位很主觀的受命法官主判，但她作為審判長也有品管責任吧。

感謝最高法院判決發回更審。發回更審後，階段性任務已達成，我主動建議客戶另委託較年輕的律師繼續努力，客戶還把我留下共同努力。

司法的問題不少，但畢竟像我這樣平凡的律師，沒有能力搞關係，還是能依靠司法的，且最高法院還能把關，大家不要過份失望啊。比起其他中華文化圈，我們還是尚可的。

4. 發回更審的比例高，高院何苦呢？

以上三件皆由最高法院發回高等法院更審。感謝客戶的信任，繼續委任我上訴第三審，才有機會發回。也感謝最高法院的發回。一般發回率大概百分之十以下，我的上訴可以平均可達百分之六十以上發回。

我年紀不小了，已少接案了，二〇二〇年只剩三件最高法院的案件，竟然三件皆能夠判決發回更審，百分之百耶！這也算是我將「退休」前的「完勝紀錄」，為自己鼓掌一下！

我也真想跟高院說，「當你們沒有重視我的意見吧！又要被最高法院廢棄並發回更審了，何苦呢？」

5.二〇二〇年諾貝爾文學獎得主以「帶有素樸之美的詩性心聲」而得獎。

本文主張「易簡素樸的正義」，於完稿後一、二日，二〇二〇年十月九日，巧見報紙刊出二〇二〇年的諾貝爾文學獎，由美國 Louise Gruk 獲獎，得獎理由爲「她以無可置疑的詩性心聲，帶有素樸之美（with austere beauty），使個人存在成爲普遍」。

在這複雜、多修飾的世界中，「素樸」是多麼的可愛與可敬。司法正義與文學可以有「素樸」的一致性。

《易經》「賁」卦、「剝」卦二卦相接，示人剝去文飾（賁）也。

15、人權：法應沒有刑訊逼供的民國／從刑訊逼供看清代該亡

二〇二〇年八月下旬，我所辦的三個民事判決了，二勝一負。其中一件由最高法院發回更審，感謝最高法院，我承辦案件的發回高院更審的比例有五、六成以上。我的年紀不再年輕，承辦少量案子。下午買了三本書，其中二本和法律有關的書，一本和民國學案有關：1.尋找正義（一個紐約檢察官Preet Bharara揭2010-2020的美國司法實務，他說「能伸正義的是人，不是法律」。）；2.「清代驚世奇案——從疑案的煉成看清代從盛世走向末路的更迭起伏」。3.「民國文人檔案，重建中」，可作爲編《鵝湖民國學案》的參考。晚上略看清代驚世奇案：1.湖北「痲縣冤案」一案，刑訊後被告塗如松認罪，其後「被殺」的楊婦又被找到，形成地方官互相攻擊，不斷重審，「能吏」高仁傑用酷刑，縣官湯應求也被冤，湖廣總督邁柱（鄂爾泰的岳父）、巡撫吳應棻各自有權上報到乾隆皇帝那邊，顯示清代地方官的刑案審理，充滿刑訊及可怕的「能吏」巔倒是非，以及演變成政爭。

名詩人袁枚的文章還敘及此案。然亦有文獻說袁枚與吳應棻熟識，爲吳說話。

這樣把刑訊逼供作爲合法的清朝眞該滅亡啊……，到了民國，主權在民，必須禁止刑訊逼供。那怕拖到二十一世紀，事實上可能仍存在著刑訊逼供，但至少那已是不合法了。尤其是在臺灣的民國，到了一九九〇年或二〇〇〇年以後，就絕少有刑訊逼供了。法律不只禁止刑訊逼供，凡是「非法方式取得的証據」，無証據能力。某君被警察逼「你若不認罪，我們會把錄得你有小三的事，告訴你太太」，某君認罪，一審判三年。上訴後委託呂律師辯護，法官查得確有上述逼說小三的事，二審改判某君無罪，因「自白」是「非法取得的證據」。這是一九九〇年以後的民國。

16、民法學案／以民為本／儒學與法治的融會／中國民法典完成立法

二〇二〇年世界忙著疫情，中國悄悄的完成了民法典的立法，這是中國在二十一世紀的大事。習近平也可以自豪在他任內完成民法典了。

民法關係人民的財產權、合同、侵權、人格權保護、婚姻、繼承，與百姓生活息息相關。以民爲本，應訂定此民法！民法爲儒學文化的增新元素。中國歷史上以公法（尤其刑法）爲主，較欠缺穩定的民法，經西化學習、左右翻轉一百多年後，中國大陸訂了民法典，又走向一九二九年的中華民國民法的方向。經此近一百年的轉折，中國已比一八〇四年的法國民法晚了兩百年。比一八九八年的德國民法晚了一百多年。

當然，「徒法不足以自行」！有了民法典，也許中國人仍須經歷一個三十年（一代）或兩個三十年才能更熟悉民法（其實，從一九八六年的民法通則施行已有三十多年的經驗）；另外，更必須培訓公正優質的執法人員，才能提升「法治」的程度，也更需如儒家所云增加「內聖」的心，才

不至走入法的弊端！畢竟，外來的民法制度仍須人們及法官「內心的驅動力」或「內心的自制力」作爲平衡！

王澤鑑教授云：「拿破崙說：我一生功業在滑鐵盧一戰，煙消雲散。留下的是法國民法典。把我埋葬在賽納河畔，我愛法國人的心中」。法國無名軍人紀念堂內有拿破崙陵墓，以法民法典爲最大的功業。我每次到巴黎都會去瞻仰！

陳熙煬：很感動，三年前和王澤鑑老師、呂榮海、魏憶龍二位律師參與了大陸民法序的研討會，見証這個世紀重大事件發生的序曲！

17、憲法學案／文化傳統所欠缺的？／大憲章與《呂氏春秋》的相制與君權

二〇二〇年六月，《鵝湖月刊》第五百四十期刊出李瑞全教授文，〈國家憲法高於任何政黨與統治者：大憲章的遺產〉云，「在歷史上（英國）由保護貴族以至個人財產為起點……議會……內閣制……英王只是一虛位無任何實權的元首……」，不過歷史也沒有那麼簡樸，此後像亨利八世也是很強勢，至少仍須經一六四〇年代克倫威爾的革命、某英王上斷頭臺，又復辟再經一六八八的光榮革命……歷經幾百年才底定，中國在公元前二二〇年左右也曾出現過「虛君實臣制」的內閣主張及實踐，可惜被秦始皇打敗了，而知識份子、貴族沒能經幾百年的奮鬥……

1.「天下非一人之天下，天下之天下也……」（《呂氏春秋・孟春・貴公》）

2.「夫君也者，處虛素服而無智，故能使眾智也，智反無能，故能使眾能也；能執無為，故能使眾為也」（《呂氏春秋・似順論・分職》）

3.「古之善爲君者，勞於論人而佚於官事，得其經也」（《仲春紀．當染》）

4.「因者，君術也；爲者，臣道也；爲則擾也，因則靜矣」（《審分覽．任數》）

5.「有道之主，因而不爲，責而不詔，去想去意，靜虛以待，不待之言，不奪之事……」（《審分覽．知度》）

6.「大抵爲國當識大體，總統一代謂之政，隨時維持謂之事……」（《麗澤論說集錄．卷六》）

上段文提及「總統」一詞及意義。當代中華民國憲法究竟是總統制？還是內閣制？混合制？四不像？還在一般混亂中。但私有財產的保障、生存權、基本人權的憲法保障已經確立。民國學案當爲憲法作傳。

18、文化融入法治的進步／移風易俗、減少訴訟是司法改革之本

經西化後，傳統融入了法治的元素，多數人希望法治進步，然而，法院人滿爲患，許多人又企盼司法改革，我們認爲「移風易俗、疏減訟件才是司法改革之本」。

1.如何疏減訴訟？

儒學及宗教移風易俗？才是司法改革之本……八月三日爲了客戶涉刪除電腦資訊罪出調解庭。你看，光臺北地檢署就有三十六個以上的偵查庭在進行！

只有移風易俗、疏減訟件、推動鵝湖會和解精神，大量疏減訟案、要求法官對「少很多」的案子精辦，才是司法改革的要道。不如此，案多難精，一切改革多是捨本逐末，成效不彰。

如何移風易俗？宗教勸善、儒學思想禮義廉恥的教育，可以使人安身平安、疏減訟源。

2.多名立委涉賄，被法院收押

八月四日下午，多名立委涉收兩百萬至兩千萬元不等，欲修改公司法第九條、對經濟部官員施壓，被法院裁定收押。此案從七月三十一日（周五）檢察官二十七人率調查局大隊人員兵分多路「收網」搜索、拘人、檢察官複訊、向法院聲請羈押、法院閱卷、法院開庭，經周六、日、一、二，連續完成，法官、檢察官、律師很是辛苦。結果於八月四日（周二）下午「放榜」：只有一名八十萬交保，其他多名立委及關係人都被收押。

另外，前已有一位八十五歲的前立委，稍早亦以一百萬元交保。這只是開始，以後的攻防、裁定、抗告、判決、上訴，恐怕十年才能結束。要用到不少「司法資源」！

此只是一例。所以，移風易俗、禮義廉恥、儒學修身、自行規範不逾矩而求自安身平安，少涉犯法，疏減訴源，節約司法資源，才能精辦，也是司法改革之本。

3.都和Sogo有關

二〇〇六年也是因爲查Sogo 禮券案，延伸查出總統國務機要費案而使總統坐牢……，也是風氣出了問題。沒有想到到了二〇二〇年，也是

Sogo案繼續使多位「立委大人」進去收押坐牢……眞是不祥。Sogo案耗了臺灣龐大的司法資源。

十年官司兩茫茫，二十載世事皆Sogo起，一代世人看不破貪、嗔、痴。

19、蔣中正、蔣經國日記的權利歸屬案

一、二〇〇五年寄存於史丹佛大學胡佛研究所

二〇〇五年，蔣方智怡女士由郭岱君女士幫忙，欲將蔣中正日記、蔣經國日記託存於美國史丹佛大學胡佛研究所，找我協助解析法律關係（含著作權法、民法繼承及國家檔案法）及「保存契約」之修訂，這是機緣能為「兩蔣」做一點事。之後，某繼承人向臺灣士林法院起訴請求確認權利歸屬，我受蔣方智怡女士委任出庭答辯，開了一次庭，對方撤回訴訟（之後，另又在臺北地院、美國另行發生訴訟）。二〇一一年五月間，我也協助蔣方智怡女士等「部分繼承人」，將其權利捐贈予中華民國由國史館管理。**此後，因在美國訴訟，我就未再參與了。然二〇二三年七月十九日Yahoo奇摩的一則報導：繼承人蔣友梅「最後一個」和國史館達成協議，將權利移轉給國史館管保存。此「結局」與我的設想及希望相同，特說之：**

二、附錄：兩蔣日記將可捐給國家／2011/11/16旺報報導：

兩蔣日記官司，因原告蔣家第四代蔣友梅撤告而結案。中央社報導，蔣方智怡日前囑託律師研擬完成「兩蔣日記捐贈書」草案，待所有繼承人簽署同意後，日記可望從胡佛研究所取回，捐贈中華民國。

《兩蔣日記》引爆蔣家後代爭所有權。蔣家第四代蔣友梅不滿嬸嬸蔣方智怡擅自將日記交由美國史丹佛大學胡佛研究所保管，狀告法院。但蔣友梅因蔣方智怡承認日記爲九名繼承人所有，因而撤告，官司宣告結案。

蔣方智怡當時委託律師呂榮海發表聲明，提出兩項和解協議，一是雙方同意立即由中央研究院出版蔣中正日記；二是雙方同意在今年十二月二十五日前，將兩蔣日記捐贈給中華民國，但蔣友梅對此仍未回應。

蔣方智怡日前囑託律師研擬出「兩蔣日記捐贈書」草案，草案有兩項內容：一是同意將兩蔣日記捐贈中華民國；二是所有繼承人同意捐贈後，兩蔣日記將從胡佛研究所取回，費用由受贈人負擔，繼承人免付贈與稅。

呂榮海解釋，捐贈書草案日前已送給蔣方智怡過目，但日記涉及私人隱私內容該如何處理，仍有待討論，因此待九名繼承人簽署同意後，即可將兩蔣日記送給中華民國，屆時兩蔣日記所有權人屬中華民國。

中研院近史所所長黃克武表示，期待兩蔣日記可以盡快出版。據了解，日記捐贈給國家後，將由國史館保存。（2011/11/16旺報何明國報導）

三、附錄：纏訟十年終落幕。「兩蔣日記」美國法院判歸臺灣國史館／2023/7/19 Yahoo奇摩報導：

前總統蔣介石與蔣經國的五十一箱文件，被存放在美國史丹佛大學已將近十八年之久，歷經十年纏訟，美國法院日前將文件所有權判給臺灣國史館，「兩蔣日記」等文物的原件也將重返臺灣。國史館長陳儀深今天說，前兩個月已派人到美國清點文物，估計下半年就可運回臺，除部分將先出版外，供給學界研究是最迫切的；至於是否會展示，陳儀深說，「要看時機」。

《舊金山標準報》（The San Francisco Standard）報導，「兩蔣日記」揭露兩名前總統對上個世紀一些最引人注目全球政治事件的個人及外交見解。不過，這些具歷史價值文物所有權歸屬的問題，正是臺灣政府、蔣家成員和史丹佛大學胡佛研究所（Hoover Institution）纏訟十年的核心所在。

史丹佛大學胡佛檔案館收藏蔣介石一九一七年至一九七二年的日記，以及蔣經國一九三七年至一九七九年的日記，還有兩人在位期間的各種總統演講、外交信函和政治檔案。

胡佛研究所研究員、「近代中國與臺灣」（Modern China and Taiwan）特藏負責人林孝庭說，這些文件爲重大外交事務提供史料，包括一九七一年中國與臺灣在聯合國的代表權之爭。蔣介石更在致美國前總統甘迺迪（John F.Kennedy）、尼克森（Richard Nixon）的信件中，罕見地表明他的地緣政治見解。

林孝庭說：「這些檔案材料對多位最高領導人的祕辛、他們認爲國家應該如何前進，提供了非常豐富的第一手資訊。」

牽涉十五名蔣家成員、一個臺灣政府官方機構的法律訴訟爭訟十年後，加州聖荷西聯邦地區法院終於在七月十一日解決這起爭議。經一系列判決與和解，這些文件所有權被判給臺灣國史館。駐舊金山臺北經濟文化辦事處致《舊金山標準報》的聲明指出：「我們很高興得知這些日記將重返臺灣……，我們堅信公開這些日記，對於更深入了解臺灣的歷史將帶來極大助益。」

這些文件於二〇〇五年由蔣經國的兒媳蔣方智怡借給胡佛研究所，並授權胡佛研究所提供文件副本給有興趣的學者們。她和另外六名蔣家成員後來簽署協議，將這些文件的所有權移轉國史館。

胡佛研究所在聲明中指出：「這些檔案為我們了解中國近代史上一個極其重要時期提供了獨特見解，已經成為我們的檔案當中最常被查詢的收藏。」

蔣經國的孫女蔣友梅主張這些日記應該保存在家族內，而非交給國史館，使得文件的所有權歸屬存在疑義，強調從來不是這批檔案所有權人的史丹佛大學，因而於二〇一三年九月對主張和可能擁有文物的各方提起民事訴訟。

國史館二〇一五年十一月也在臺灣提起確認所有權訴訟，臺北地方法院二〇二〇年判決，兩蔣總統任內文物，包括任內寫的日記，屬國有而由國史館管理；非屬總統任內文物部分則判歸蔣家繼承人共有。本案二審於二〇二二年維持原判。而美國法院也認可臺灣的判決。

原本不服兩蔣總統任內文物屬國有的蔣家後人，後來紛紛與國史館和解，將文物的權利移轉給國史館，**包括蔣友梅今年五月也成為達成**協議的最後一位家族成員。歷經十年纏訟，兩蔣日記等文物所有權歸屬的爭議終於在聖荷西塵埃落定。

儘管文件原件將會送回臺灣，學者們還是可以繼續從胡佛研究所取得複本。（以上引自2023/7/19 Yahoo奇摩報導）

20、綜合心學、理學的司法實務／呂律師出法庭記

1.七月七日上午去臺北地方法院開庭，我早到了，坐在法庭內吹冷氣，兼聽一下前面的案子。臺北市政府委託律師告一位老先生無權占市府土地及不當得利賠償。

老先生：我拿不出錢，付健保都有困難。我看國家快倒了，我們附近有人欠健保費一、二萬元，政府還去告！我實在拿不出錢，小孩也失業，我還要替他交健保費，交不出也沒有辦法了。

貌美女法官：你講偏了。

老先生：我只是講實況。

臺北市政府律師：我只能說，交不出，可以去向市政府申請分期。

老先生：我有去，他們要我找保證人，說怕我死了要不到錢，他們怎麼這樣？怎能說這種話？窮人根本找不到保證人。

……

（結束後，老先生離開法庭時，還向市政府律師彎腰行禮。仍是禮義

之邦？）

2.輪到我的案子

此案從一百零七年十月至今，一年半終於辯論終結，定七月底宣判。我有解脫之感，一起去的老太太知我辛苦、盡力了，也向我行禮。此案涉數十件動產（牙醫設備）所有權的證明及動產之損害多少（理學），十分繁雜。如果當事人失「本心」（心學），黑白不分，司法也難斷。案子多、人民失德，黑白不分，紛爭一一往法院走、法官因爲這麼多案子而辛苦，也就難於「明斷」而不易期待高度的司法品質了。

所以，司法改革重在人心的提升吧。倘人人能自知己是己非（本心），也就不必那麼多案件倚靠司法「格物致知」、「窮理」了，案件少，司法品質才容易提高。

第十章

社會濕差價值與文明變遷的省思

1、黃仁勳現象與社會瀑差價值

二〇二三年五月二十七日，母校臺灣大學邀請「臺灣囝仔」黃仁勳先生在臺大應屆畢業典禮上演講，轟動全臺，也帶領臺灣的股票市場上演了大約一周的漲勢（大約一千多點），連臺積電、廣達、技嘉等股票也因NVIDIA而大漲，連對電玩、半導體、晶片、AI產業幾近「白痴」的我，這時也注意到了黃仁勳。我眞的是這個產業的「白痴」，回想一九九二年至一九九五年，我擔任剛成立的行政院公平交易委員會首屆委員時，主管產業的公平競爭問題，有三年的時間熟悉「產業經濟」，可惜後來未繼續跟上。

黃仁勳於一九九三年創業開辦的NVIDIA（輝達，另譯英偉達），據媒體報導於二〇二三年五月三十一日的市值至一兆三百八十五億美元，是全美第五大、全世界第六大企業，領先於臺積電（TSMC）的5235.77億美元、三星的3526.9億美元、AVGO的3038.54億美元及ASML的2856.15億美元。輝達的股價於二〇二三年五月二十五日衝上379.8美元，之後更衝到419美元，黃仁勳身價也一舉達臺幣一兆元，Yahoo奇摩新聞報導「王育琨先生眞誠的感言（對黃仁勳）」，以「身價一夜暴增兩千億」作爲標題。我在臺大男16宿舍205、206室的室友黃政勳已經很富有了（其女兒、女婿二〇二三年四月在東方文華酒店辦婚禮，黃政勳宣佈把禮金收入全部捐贈給公益團體），自己陶侃說：「黃政勳和黃仁勳只差一個字，怎麼差那麼多？」哈哈。

臺灣的「商業周刊」於二〇一六年就「專題報導」黃仁勳、輝達的事蹟，稱：自二〇一一年中至二〇一五年七月爲止，輝達的股價不超過二十美元，二〇一六年已至六十元。該專題已重點報導輝達投入人工智慧。另外，二〇二〇年六月二十八日，大陸「知乎」（人類群星工作室）也以「穿皮衣的顯卡教父」爲題，以簡體字詳細報導黃仁勳的故事。可惜啦，七年來我沒有注意到這二篇文章，不然，說不定也可能早買一點它的股票發一點小財。

黃仁勳及其輝達的故事，堪爲「社會瀑差價値原理」的代表例：從農業社會演化到工商業社會、再到IT、網路通訊社會、再到人工智慧

（AI），不同的階段社會之間有很高的「位能」和「動能」，猶如「瀑布」產生很大的「能量」，創造巨大的價值（或價格），稱爲「社會瀑差價值」，「瀑布」的形成，後透過技術突破、資金彙集、產業的升級轉化，而轉化、形成巨大「價值」（或價格），公司股票巨幅擴大「市值」，個人形成巨富。此乃「社會瀑差價值」使然，並非勞動「剩餘價值」那一套。以美國市場爲主導的世界市場格局，提供了黃仁勳、輝達大發揮的空間，慶幸小小臺灣也沾了許多光，臺積電也成爲輝達的基礎，廣達、技嘉、緯創、仁寶等股價，於二〇二三年五月也水漲船高，爲臺灣社會創造了頗多的財富。但願「能長久」，千里共長富。

黃仁勳是「臺灣囝仔」，九歲赴美成爲美國人，在美國於一九九三年以四萬美金與Chris、Curtis三人創業輝達，也重視中國市場，面對當前世界「地緣政治」的局勢，演講中不時秀出「臺語」（閩南語），感覺他對臺灣的感情，然而黃仁勳也說「不一定要在臺灣製造，但中國市場不能替代」，值得臺灣省思，就看他怎麼融會美、中的地緣政治了。

創業總會碰到「困難」，據媒體報導：黃仁勳演講時說「坦誠面對錯誤，謙卑尋求幫助，是聰明、成功人士最難學會的」，輝達於一九九五年創造加速運算技術用於個人電腦遊戲的3D圖形，得到了與遊戲大廠SEGA（世嘉）的合約，但經過一年，黃仁勳發現設計架構錯誤、技術不合格，且與微軟即將出現的Windows 95 Dinect3D不相容，乃坦誠與SEGA承認錯誤、溝通並難爲情的要求SEGA全額支付費用，幸運的SEGA及其執行長理解，並同意而給輝達六個月重新規劃並創造了Riva128，震撼了新興的3D市場。他眞是坦誠也幸運碰到了理解的貴人。

黃仁勳對臺大學生說，「你們正處於AI的起跑線上，每個行業都將被革命、重生，爲新思想做好準備——你們的思想……像我們一樣全力以赴去追求它！跑吧！不要慢慢走（run, don't walk）。不論是爲了食物而奔跑，或不被他人當作食物而奔跑。你往往無法知道自己在哪一種狀況，但無論如何，都要保持奔跑」。

這段話引起很多人很多討論，許多人不精確地認知他所說的「被他人當作食物」是什麼涵意？但我個人看到許多人——尤其年輕人在手機、遊戲上花了太多時間和精力，影響了正常學習，我擔心他們很可能成了「食物」？他們玩手機的速度也像跑的一樣快。

黃仁勳勉勵臺大學生，「……你們充滿機遇，記得要謙卑，接受失敗並尋求幫助，忍受痛苦和困難，才能實現夢想」。也許AI將創造一個巨大的「社會瀑差價值」機遇，我們在二〇二三年七月先看到了廣達、緯創、技嘉、華碩等的股票漲了很多甚至數倍。

2、社會瀑差價值與一九八〇～二〇二〇中國快速發展的因素

二〇二三年六月二十一日中午，袁韻婕董事長宴請丁渝州將軍、江奉琪先生、前大法官陳新民、盧治楚先生和我。席間聊到大陸，丁將軍問大家：「這三、四十年大陸快速發展的原因爲何？」我於一九九八年至二〇二〇年來回大陸大約五百次，從大陸的「貧窮」看到大陸「富起來」，忍不住就回答：「原因有四：1.社會瀑差價值：從一九四九至一九七九停留在「農業社會」（及不准經商、甚窮），一旦「改革開放」邁向工商業社會（可以下海經商、求富），「社會」擁有甚高位能、動能的「社會瀑差價值」，一旦暴發開來，人人求富，是中國於一九七九至二〇一九年快速發展的根本原因，鄧小平帶領的「改革開放」政策了不起，使中國人站了起來。2.世界市場最大的美國，對中國友好（也許爲了拖垮蘇聯），開放了市場，極有利於大陸發展經濟；3.大批臺商的資金、技術、經驗的參與。我舉一九九〇至二〇〇五年，大陸連咖啡店都不會開，臺商的「上島咖啡」開了一千家，培訓了大陸許多餐飲人才，後來都會開了。又，臺灣

幾家電子業的出口額，長期佔大陸出口企業的前六名。阿里巴巴有臺灣人「蔡崇信」的影子，他的父親是常在律師事務所的創辦人之一，集了二代的知識、經驗、資金豐富。4.低或無成本的土地（不動產）經濟：透過「革命」之後，土地收歸國有、集體所有，國家擁有極低成本甚至近於無成本的土地資源，三十年不斷賣土地使用權，創造了三十年極榮景的「不動產經濟」，我在大陸的律師朋友，很多人在不動產賺了五倍以上，「此例可說明這三十來大陸的不動產經濟實況」。許多大陸同胞享有了高度的「社會瀑差價值」。

之後，丁將軍說：5.大陸的各級官員很會招商；6.大陸很有計劃的發展（一次一次的五年計劃）；7.世界少有、很有效率的執行力。

以上1、4於沿海漸漸減少，甚至沒有了，將如此？我認爲：大陸很大，中、西部甚至協助鄰國中亞的發展，可以延長社會瀑差價值所造的榮景。臺灣對中南部、印尼、東南亞的發展，也是可能延長社會瀑差價值的時期。

3、社會瀑差價值／上海二〇〇一～二〇一〇

Michael Fan：回想二〇〇一至二〇〇五在上海的日子，只有一個《爽》字可形容。可惜，現在只能追憶了。

蕭新永：何以爽之？願聞其詳？

呂律師：或許是容易賺錢的黃金年代。

Michael Fan：

1. 上海城市建設初期，徐家滙高檔房五千至一萬一平米。訂房只要兩千人民幣。要訂購幾間就幾間。
2. 社會風氣保守又好奇，各地的平民百姓都好愛聽外面世界的故事！尤其蔣、張……
3. 感覺中國快成民主、資本主義國家。
4. 請阿姨好便宜，六百人民幣一位。我請兩個（打掃、煮飯）還有司機。
5. 夜夜笙歌、便宜又大碗。

6.生意好作，利潤不錯。

……………，好多，好懷念！

呂律師：那是高「社會瀑差價值」的黃金時間。那時買房很容易貸款七成、八成，雖然利率高，年利率六趴多，但租金也不錯，足以付貸款，還剩下零用錢。房價也大漲。那時沒有聽過賠錢的。

Michael Fan：是啊，一去不復返了！

蕭新永：我比較注意的是第五點，山珍海味（我的臺商朋友在駐節上海十年期間，吃過完全上海最著名的前一百大餐廳）之享受外，人與人的連結，造成夜夜笙歌的景象，會讓人流連忘返，樂不思蜀。爽乎？但前提要有錢，而且往來無白丁，才能互相禮尚往來，這也表示當時的賺錢環境太好了。

我在東莞擔任臺商企業顧問期間，有一現象，即每遇下午三點時刻，客戶與其臺商朋友之間的電話就響了，內容是今宵何處去？然後開始聯絡，呼朋引友，第一攤結束後，有人有事先離開，但有新的朋友加入，相邀第二攤，第二攤結束後，又有人離開，再有新友加入，相約第三攤，可能有第四攤等等，每一攤的朋友之間，用餐或娛樂場所的癖好、食材的種類、服務人員的種類及價格，都不一樣。但有人從第一攤到第四攤打死不走的，才是眞的鐵打兄弟、哥兒們。從飲食的連結，喝酒（不同類的酒）連結，到人的連結，說是夜夜笙歌亦不爲過。

可看臺商隻身在外，只是生活與工作而已，白天在職場大聲么喝，指東指西，一副君臨天下的模樣，一到夕陽西下，工廠員工下班，眞正的寂寞蒞臨。這時候的攤攤夜生活才是消除白天工作的壓力，如此日復一日，年復一年。可說大陸的經濟繁榮、富甲一方的現象，想一想，臺商白天及晚上都有貢獻呀！

話說回來，早期的中國大陸，法制不健全，是人治的社會，整個經濟建設，從無到有，給外商太多賺錢的機會了。有需求就有供給，夜間市場應運而起，又欠缺正式的規範，許多人沉溺其中而無法自拔（少部份臺商及臺幹淪落爲流浪漢），直到二〇〇八年美國金融海嘯影響全球，臺商才感受到經營壓力，因大陸法律逐漸規範化，以後的臺商就轉而注意到遵守法律與正規經營，而減少一些不必要的開支。也因爲大陸本地企業的崛起，因競爭促成臺商經營利潤降低，才會有成本概念，不敢亂花錢於風花雪月上面。再加上二〇〇〇年以後去的臺商都是大型高科技的企業較多，臺商臺幹水平較高，生活也較節制。最後習近平的戒貪等等行爲，也促成許多人不敢隨便受邀受禮。總之，一攤到四攤的行爲就減少了。

今天早上十一點十分打第二劑莫德納，感覺尙無傳說中的腰痠背痛、手腳無力狀況，精神還好。范兄的上海爽故事，引起我的回應。

《寥落古行宮，宮花寂寞紅。白頭宮女在，閑坐說玄宗》，當年花容月貌、嬌姿艷質的宮女，如今紅顏憔悴，寂寞幽怨，閒坐無聊，白頭宮女話當年也。我好像也是。

呂律師：何謂「社會瀑差價值」？爲什麼那時（1988-2010）是高社會瀑差的年代？

從「農業社會」順利進入「工商業社會」，再進入「資訊科技社會」，在從「農業社會」developing進入「工商業社會」的「過渡期」（約二十至四十年）擁有較高的「社會瀑差價值」，每年的經濟成長率可達百分之十。在該時期，從「工商業社會」來的人（如美商、臺商、日商）已先擁有資金、技術、經驗，適時投入正在開始發展的「農業社會」，即可能享有「高社會瀑差價值」，具體例子如房地產可能達十倍的增值、企業的高成長（例如鴻海），房地產、股票、字畫成爲負載「價值」的媒介品。相對的，「農業社會」正在發展成工商業社會則享受就業、快速加薪的價值，眼尖的人也奮力在已有第一桶金的前提下買房、買股票、創業，適時加入共享高「社會瀑差價值」的行列，並且，由於中國及中國人的「容量相當龐大」以及直接進入資訊科技社會，中國及中國人累積的財富、能量、國力十分可觀！到了二〇一七年起引起美國的猜忌而爆發中美衝突。

在此過程中，爲了積累「第一桶金」，少數女子進入「特種行業」市場。也有不少人主觀的或是客觀困難的沒有跟上，於是貧富差距越來越巨幅擴大，形成不安的世界、政治的憂慮。

不同進程的「社會」，其落差有如「瀑布之落差甚大，不似一條河上下游之緩差」，故名之爲「社會瀑差價值」。

可惜，我年輕時沒有人告訴我「社會瀑差價值原理」，只能自己摸索、沾到一小小部分。並且，再由「傳統工商業社會」再進入「資訊科技社會」時，我還是輕視它的變化，誤以爲只是工商業社會的一部分而已。如今臺積電、聯發科的股價可以說明我的失誤。但我明白了「社會瀑差原理」並得以告訴年輕人，卻已值得！

4、十二千金股只剩四家／社會瀑差價值／農業社會、傳統工商業社會、科技社會的差距／貧富差距／價值？價格？

二〇二一年十一月十八日，工商時報整理、刊出「十二千金股」，十二種股票價格每一股登上新臺幣一千元以上的高「價格」股票，也就是說一張（一千股）的股票價格爲一百萬元以上。這讓我想起三十多年前，股市指數曾高達一萬兩千時，當時傳統產業的銀行股「國泰」也曾一股一千九百多元。隨著大局「崩盤」之後，國泰的股價經常在四十至五十元之間。二〇二一年國泰金控表現不俗，十月底前已經賺九百八十多億元，股價突破六十元關卡，提高到六十三元（2021／11／18）。但和「科技類股」（尤其是半導體）的「十二千金股」相較，眞不可同日而語。

我想恭喜在二〇二〇、二〇二一年間「發大財」的人們，內心也要想著「體恤」疫情期間失去工作、減少收入的人們。

作爲努力成爲二十一世紀的「思想家」的我，也關心「貧富差距」的擴大，並借此著作我的「社會瀑差價值原理」。

首先，我必須澄清一下，我承認有時「價值」與「價格」是不一致的，我先不想陷入二者之間差異的辯論。

我想說的重點是：

1.我們生活的這個世紀尤其是東亞，短短在一百年內經歷過三種形態的社會：農業社會、傳統工商業社會、高科技社會。

2.同一年（例如二〇二一年）可能同時存在著以上三種形態的社會之人。

3.不同的社會像不同高低的水位，兩個社會之間的流動像「瀑布」一樣，形成巨大的「社會瀑差價值（或是價格）」；

4.社會瀑差價值乃貧富差距擴大的主因。

5.價值（或是價格）的載體或是媒介，常見的有不動產、股票、債券、例如張大千、吳冠中的畫或是其他藝術品。

6.政策、稅收教育、學習與階級流動的可能性。這是很大很複雜的課題，再慢慢討論（待續）吧。今年大陸說要推「共同富裕」，有可能嗎？希望不要變成「共同貧窮」。

7.希望「千金股」能長久。我怕「高處不勝寒」，二○二一年我雖有很少量接近二支千金股，但已先在一千的前、後離場了。是耶？非耶？聽說最近紅於「元宇宙」的宏達電，就曾經從一千多跌下來。於二○二二年四月二十二日只剩七家千金股。

8.歷二○二二年美國為了「抗通膨」而大升息致「價格向下大趨勢」，至二○二二年十月十二日，「千金股」只剩大立光、信驊、旭隼、力旺四家，力旺跌至一千零一十五

財經要聞 A3 工商時報

緯穎躍千元 12千金寫新局

半導體占7檔，千金股扮台股上攻急先鋒

金融睡獅醒 台股揮軍萬八

利多波連波

金融指數 飆24年高

高通看旺到2024 台廠受惠

工商時報2021/11/18

元。

9.於二〇二三年二月八日收盤價，再現七千金：新增三個千金股：亞德克一千零九十五元、祥碩一千零一十元、譜瑞KY一千元（邊緣）。原來的「四千金」則維持千金不墜：信驊兩千三百四十五元、大立光兩千兩百三十五元、力旺一千七百一十五元、旭隼一千六百九十元。

台股締造12千金新里程碑

代號	公司	收盤(元)	漲幅(%)	市值(億元)	市值排名
6415	矽力-KY	5,350	0.47	5,023.70	14
5274	信驊	3,220	1.10	1,107.70	81
3529	力旺	2,430	0.00	1,849.20	52
3008	大立光	2,095	-0.24	2,809.40	38
4966	譜瑞-KY	2,035	-0.25	1,846.30	60
5269	祥碩	1,810	1.69	1,252.50	74
6409	旭隼	1,790	-2.19	1,564.5	64
8454	富邦媒	1,750	5.42	3,186.80	30
6781	AES-KY	1,500	2.39	1,281.00	73
3661	世芯-KY	1,190	-2.46	840.10	97
2454	聯發科	1,030	-0.48	16,468.70	2
6669	緯穎	1,010	3.38	1,765.50	55

資料來源：CMoney　製表：[illegible]

工商時報2021/11/18

5、小買幾張富邦金，實驗社會瀑差價值原理／社會瀑差價值

這幾天閱讀「今周刊」1298期（2021/11/8-14），我被周刊的封面「浪尖上的富邦」吸引了，詳細閱讀。該專題大意略為：

1.富邦金至十月底獲利一千三百五十八億，每股EPS 11.81元，較國泰金的一千兩百七十九億、每股9.39元爲多；

2.富邦金的「未實現獲

晶、矽力*-KY等，都各在2,000億～3,000億元以上，聯詠、日

積電13日法說會後就出現止跌，值得觀察。

高價股慘跌 剩四千金苦撐

呂淑美／台北報導

台股13日面臨四千金保衛戰，力旺12日盤中打入跌停，最後差1檔跌停、收1,015元，目前剩下大立光、信驊、旭隼股價在1,340元～1,750元之間，暫無跌破千金股之虞；另世芯-KY與創意雙雙摜殺二根跌停，台股800元及900元出缺，台積電掰了400元，400元高價股剩21檔。

今年來高價股成了殺戮戰場，尤其美國商務部於美國時間10月7日，發表對中國新的半導體限制措施，除現行針對邏輯IC領域的限制外，更延伸至高階半導體設備及記憶體範疇，引發半導體高價股重挫走勢。

據統計，到10月12日股價在400元以上的有：大立光、信驊、旭隼、力旺、緯穎、世芯-KY、嘉澤、亞德客-KY、譜瑞-KY、祥碩、AES-KY、和泰車、聯發科、富邦媒、創意、藥華藥、寶雅、矽力*-KY、川湖、精測、儒鴻等21檔，除了和泰車、創意、藥華藥、寶雅、川湖及儒鴻外，其餘15檔都曾登上千金股（含目前的四千金）。

第一金投顧董事長陳奕光指出，拜登此次的打擊面全到位，可視為是4.0版組合拳，台積電5年線就在眼前，高價股能否止跌，就看13日台積電法說會以及美國消費者物價指數公布結果。

出手救壽險業淨值

黃天牧：安1,700萬人心

2022、10、13 工商時報A3 版

IC Insights：全球半導體廠2021年營收年成長

超微第一 聯發科第二

涂志豪／台北報導

半導體廠2021年營收

排名	公司名稱	年成長預估
1	超微AMD	65
2	聯發科MediaTek	60
3	輝達NVIDIA	54
4	高通Qualcomm	51
5	中芯國際SMIC	39
6	SK海力士SK Hynix	36
7	三星電子Samsung	34
8	格芯GlobalFoundries	34

工商時報2021/11/18

盛 再現七千金

度攻上1,010元 創意收925元 將蓄勢衝關

鮑爾的年薪…19萬美元

（2023、2、9 經濟日報A2 版）

利」（其他綜合損益）兩百二十二億元，也比其他金控爲「負的」爲優。

3.更重要的，蔡明忠對「元宇宙」、石墨烯等等新事務受訪時能侃侃而談，今周刊認爲顯然已下過工夫，這位臺大法律系畢業的經營者，是蔡英文的同班同學，表現不俗。

4.富邦金投資重押半導體，包括臺積電、聯電、聯發科、瑞昱、聯詠、環球晶、超微、德儀、日月光、應用材料、艾斯摩爾、英飛凌、中美晶、輝達等十二家，在第三季底的總計約五千七百億元中，對半導體的投資高達百分之四十二。至第三季底對臺積電仍有一千三百八十九億元。

5.整個集團依序投入臺灣大哥大，由2G、3G到5G，不斷學習科技新知及交互應用；更創立Momo電商，成長快，至十月EPS達12.98元，市值3259億元。

6.對新變化反應快速，因爲大陸的政經大變，對阿里巴巴的投資至九月底已經在申請的資料中消失，對騰訊的投資已減半，約只剩1.1億。比同業快速反應。

我也不太懂這些複雜的事務，姑且先相信周刊的報導。我個人單就我正在研究及寫作的「社會瀑差價值原理」加以「感覺」：傳統工商業的銀行，股價（市值）、獲利多比不上「擁有較高社會瀑差價值」的高科技業（當然，只是大概），但作爲傳統工商業一員的富邦金，比起金融業的同行，其投資、學習新科技而較接近許多「高科技」，或許可以從高科技業吸取更多的利益。較穩的傳統行業兼高科技產業的營養，或許符合我「綜合多元」的個性與價值觀。

於是，依據這個原理，我今天小買進了幾張富邦金的股票試試看，作爲「社會瀑差價值原理」的實驗。當然，我也會在不久之後買進幾張國泰金及其他銀行，長期試驗，比較比較。雖然，它的配息不見得比其他銀行股好，也有在高價區的「高處不勝寒」的風險，還是實驗一下。呵，一進去，十一月十九日當天收盤時，我就跌了百分之一。投資，果然有風險。當天，外資減碼富邦金一萬四千零九十六張，我也成了被「割韭菜」的小小對象，哈哈。九月、十月、十一月外資賣超十九萬張多。

十一月二十三日續跌至74.3元，再買幾張富邦金。十一月二十九日跌，再進五張73.4元。也進五張國泰金59.6元。十二月一日，富邦金從相對低點73.1元漲至74.1元。玉山金從相對低點26.9元漲至27.55元，我在27.2、27.4各進十張。另10.45元逢相對低點進遠東銀二十張。十二月七日富邦收盤75.3元，把這三周跌的兩元餘漲回來了，我先出五張完全彌補了少量損失並收回一點點現金；這一天玉山金也來到28元、國泰金漲到60.7

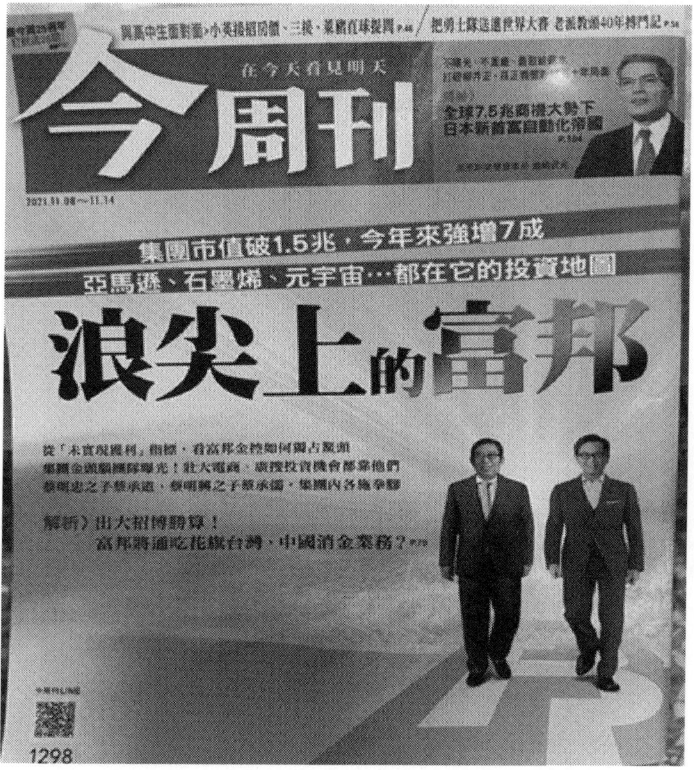

元。so far，so good，但十二月七日大盤漲到17796點，風險日增，有高處不勝寒的感覺，這一日發現臺化股價在比較「低價位」區，進了八張試試。十二月二十三日74.8元出五張富邦金，大盤已過17900點，居高思危，減少持股。我人心惟危，道心惟微，我尚不能達惟精惟一的境界，只能盡力允執厥中。十二月二十九日富邦金收盤76.6元，國泰金63元，一月十二日富邦金來到80元、國泰金64.7元。

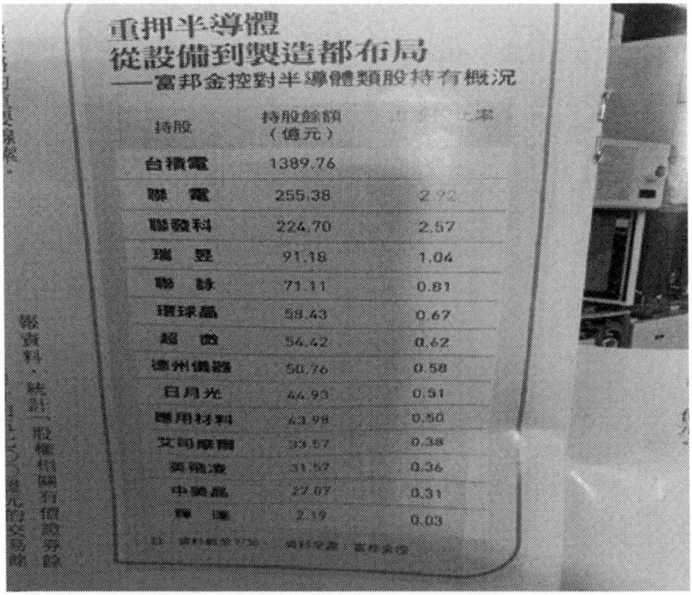

重押半導體
從設備到製造都布局
——富邦金控對半導體類股持有概況

持股	持股餘額（億元）	[illegible]
台積電	1389.76	[illegible]
聯電	255.38	2.92
聯發科	224.70	2.57
瑞昱	91.18	1.04
聯詠	71.11	0.81
環球晶	58.43	0.67
超豐	54.42	0.62
德州儀器	50.76	0.58
日月光	44.93	0.51
應用材料	43.98	0.50
艾司摩爾	33.57	0.38
英飛凌	31.57	0.36
中美晶	27.07	0.31
[illegible]	2.19	0.03

引用自今周刊1298期P.85

二〇二二年二月二十四日爆發烏克蘭戰爭，三月八日富邦金跌至71元，國泰金58元。四月六日，金融股因升息而漲不少，玉山金超過34元，中信、合庫過30，臺企銀到13.5，超過淨值，但富邦金沒什麼漲，只在75-77徘徊。

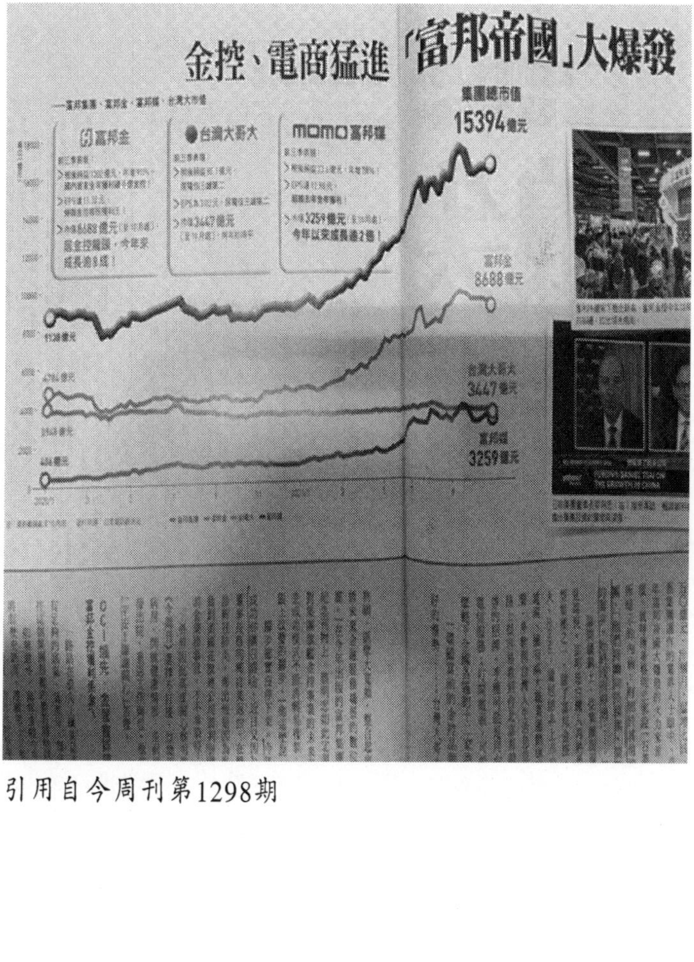

引用自今周刊第1298期

慘烈！二〇二二年五月十二、三日，富邦續跌至63.6元，補進八張，乃美國縮表、我國央行未升息等因所致，但也擔心未來還有可能趁勢向下。幸好五月二十日賣掉只剩五張，五月二十三、二十四因疫情保單理賠問題，分別繼續跌至60.5、60.1元，我進四張。也許會再破60元。至二〇二二年十月十二日富邦跌至49.6元，所幸「上下處理」尚可，僅小損。於二〇二三年五月十日仍進六張富邦金（59.2元），玉山金只在25元上下。於二〇二三年七月十六日持有富邦金十四張，十八日每股65.6元。

最初二〇二一年十一月十九日開始寫本文時，富邦金集團之「富邦媒」一股高達一千七百元（見附圖資料），但至二〇二二年五月二十四日跌至七百五十一元，眞是慘烈（我沒有持股）。繼續觀察。二〇二三年七月十八日富邦媒跌至六百四十二元。

江瑞塘：創業艱難，守成不易。第二代能守住，通常就很不錯了，若能發揚光大，那就更是鳳毛麟爪。

個人觀察：富邦的大董、二董昆仲，正是臺灣中大型企業中極少數成功的案例。

特別是在下面前三個戰役都非常成功

1. 合併臺北銀行
2. 收編臺哥大
3. 介入媒體與物聯網
4. 跨入高科技

6、躺平／耍廢／社會瀑差價值1／豐裕只是歷史的短暫時刻？

今天學到一個最近在大陸很熱流行的新名詞「躺平主義」，不買房、不結婚、不生子、不消費、儘量降低生活所需的生活態度，避免被割韭菜。

這也許是全世界年輕世代的普遍問題，惟大陸大人多而能創造出新名詞。

陳蕙娟：趴著行嗎？還是… veg out。

呂榮海：只要健康心態都好。

周隆亨：即使躺平…也要獨立自主地做自己，我不知道是否是正確，但一定是獨立思考，也一定尊重你的獨立思考的觀點。

呂榮海：確宜獨立、健康思考、少有怨氣、心安……「居陋巷、一簞食一瓢飲，回也不改其樂」（《論語》顏淵）

曾昭旭：即臺灣之前已流行之「耍廢」也。

呂榮海：謝謝曾老師，我又長知識了。

函谷人家：躺平就是躺下的生活態度。

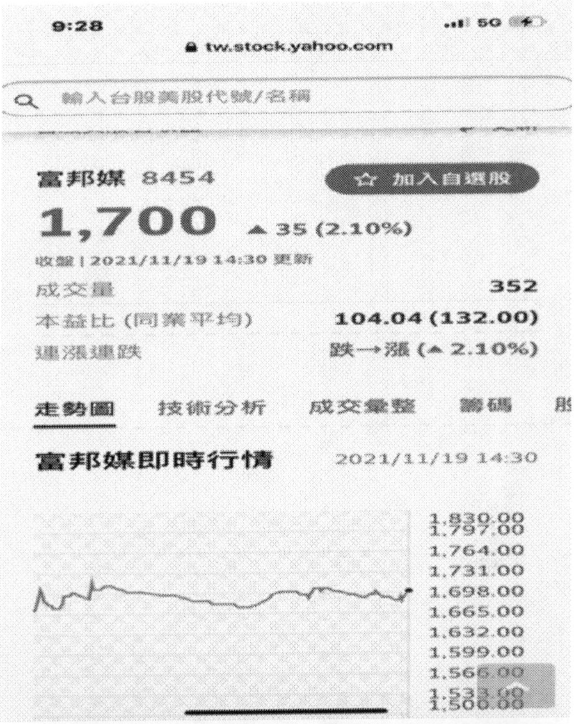

台股前三季獲利大贏家

代號	公司	營收（億元）	稅後盈餘（億元）	EPS（元）
2330	台積電	11,492.26	4,303.08	16.59
2603	長榮	3,334.01	1,582.79	30.27
2881	富邦金	3,791.70	1,302.01	11.32
2882	國泰金	4,769.91	1,215.96	8.98
2317	鴻海	41,043.48	949.25	6.85
2454	聯發科	3,647.61	813.70	51.57
2615	萬海	1,573.61	692.35	28.37
1303	南亞	3,036.27	638.32	8.05
1301	台塑	1,991.91	545.06	8.56
2409	友達	2,776.51	506.75	5.33

註：①富邦金獲利為自結數　②以11/14前公布財報為主　製表：[illegible]
資料來源：CMoney

台灣加權指數 17,518.13 ↑221.23

嚴峰：躺平和內卷是什麼意思？

躺平和內卷是什麼的意思？從網路上找到：

1.內卷和躺平是現在比較流行的兩個詞語。一個形容僧多粥少的殘酷競爭，一個形容放棄競爭，混吃等死的心態。無論是加入競爭、爭取升官發財成爲人上人也好，還是選擇躺平也罷，都會有人選擇，不存在所謂誰對誰錯，自己覺得好就去做。當然前提是不要違法犯罪，不要用坑蒙拐騙偷的方式去競爭、去躺平。法治社會只要不違法，任何價值觀都是應該包容的。

2.在內卷中選擇拼命往上爬，或者放棄抵抗躺平都有合理性。一個社會總有所謂奮鬥者，也有隨緣者才正常。都不奮鬥，社會要崩潰；都奮鬥，那社會會比現在更加殘酷。

老楓馬：躺平很不簡單！

呂榮海：在高社會瀑差的年代，賺錢比較容易，但也衝高了房價，然而，當社會瀑差大幅收小時，賺錢已不再容易，「貧窮」再成爲常態，搞富只是人類歷史的短暫時刻，則「躺平」、「耍廢」不失爲一種生存態度，但心態要健康平安。且也因人而異，想過積極的人生態度的繼續努力，當今也有許多年輕人變成了「網紅」，最近看了「李子柒」的農村種植影片。不同的時代尋找不同的社會瀑差機會。

站起来的时候
说你欲望太多，
躺平的时候
说你不思进取，
只有你跪下的时候，
它们会赞美你好乖。
M·X·M

7、里山資本主義與社會瀑差價值

此次漳州行，福州嚴律師言及「威權（或不民主）時期的經濟成長率較高，舉臺灣、新加坡、中國大陸爲例，臺灣民主化後反而經濟難於成長」。

從臺灣經驗的外表「事實發展」來觀察，好像也是這樣，因此我很少和人爭辯這個問題，但這次不知什麼情緒，我說：「不是這樣的，經濟成長率高的時期是剛從農業社會走上工業社會的過渡時期，擁有較高的社會瀑差價值，吸引人

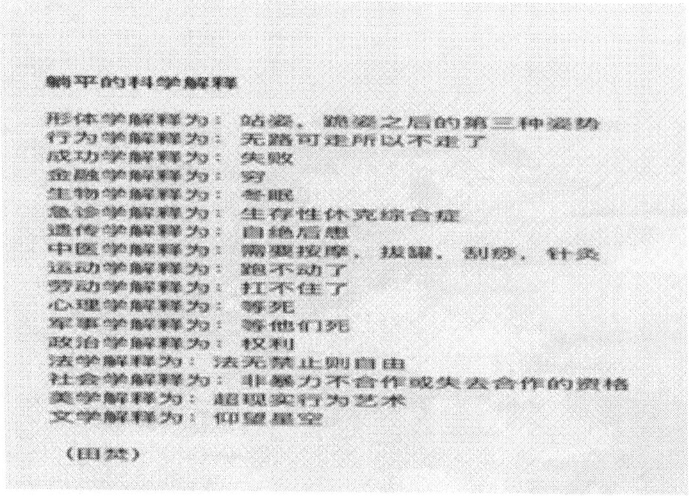
躺平的科学解释

形体学解释为：站姿、跪姿之后的第三种姿势
行为学解释为：无路可走所以不走了
成功学解释为：失败
金融学解释为：穷
生物学解释为：冬眠
急诊学解释为：生存性休克综合症
遗传学解释为：自绝后患
中医学解释为：需要按摩、拔罐、刮痧、针灸
运动学解释为：跑不动了
劳动学解释为：扛不住了
心理学解释为：等死
军事学解释为：等他们死
政治学解释为：权利
法学解释为：法无禁止则自由
社会学解释为：非暴力不合作或失去合作的资格
美学解释为：超现实行为艺术
文学解释为：仰望星空

（田然）

躺平

們奮力的投入資金、技術、人力而有高成長，但是等工業成熟了自然走入低成長。所以，主要是農轉工的高社會瀑差價值造就了高成長，並不是威權政治。當然，威權而不紛爭、專心發展經濟也有幫助。」

我這樣講，大概嚴律師不容易理解我說的，但我還是想說。

高社會瀑差價值時期，吸引了人們從鄉村進入工商業化的大城市，追求高社會瀑差價值，也就是追逐金錢，也爲高房價付出了代價。

然而，一旦工商業已經成熟，不再有高成長、不再有高社會瀑差價值，智者宜體察「變」，轉而以「里山資本主義」調整自己的定位，回歸部分（注意：不是全部）回到鄉鎮、里山，利用里山的豐富資源，創造更有價值的生活。里山擁有豐富的能源、食物（不是食品）、好空氣、好水、廣大空間。

《易》曰：一陰一陽。風水正在轉，里山資本主義正在修正、補充國際資本主義。在地、愛鄉正在修正、補充全球化、世界性的大都市化。

以上所述的「例外」可能是AI等科技產業，在低社會瀑差價值環境中，又在創造新的情況。值得注意。

引用自今周刊第1298期

8、下午去聽庶民發電（里山資本主義）

中午去國泰世華銀行辦了一件小事。二〇一八年一月三日我的外滙帳戶進來近美元三千八百元，一直擱在那裡，至今已經經過三次微不足道的活存利息。今天終於動身去銀行，花了三十分鐘把它改成一年定存，利率1.9％。很小的事，已經拖了快兩年。在銀行，她們還勸我存美元保險，我說金額很少，明年再說。其實，我在國泰有二個很小很小的保險，一個三十年，也不知價值如何？一個近十年，這麼久他們也沒有人來關心我的權益、三十年我也沒有領

過什麼？對保險印象不是很好。

拖了一點時間，有些趕不上下午要去「庶民發電」的課程，趕快！已經來不及吃中飯。隨意買了兩個包子充飢。

實踐里山資本主義！

一個地方會又老又窮，是因爲長期向外購買能源、房屋、食物、教育所致！里山資本主義必須努力反轉一些完全向外貿易的國際資本主義，才能改變一個地方的又老又窮。

9、里山資本主義的科技設備及其建築設計

作爲金錢數字資本主義的副系統，里山資本主義並不是回到一百年前的原始農業時代，必須用到現代的科技設備，有效利用當地的生質能源替代進口的油、氣、電：

1.用材薪的烤箱。

2.用材薪的暖房、熱水系統。

3.林業機械設備展（集材車從山上運材下來；木材削片機；最大製材廠Mayr-Melnhof）。

4.生質能源發電機（發電的副產品熱水用於製啤酒）。

5.木粒製造機（壓縮、乾燥、再壓縮多道程序；有外銷）。

6.木粒油罐車（一條輸出木粒至儲存室；另一條吸入燃燒後的木灰）。

7.木粒燃燒機（放在地下，完全自動化，燒熱水供暖供水。一季買入五噸木粒，一千一百歐元）用木材木粒，無燈油味。

製作木粒燃燒機的公司Windhager。燃燒木材煙和氧的結合時點、溫

度適中是重點，務必減少殘灰、一氧化碳；機器必須偵測不同的木材，將灰控制在百分之零點五以下；三十年前燃燒效率百分之六十，二〇一六年的效率爲百分之九十三；木粒的效率是石油的數倍。

8. 木粒燃燒機的火爐。

9. 除煙囪的設備。

10. 林地的管理、証照、培訓學校，對林木的砍伐進行科學、利息型的永續發展管理。

11. 日本的「環保爐」燒烤爐。

12. 稻草可供發電否？

13. 速長林木（如楊樹）的選擇。

14. 少年時看過的製炭技術。

15. 「錯層壓木材」（Cross laminated timber）作爲建材。

16. 適合里山資本主義的建築、設計。

17. 太陽能輔助。
18. 小型的風力發電。

10、里山資本主義、兩岸遊

1.這一周寫完短論文〈論陸象山之高明〉，準備十月十六日在江西金溪象山書院的研討會上報告。

2.九月二十一日至二十四日在福建省法院處理一件建石化工廠工程款糾紛案。

3.九月十八日代理出庭訴某基督教團體案。

4.發呆、夢想：希望能在不動產上架起美麗的風車發電，像荷蘭一樣美麗。也有太陽能發電，賣電辦鵝湖……，也可以讓兒童少年實際接觸發電、種菜、養鵝、鵝湖文化，成為里山資本主義的小小例子。

文武雙全

11、里山資本主義、計劃去臺東東河一遊

失聯近二十年的朋友邱桑，最近透過Line 跳出來，和我聯絡上了，聯絡上的時候他在新加坡巴淡島，我在福建漳州。他說他在臺東東河有民宿，約我去臺東四天三夜，敘敘往事、最近情況。

近幾年，我得到「里山資本主義」的思維，也想去臺東「里山」體驗一下狀況。里山主義觀察到偏鄉之「三山」、「里山」之所以又老又窮，是因爲能源甚至里山最豐富的食物，都透過資本主義向外採購，長久下來，當然又老又窮（我則加上「教育」也向外採購）。里山資本主義的思維在於改變這種現象，作爲資本主義的補充。努力從「里山」（本地）採用能源、食物！「教育」也是！但教育有些

難度，現代大都往大都市（如臺北）甚至國外、境外的美國名校、倫敦政經學院、大陸名校去尋求教育，花費了「里山」大量的資金、甚至畢業就負債！得到的可能是一大批「不一定有用」或有爭議的博士學位。

在臺東的「里山」、東河情況又是如何呢？如何防止地方又老又窮？有什麼機會改變呢？我的老朋友邱桑在臺東東河發展二十年的狀況如何呢？得失如何？我有興趣去看一看。我也可以把我最近所接觸的綠能、太陽能發電觀念、作法、體驗，拿去和老朋友交流一下。

12、達仁鄉達人的里山投資特例

邱桑，臺南人，把上海的房子賣掉，來「里山」臺東縣發展。還不只他，他還介紹了來臺東買飯店的洪董，也是臺南人，洪董組織了「臺南旅東同鄉會」，很有意思。

邱桑在臺東縣買了七、八處不動產，帶我參觀了四處，其中一處在達仁鄉南迴公路口，只以六十萬買了一間老老屋，租給南迴公路拓寬工程團隊，月租八千元，算起來年租金投報率百分之十六，而臺北市的投報率往往不到二趴。裝修費還由承租人自己負責。他說工程隊有需要。我問他路蓋好了怎麼辦？他說還有「維修隊」的需求。

邱桑對小投資、小收益也勤於操作。這是「里山」精神！再不看好的地方也有機會。我封他爲達仁鄉的不動產達人。里山資本主義加油！據估計：南迴公路拓寬即將完成，人流量會加倍。

13、《史記貨殖列傳》精華

注：我於六十歲始讀《史記貨殖列傳》，驚為「東方的國富論」，述國家、個人的經濟原理及案例，惋惜自己年六十才研習及國人未予重視，特摘其精華，分享有緣人：

1.善者因之，其次利道之，其次教誨之，其次整齊之，最下者與之爭。

2.……皆人民所喜好謠俗被服飲食奉生送死之具也。

3.待農而食之，虞而出之，工而成之，商而通之，此誠有政教發徵期會哉？

4.人各任其能，竭其力，以得所欲。

5.故物賤之徵貴，貴之徵賤。

6.各勸其業，樂其事，若水之趨下，日夜無休時，不召而自來，不求而民出之，豈非道之所符，而自然之驗耶？

7.農不出則乏其食，工不出則乏其事，商不出則三寶絕，虞不出則財賈少。

8.此四者，民所衣食之原也，原大則饒，原小則鮮。上則富國，小則富家。貧富之道，莫之奪與，而巧者有餘，拙者不足（注：現代社會不只此四者）。

9.故太公望封於營丘，地瀉鹵，人民寡，於是太公勸其女功，極技巧，通魚鹽，則人物歸之，強至而輻湊。故齊冠帶衣履天下，海岱之間斂袂而朝焉。

10.其後齊中衰，管子修之，設輕重九府，則桓公以霸，九合諸侯，一匡天下，而管氏亦有三歸，位在陪臣，富於列國之君。是以齊富強至於威、宣也。

11.人富而仁義附焉，故曰：「倉廩實而知禮節，衣食足而知榮辱。」禮生於有而廢於無。故君子富，好行其德；小人富，以適其力。淵深而魚生之，山深而獸往之。人富而仁義附焉。

12.勾踐復國的財政基礎（計然、范蠡的經濟政策）。昔者越王勾踐困於會稽之上，乃用范蠡、計然。計然曰：「知斗則修備，時用則知物，二者形則萬貨之情可得而觀已……貴上極則反賤，賤下極則反貴。貴出則糞土，賤取如珠玉。財幣欲其行如流水。」修之十年，國富，厚賂戰士，士赴矢石，如渴得飲，遂報強吳，觀兵中國，稱號「五霸」。

13.言富者皆稱陶朱公。范蠡既雪會稽之恥，乃喟然而嘆曰：「計然之策七，越用其五而得意。既已施於國，吾欲用之家。」乃乘扁舟浮於江湖，變名易姓……之陶爲朱公。朱公以爲陶天下之中，諸侯四通，貨物所交易也，乃治產積居，與時逐而不責於人。故善治生者，能擇人而任時，十九年三中三致千金，再分散與貧交疏昆弟，此所謂富好行其德也。後年衰老而聽子孫，子孫修業而息之，遂至少巨萬。故言富者皆稱陶朱。

14.子貢助孔子名布揚於天下。子貢既學於仲尼，退而仕於衛，廢著鬻財於曹、魯之間，七十子之徒，賜最爲饒益。原憲不厭糟糠，匿於窮巷。子貢結駟連騎，束帛之幣以聘享諸侯，所至，國君無不分庭與之抗禮。夫使孔子名布揚於天下者，子貢先後之也。此謂得執而益彰者乎？

15.白圭，樂觀時變，言治生祖白圭。白圭，周人也。當魏文侯時，李克務盡地力。而白圭樂觀時變，故人棄我取，人取我與。夫歲孰取穀，予之絲漆；……太陰在卯，穰；明歲衰惡。至午，旱；明歲美……欲長錢，取下穀……能薄飲食，忍嗜欲，節衣服，與用事僮僕同苦樂，趨時若猛獸摯鳥之發。故曰：「吾治生產，猶伊尹、呂尚之謀，孫吳用兵，商鞅行法是也。是故其智不足與權變，勇不足以決斷，仁不能以取予，彊不能有所守，雖欲學吾術，終不告之矣。」蓋天下言治生祖白圭，白圭其有所試矣，能試有所長，非苟而已也。

16.猗頓、郭縱。猗頓用盬鹽起。而邯鄲郭縱以鐵冶成業，與王者埒富。

17.秦始皇看重烏氏倮牧。烏氏倮牧，及眾，斥賣。求奇繒物，閒獻遺戎王。戎王什倍其償，與之畜，畜至用谷量馬牛。秦始皇帝令倮比封君，以時與列臣朝請。

18.巴寡婦清。而巴寡婦清，其先得丹穴，而擅其利數世，家亦不訾。清，寡婦也，能守其業，用財自衛，不見侵犯。秦皇帝以爲貞婦而客之，爲築女懷清臺。夫倮鄙人牧長，清窮鄉寡婦，禮抗萬乘，名顯天下，豈非以富邪？

19.擴大市場之利與人身自由?漢興，海內爲一，開關梁，弛山澤之禁，是以富商大賈周流天下，交易之物莫不通，得其所欲，而徙豪傑諸侯彊族於京師。

20.本富、末富、奸富。是故本富爲上，末富次之，奸富最下。

21.貧者之資。夫用貧求富，農不如工，工不如商，刺繡文不如倚市門，此言末業，貧者之資也。

22.誠壹所致，富無經業，貨無常主。夫纖嗇筋力，治生之正道也，而富者必用奇勝。田農，掘業，而秦揚以蓋一州。掘冢，姦事也，而田叔以起。博戲，惡業也，而桓發用富。行賈，丈夫賤行也，而雍樂成以饒。販脂，辱處也，而雍伯千金。賣漿，小業也，而張氏千萬。灑削，薄技也，而郅氏鼎食。胃脯，簡微耳，濁氏連騎。馬醫，淺方，張裏擊鐘。此皆誠壹之所致。由是觀之，富無經業，則貨無常主，能者輻湊，不肖者瓦解。

23.以末致財，用本守之；以武一切，用文持之。請略道當世千里之中，賢人所以富者，今後世得以觀擇焉：蜀卓氏……程鄭……宛孔氏……刀閒……師史……宣曲任氏橋姚……無鹽氏……關中富商大賈……田嗇、田蘭……此其章章尤異者也，皆非有爵邑奉祿弄法犯姦而富，盡椎埋去就，與時俯仰，獲其贏利，以末致財，用本守之，以武一切，用文持之，變化有概，故足術也。

24.本富。「……此其人皆與千戶侯等，然是富給之資也，不窺市井，不行異邑，坐而待收，身有處士之義而取給焉……」、「今治生不待危身取給，則賢人勉焉……」

25.百年人生樹之以德。諺曰：「百里不販樵，千里不販糴。」居之一歲，種之以穀，十歲，種之以木；百歲，種之以德。德者，人物之謂也……

26.素封。今有無秩祿之奉、爵邑之入，而樂與之比者，命曰：素封。封者，食租稅，歲率戶二百，千戶之君則二十萬，朝覲聘享出其中。庶民農工商賈，率亦歲萬息二千，百萬之家則二十萬，而更傜租賦出其中。衣食之欲，恣所好美矣……此其人皆與千戶侯等。……千金之家比一都之君，巨萬者乃與王者同樂。豈所謂「素封」者邪？非也？

注：以二〇二二年的幣值而論，如果有「被動收入」年收兩百萬元臺

幣。

27.「……是以無財作力，少有鬥智，既饒爭時……」（《史記貨殖列傳》，呂榮海、王玉青編，法律古文今用P59）

28.嫁富。趙女鄭姬，設形容，揳鳴琴，揄長袂，躡利屣，目挑心招，出不遠千里，不擇老少者，奔富厚也。

29.裝富。游閒公子，飾冠劍，連車騎，亦爲富貴容也。

30.舞文弄法。吏士舞文弄法，刻章僞書，不避刀鋸之誅者，沒於賂遺。

31.商賈。農工商賈畜長，固求富益貨也。此有知盡能索耳，終不餘力而讓財矣。

32.人之情性。……安歸乎？歸於厚富也。是以廉吏久，久更富，廉賈歸富。富者，人之情性，所不學而俱欲者也。……其實，皆爲財用耳。

33.患貧。夫千乘之王，萬家之侯，百室之君，尚猶患貧，而況匹夫編戶之民乎？

14、工商文明變遷的省思

沿淡水中山北路往三芝方向走，過了一號橋，左邊看到加油站，左轉上了新春街，朝著淡水客運停車場走，這一段路是附近南北各一公里的制高稜線，在一九九四年年代以後，取代農田的是一棟一棟完工的、動工中的新建樓房，街道彎曲狹窄，要是全部住滿了人，我看居民是擠不進去的，交通擁擠變成了每天的罪過。

老實講，我蠻懷念當年趴在爛泥中爲綠苗除草的日子，如今，綠苗已經不見，水泥、砂石封閉了大地，大地死了，再也長不出五穀或雜草，看來，工商業化本身是違反自然的。

對於這樣的快速變遷，快速工商業化，我開始變得近鄉情怯。我常在想，當我在四十歲時，竟渡過了別人——尤其是外國以一個世紀以上的時光——才從農業社會變成工商業社會。

一九九四年六、七月之交，立法院發生「核四」爭論，接著，七月四日以後發生停電，大家十分不方便，這種煩惱，也是以前農業時代所沒有的。至二〇一六年之後，綠營政府推動「二〇二五非核政策」，許多人、企業擔心「缺電」、「漲電價」，二〇二三年六月六日，臺積電董事長劉德音表示「只能相信政府」。是否會缺電當待之後「事實證明」。和碩公司董事長童子賢則在二〇二三年五月表示「挺核一、核二重啓」。

我們在九〇年代及其後也吃得太好，多數人缺乏運動，這和七〇年代，每年我必須花兩個月從事割稻、整地、插秧、除草等等大勞動，是完全不同的生活。

我們沒有辦法復古，但我們應進行深度的文明反省。臺灣從原住民的「狩獵經濟」到漢人大量移入進行農墾，再進入八〇年代以後的「工商業社會」，經濟力一次比一次提高，但是，對環境的破壞也一代比一代劇烈，原來富有人情味的人心，也變得孤寂無味，左鄰右舍竟變得互不認識。我們是否用了過多的水、電、油，當不夠用時怎麼辦？

究竟，處於工商業文明中，我們要的是什麼？我們需要進行文明的省思。超越了工商業文明，下一波我們將往何處去？過去我們反省不夠，需要繼續反省。

中國大陸於一九七九年至二〇二三年也快速發展工商業，也需要文明的省思。

15、環境的省思——公司田溪

人類由採食、狩獵經濟，進化到農業社會，又快速的進化到工商業社會，生產力大幅的提高了，但是卻也破壞了環境、喪失了環境。

經過淡水寫著繁華滄桑的老街，登上淡金公路，過了「米粉寮」、「鴨母窟」，分別是第二號橋及第三號橋。在這兩座橋下分別流著北投仔溪、公司田溪。這兩條溪流自大屯山麓蜿蜒而來，就在離淡金公路下方不遠的公墓下合流，而合流處是地圖上找不到地名的淡水嵌腳「呂厝」。

公司田溪及北投仔溪雖然不像淡水河、濁水溪、大甲溪一般，能夠列上臺灣溪流排行榜，但由於大屯山上經年雨霧繚繞，水量卻也豐沛穩定，足夠農人們引水耕種，先民在上游以石塊築壩攔水，再挖溝渠引水進入田地。

在往昔簡樸的農村生活裡，弒雞宰豬可是大事一樁，非得過年過節或是拜拜才有得吃，蛋白質十方缺乏，幸虧公司田溪與北投仔溪的蝦蟹不絕，使人們有額外的蛋白質補充。公司田溪及北投仔溪也盛產溪螺，尤其是一種名爲「國姓螺」的溪螺十分味美，小時候放學回家或是放暑假，我們就提著鉛桶到溪裡撿國姓螺，在天黑之前帶回家作菜，通常只要加上醬油即芳香撲鼻，一家人圍著爭吃桌上唯一的葷食。

除了國姓螺之外，溪裡面還有一種苦螺，顧名思義當然不好吃，我們通常是將殼打碎，把螺肉拿來釣蝦。公、北二溪也盛產溪蝦，一般而言，徒手抓蝦仔是小孩子最喜歡玩的把戲。大隻的溪蝦喜歡躲進岩洞或石頭縫中，小孩把手伸到岩洞摸蝦，不小心還會摸到水蛇，水蛇沒有毒，皮一點的小孩還會抓著蛇尾巴甩圈子，經常甩到蛇吐血才罷休。有時候嫌徒手抓蝦不夠快，幾個小朋友會索性在溪淺處，以土石砌個圍牆，把蝦子困在裡面，再用器皿掏乾水，很容易就逮到幾十隻蝦仔。

公司田溪及北投仔溪到了冬天還有一項特產，就是毛蟹，晚稻開花結穗時節，寒流來襲，溪中毛蟹數量大增，它們趕著到下游產卵，腹中蟹黃鼓脹，大人們總是在天黑之後，提著幾串蟹簍來到溪中，在水流中以排石攔溪，在缺口處放置蟹簍「當毛蟹」（閩南語），隔天清晨一大早再來收蟹簍，保證裝著滿滿的毛蟹，母蟹帶有蟹黃，較受歡迎，母毛蟹的肚臍是圓的，公毛蟹的肚臍呈三角形，鄉下人一眼就可以分辨毛蟹性別。

前幾年，我常到大陸，也有許多機會吃到中外著名的大閘蟹，芳香滑膩，味道竟然和家鄉的毛蟹類似，這才知道原來大閘蟹也是毛蟹的一種，只不過體型較大罷了。但是，吃來吃去，還是覺得公司田溪、北投仔溪的毛蟹比大閘蟹夠滋味、更甜美。

除了蝦、毛蟹、溪螺，公司田溪及北投仔溪的漁產還有溪哥及鰻魚，小時候我曾經在溪邊釣起一條難得一見的黑鰻，但不知怎麼搞的，長大了總覺得釣魚有一絲殘忍，而培養不出釣魚的興趣。這兩條溪灌溉了呂厝的田地，又孕育了大量漁產供我們食用，可以說是我們呂厝及淡水埤島里、崁頂里、港仔坪、大莊仔三百年來的生活命脈，記得有一年淡水大旱，村子裡用來吃喝的井水都乾涸了，我們還到溪裡挑水回家食用呢！現在，大概不能飲用了。

此外，公、北二溪還發揮了遊憩的功能，公司田溪的水面較廣，男孩子們都是在那裡學會游泳的，由於沒有人教什麼自由式、蛙式，大家依樣畫葫蘆，個個都學會了狗爬式；爲了怕挨大人責罵，小孩去溪裡玩水，總是先脫光衣服才下水，玩到日頭落山了才穿衣服回家，暗自得意，以爲神不知鬼不覺，後來才知道大人看到小孩因泡水而泛白的皮膚就已經明白了，只是睜隻眼閉隻眼，裝作不知情罷了。

水上活動到了學校放暑假更是玩得瘋，吃過午飯後趁著大人們午休的時間，小孩們就不約而同地溜到老地方集合打水仗，玩到兩點鐘左右才回家曬稻穀，有時候忘了時間，大人們就會拿著扁擔到溪邊來找小孩子回家工作。彼時的水中遊戲除了通俗的殺刀之外，最令人懷念的就是「王、KI、水」（大、中、小），兩軍對峙，每對有一個大王、三個KI頭、三個水兵，兩隊總共十四人，王可以吃KI、KI可以吃水、水可以吃王，只要一方被碰到，就成爲他方之俘虜，而大王一旦被逮到就算輸了。爲了求勝，必須排陣勢、講佈局，既要防衛也要進攻，進攻的方式通常是偷襲，趁著對方不注意，潛水到敵營去捉人，因此，必須比誰最能憋氣、游得最快。

之後幾年，由於溪畔大規模養豬，垃圾任意傾倒及農藥、廢水橫流，再加上雨季漸漸短少，原本清澈見底的溪水，現在已變成半臭水溝，溪面也逐漸淤塞，處處可見垃圾，現在幾乎沒人在溪裡游泳了，冬裡雖然還有毛蟹下游，但是，人們也不太敢吃了。

一到假日，我常帶著子女回老家去玩，然而，還有什麼可以玩的呢？兒子學會游泳是我在游泳池裡教的，他不能像他的父親、祖父、曾祖父……一樣，在公司田溪裡打水仗、抓蝦撿螺，即使捉到味美的毛蟹也不敢吃，爲了他不能享受我兒時的溪中玩樂情趣及優美環境，我深深感到歉意及悲哀——我們的社會竟在工商業化過程中忽略了環保，使祖先留給我們的自然美景滿目瘡痍，而這就是我們要留給後代子孫的嗎？我們應對社會達爾文主義式的工商文明做徹底的省思。

至西元二〇一五年以後，此「兩河流域」成爲「淡海新市鎮」的一部分，公司田溪及北投仔溪流域蓋起了大量房子，兩溪已被高高的堤防圍起，溪變成了「排水溝」，溪不成溪，已「半死」，已不可能像從前在溪裏游泳、抓螃蟹了。眞是滄海桑田，呂厝正興宮附近的呂家生活用地，也被「自家人」搜購，呂家人遷走了，呂洞賓又少人拜了。

16、竹東榮景2022／美國升息來襲／既饒爭時？社會瀑差價值

這兩、三年來竹東蓋了許多新建案，一片新氣象及榮景樣。看來，房地產的景氣期也有很大推升城鎮更新發展的功能，帶來「希望」及「欣欣向榮」的感覺，讓我感覺不錯。然而，美國升息大浪來襲，或許這樣的「榮景」美好感覺，是許多個人「買在高點」準備付十年貸款堆積而成的，需要一點口袋深，哪怕下跌，也可以等待下一波浪潮——也許十年後漲的更高而累積小財富，《史記貨殖列傳》云「既饒爭時」，須長期等待又有辦法等待之謂也，我因非「饒」，多不敢買新屋，除非「價格實惠」及面積小，這是四十年來的浪潮經歷，然未來少子化及如果社會瀑差價值翻轉後未可知。

竹東步行

竹東鎮步行／榮總竹東分院／臺大醫院竹東院區／明峰路、東峰路、至善路、東寧路、中正路、中山路、長春路／竹東夜市／步行臺灣200個鄉鎮之129

https：//youtu.be/BDKF7z0T8UU

17、今天小買臺星科／實驗社會瀑差價值原理

1.小買股票

二〇二三年三月七日，開盤前才看到昨天下午臺星科（3265）公佈其董事會通過將配發股息每股五元，以昨天收盤價53.7元計算，值利率九趴多，我決定今天三月七日以55.3 元至55.6 元的價格買入七張（七千股）。大約幾個月前我曾經以46元多買入一張（一千股）放著，可惜太少了，哈。

至三月七日10:27，股價漲至56.6元。它算是「半導體」業，以此例來實驗我個人所研創所信的「社會瀑差價值原理」，或可取代馬克斯主義所說的「剩餘價值」（注：至二〇二三年七月二十四日收盤80.4元）。

林昌燿：其實要賺個股配息的殖利率，就可以閃人，理論上已經參與配息且填息完成。

我其實要說的是當然現在看都是馬後砲，但以填息角度而言，其實賺到股票的殖利率這種交易手法，也是一種不錯的邏輯。

明天開高可以跑一趟，哈哈，當然要參與除息的就另當別論。

呂榮海：受教了，感謝同意我轉載，我再努力「練功」。

三月八日以69.9元的價格買入四張頎邦（6147），它二〇二三年預計配息5.5元，值利率近八趴。

2.十二．九萬臺幣在板橋可買二十二坪？

處理一件訴訟的資料，板橋於民國六十年左右，十三萬臺幣可買二十二坪（可能另一半貸款）房子。這也涉及五十年間「社會瀑差價值」及幣值的變化，可嘆。（約五十年前的售屋廣告）

3.少子化的影響有待觀察

昨晚聚餐時，聽臺大經濟系畢業、任職過外商銀行的俞佩君（央行副總裁朱美麗、中信銀行董事長利明獻的同班同學）說，「某家二代共十一人只生第三代一人，少子化很嚴重，可能對房地產的影響巨大」。在座聚餐的一、二代也是八人只生第三代一人耶，這是長久的大問題，影響有待時間觀察。也將產生「逆社會瀑差價值」的問題。

18、「滄海桑田」之成語宜改為「桑田捷運」了，記淡水捷運通車，失去社會濕差價值

（晉）葛洪《神仙傳》中述及仙人王遠與麻姑的故事，麻姑告訴王遠言自她成仙以來，看到東海三次海水下降，變成了桑田，最近一次巡看蓬萊仙島，又看到海水下降了一半，莫非又要變成桑田？

於是，「滄海桑田」形成成語，形容世事多變，讓人意想不到、認不出來了。

昨日David述及搭乘剛開通營運的淡水捷運崁頂站，我就是那附近出生、成長的人，五十年來所見眞是「滄海桑田」之感啊！不，這成語完全是農業時代用的，在農業轉工商的時候宜改爲「桑田捷運」、「桑田地鐵」了，比較貼切。

我在臺北唸大同、建中、臺大的

時間，一有假期都是在崁頂站附近的「崁腳」農田耕作，至二十七歲父親賣掉土地為止，我改行當律師去了，可能當三輩子律師也不及土地的增值吧？無福享有「社會瀑差價值」，司馬遷《史記貨殖列傳》云「既饒爭時」，非「饒」而難於長久持有。所幸，後來有買了不動產。我們老家的住址即為崁頂里，當年綠油油美田，由附近有公司田溪、北投仔溪提供水源，它曾蝦蟹美味，孩童與水牛共游，而今已是「桑田捷運」，面目全非了。

19、相識三十年的老朋友今非昔比，享社會瀑差價值

今天中午吃高鐵便當，去彰化員林地方法院開庭，不嫌遠，不嫌錢少。

今年正是我往來大陸三十年，深有感觸，我和David相識在北京三十年，昨晚在臺北見面，他說「今年秋天在北京辦一個Party，慶祝我們相識三十年」。他並邀我今年八月到華盛頓DC，可以住在他剛買的房子，並且在DC辦一個座談會，讓我講講「看到中國三十年發展的得與失」。

我問他「最多時在北京有幾個房子？」他說「五間，但近來賣掉一間最小的四十平方米，賣六百萬人民幣」。他說「我不會做生意，只是買了房」。很開心看到David享有了高度的「社會瀑差價值」，悠遊於中美之間。

第十一章　和平至上

1、呂東萊的「人人需要一座橋．鵝湖之會」／補述程兆熊著《大地人物》（理學人物之生活的體認）

（注）：程兆熊博士著《大地人物》（理學人物之生活的體認）於二〇二二年八月由華夏出版公司再版了，余補述了一篇：呂東萊的「人人需要一座橋．鵝湖之會」／一個人的完成之十五。黃宗羲編《宋元學案》也經全祖望、王梓材補述，前後歷兩百年完成。

距離南宋淳熙二年（西元1175年），宇宙又走了八百四十七個地球年（西元2022年），對宇宙來說，這是非常非常微小的一步，微小到幾乎可以視爲不存在，但對地球來說，跨了八百四十七年，對地球人來說，大到可以跨過三十代，南宋淳熙年間那位據程兆熊博士所說「挽救了一個不敬的時代」的「泰山喬嶽」朱熹，他的三十代孫「台灣海峽兩岸朱子文化交流會」創會會長朱茂男，在二〇二二年七月十五日主辦「朱子文化與書院文化」論壇，會中人們又續述淳熙年間「挽救了一個不開朗而狹窄了的時代」的另一座「壁立萬仞」陸象山，續述他那「宇宙便是吾心，吾心便是宇宙」，當然，主要還有論述「泰山喬嶽」朱子。

八百四十七年之後的年代，又是一個「不敬的時代」，也是一個「不開朗而狹窄了的時代」，名嘴、網路、電視、報紙、Line群組，人們互相叫罵，人人有面臨戰爭、通膨的危機感，好似八百四十七年前面對金兵南侵的憂愁，人們抱怨多多，眞是又一個不敬、不開朗而狹窄的時代。

這許多危機，出自人人缺乏一座橋，一座溝通歧見的橋。

淳熙年間，呂東萊（祖謙）搭了一座橋，簡單化的搭起了一座橋，用來溝通那位「泰山喬嶽」與「壁立萬仞」。八百四十七年來，三十代的人眾口紛紛，仍鉅細不遺繼續討論「泰山喬嶽」高，還是「壁立萬仞」高？討論還在繼續，沒有終點，許多人似乎忘了那座橋。直到有人再度提醒那座橋，提醒再了解那座橋。提醒：也可以簡單化，了解那座橋，簡單了解「人人需要一座橋」，一座「溝通歧見的橋」！提醒：《易》曰：「同人，大有」，「易」，簡單化也，簡單的理解，能找到和別人的共識，就能大有！人們已有的共識就是「泰山喬嶽」和「壁立萬仞」都很高，都是儒家的大咖，他們二人給了不敬的時代「敬」，也給了「不開朗而狹窄的時代」「開朗與開濶」。之後，在八百四十七年後又來到一個「不敬」又「不開朗」的時代，他們二人還可以再帶來「敬」與「開朗」、「開濶」嗎？仍是朱夫子與陸象山？二人之學可以救世嗎？

同樣，人們不可或缺一座橋，如果忘了橋，只知試比高「泰山喬嶽」與「壁立萬仞」，就複雜化了，反之，兼見了橋就簡單化了，就一個人的完成，一個國家的完成，一個地球的完成了，一個宇宙的完成了。

全祖望這樣描述「泰山喬嶽」、「壁立萬仞」與「橋」：「宋乾、淳以後，學派分而爲三：朱學也，呂學

泰山上壁立萬仞石刻（呂良遠攝，2019）

也，陸學也。三家同時，皆不甚合。朱學以格物致知，陸學以明心，呂學則兼取其長，而復以中原文獻之統潤色之。門庭徑路雖別，要其歸宿於聖人，則一也」。三家同時，爲實，「皆不甚合」未必，簡單的看橋及之後朱、陸白鹿洞講會可知也。淳熙二年，呂東萊搭橋的「鵝湖之會」是「橋」的功能，這個「橋」已被文化界討論了八百四十七年。未來還會繼續很久，也許和地球、宇宙一樣久，陸象山已經說了宇宙。

《宋元學案・序錄》又說：「小東萊之學，平心易氣，不欲逞口舌以與諸公角，大約在陶鑄同類以漸化其偏，宰相之量也。」東萊不曾當過宰相，但確有宰相之量！也是他出生之前的一百年以來，他的先輩、先人呂蒙正、呂夷簡、呂公著，多人多次曾任相位，呂公著曾推薦過胡安定、周敦頤、二程、邵雍、張載，他要兒子呂希哲拜「程同學」爲師，一下子提高了小程的知名度。他們家中有多與這些大學者接觸的家風，而相傳「多識前言往行以蓄其德」，自然有宰相之量，此話竟成爲成語，留傳八百四十七年，未來還會繼續傳。東萊他在麗澤書院講學，張崑將說「麗」是「連接」，麗澤是「兩個湖」中間有水道連接，一湖缺水，另一湖自動給水，確保兩湖不乾涸，令人驚喜。是的，人與人心心相連，如《易》曰：「麗澤，兌，君子以朋友講習。」融會《論語・學而篇》之學習、朋友之樂，此麗澤之志爲搭「橋」鵝湖之會的平日習行。「志」、「習」、「喻」的順序方法，就像陸象山在白鹿洞會講的明白，正是呂東萊麗澤之「志」與「習」而後「喻」的搭「橋」，他對陸象山的思想、文筆很了解，那一年陸象山參加科考，名字密封，但呂東萊一眼就看出「此必江西陸子靜之文」。是的，東萊也研究文學，編了《皇朝文鑑》，收集唐、宋十三家文，成爲唐宋八大家的基礎，他還寫〈古文關鍵〉一文的文學評論，評介大宋的眾文人。

八百四十七年之後的時代，美國是「泰山喬嶽」，中國是「壁立萬仞」，世界形成2G，但少了一座「橋」，弄得世界不安。世界不安，簡單化的講，很多人忘了「橋」！只有二座高山，沒有橋，二大國需要「橋」，需要「鵝湖之會」，世界才能和平，庶民才能安居樂業。

八百四十七年之後的時代，朱子學仍是「泰山喬嶽」，但力主「心學」的「新儒家」宗熊、牟、唐三位大儒，仍是「壁立萬仞」，仍然互相

泰山喬嶽、壁立萬仞，兩高之間有橋（山東泰山，仙人石、仙人橋，呂良遠攝）

試比高？簡單化言之，八百四十七年之後人人仍然需要一座「橋」。人人仍然需要呂東萊在淳熙二年（西元1175年）已經搭起了那座人人需要的「溝通之橋」。

八百四十七年之後的時代，資本主義仍是「泰山喬嶽」，但社會主義也是「壁立萬仞」，雖然蘇聯已經解體，但中國大陸仍然講之「唯物論」，兩邊也需要一座「橋」。「唯心」（主觀的唯心、客觀的唯心）與「唯物」也需要一座橋。八百四十七年以來，地球就是忘了這座「橋」而紛爭不止，我們仍然需要這座橋，鵝湖之會是一座橋。

八百四十七年之後的時代，「義」仍是「泰山喬嶽」，「利」也是「壁立萬仞」，「義」與「利」之間也需一座「橋」，呂東萊主張「天理常在人欲中，未嘗須臾離也」（《東萊博議・卷十一》），在義利之間建橋，開啓浙東實用學派及五百年後戴東原調和理、欲、情的努力，這樣，才不在胡適反對之理學之列。簡單化言之，理、欲、情之間，人人需要一座橋，溝通、平衡理、欲、情。

「經」是「泰山喬嶽」，「史」也是「壁立萬仞」，然亦有經輕史、史輕經現象，呂東萊也搭起一座連通經史的橋，例如他力作《東萊博議》將經史互論，以史實爲基礎，以經論之，並就史和《左傳》作不同詮釋。此種連結經、史的橋，開啓浙東學派如黃宗羲、萬斯同、全祖望、章學誠，有「經世致用」學風，影響深遠。淳熙年間，呂東萊與事功派陳亮（王霸之論）與葉適（這個文人會打戰）皆爲好友，兼容理、心、事功。五百年之後，有顧炎武、顏元講實學、天下郡國利病，也同於呂東萊的「講實理、育實才、求實用」。

東萊通經、史、文學，又想兼容理學、心學、事功學，加上呂氏有幾代的參禪學，於是，引來「博雜」或「駁雜」及「溺於佛」的批評，只因爲他太前衛了，早了八百四十七年，在八百四十七年之後的時代，各種學科更多、更博雜，人們更溺於佛，佛寺比書院多很多、大得多了，甚至金璧輝煌多了。面對這麼博雜的事務，朱熹「主一」的說法很值得參考，年長東萊七歲的朱兄，值得參考。

人人需要一座橋，大儒是，庶人也是，原告被告也是。台灣海峽兩岸的人民更需要一座橋。東萊說，「……世之所謂相反者，無如水火，而其理初未嘗有異……聖人使人於同之中觀其異，異之中觀其同……」、「人之相與，雖道合志同之至，亦不能無異」、「君子須當於異中求同」，七百年之後，大儒錢穆之學也「貴求與人同，不貴與人異」，唐君毅爲學「求合於人，見人之是」，牟宗三融會儒學與康德，皆有「求同存異」，合於鵝湖之會搭橋的目的。可見：自個人、大儒以至於國家都需要一座橋，走上橋好好交流、溝通，才是搭橋之意，就這麼簡單。

搭了一座橋，東萊完成了一一七五年鵝湖會，才一一八一年，呂東萊（祖謙）就辭世了，僅四十五歲，這麼年輕就完成了來宇宙的任務。但這座橋也被論述了八百四十七年，還會持續，其內涵廣遠。人迷路了，找出路，如果不能用Google地圖找路，那就設法回到迷路的地方，再仔細找找，就可能找到對的路（出路），就這麼簡單。淳熙二年的鵝湖之會及其後不久陳亮、辛棄疾的第二次鵝湖之會，涵蓋了理學、心學、事功學，鵝湖之會所搭的橋，就是八百四十七年來迷路的地方，回到那裏，再仔細查找，才能找到對的路。

人人需要一座橋！高如「泰山喬嶽」與「壁立萬仞」之間更需要一座橋！你會感到艱難的是，要在兩座這麼高的高山之間搭橋，需要絕高的技術、資金、資源與機緣。所幸，這座橋已經在淳熙二年搭起來了。回首道來，這座名橋也宜感謝「泰山喬嶽」與「壁立萬仞」，是他們撐起了橋！因爲兩座山很高，所以，橋也跟著高，三人誰也離不了誰，如果離其一，就沒有那麼高，或沒有那麼遠了，有趣啊！思及此，自然便

引起了「敬」與「開朗、開闊」，在這個及那個「不敬的時代」與「不開朗而狹窄的時代」，如程兆熊博士所云。

2、讀費希特「對德意志民族的演講」摘要

二〇二二年六月二十一至二十三日，閱讀費希特（Johann Gottlieb Fichte ,1762-1814）的《對德意志民族的演講》一書（商務印書館出版中譯本，梁志學的長序兼導讀），呂律師摘記若干要點：

1.十九世紀初，德意志被拿破崙打敗，乃在一八〇九年設立柏林大學，第一任校長爲哲學家費希特。

2.在德意志（以普魯士爲主）被拿破崙擊敗及法國駐軍柏林、要求賠款之際，費希特痛定思痛，鼓舞德意志民族的信心，並主張以「教育」改造德意志的國民性，於一八〇七至〇八年做了十四次演講——「對德意志民族的演講」，技巧的批判法國拿破崙破壞革命的理想（理性的自由人的國度），那是「冒著生命危險的事」，有另一教授剛因言論被拿破崙在柏林的駐軍槍殺。這兩天略讀《對德意志民族的演講》。

3.費希特認爲：**日耳曼民族的使命，是將古代歐洲所建立的社會秩序同古代亞洲所恪守的真正宗教相結合，發展出一個新時代，**與業已衰亡的

舊時代對立。德意志人是當初整個日耳曼人的一個部族。只要比較留在原住地德意志民族和遷至他處的日耳曼民族「也就夠了」（意義重大）（P.55）

4.語言分析很重要：德意志人保留本原民族的原始語言，遷移至別處的日耳曼民族則吸收了外族語言並改造了語言（台灣人是否如此？）。（P.56）（這德語的語言分析我就不懂了，在費希特的演講中比重很重、很重要）

5.日耳曼的原始習俗，在某個權力受限制的首腦統治下的聯邦制，而在其他國家政治體制大多按羅馬方式轉變爲君主專制。（P.56）

6.德意志人說的，是由天然力量迸發出來的活生生語言；其餘日耳曼人說的，則是表面有活力但根部僵死的語言，外族人沒有極其艱苦的學會德語，則永遠不能理解眞正的德意志人。（P.68-69）

7.在具有活生生的語言的民族那裡，精神文化影響著生命，有精神，有心靈；因此，**做一切事都很誠實、勤奮和認真，而且不辭辛苦**（哈，像我們在弄鵝湖書院？），爲此，廣大民眾是可以教育的；反之，精神文化與生命各行其道，只把精神文化當作天才的遊戲，沒有心靈，因此作風懶散，隨遇而安，爲此，廣大的民眾與少數有教養的人分離。（P.70、80）

8.現在把我們引向毀滅的弊端都有其外國的根源。（P.80）

9.德意志民族完成了宗教改革，爲舉世矚目的成就（起源於亞洲的基督教，由於它的腐敗更加變得有亞洲氣息，只勸誡默默地聽從和盲目的信仰，對當時的羅馬人來說是陌生、外來的東西）。（P.87）

10.德意志人忠誠、正直、珍視榮譽和簡單純樸、謙虛、團結、和平安寧、和諧一致。（p.98-99、100）；意大利長期混亂、內部紛爭、戰爭、體制和統治者不斷更迭。（P.99）

11.德意志精神當前在德意志人當中已經所剩無幾。（P.101）**外國的那種精神，如今在我國大多數人當中盛行起來**。（P.109）（所以，費希特做十四次演講，希望建立德意志精神信心）

12.對祖國的愛要給國家本身維護**內部和平、私有財產、個人自由和人人生活安康**。（P.128）

13.唯有教育才能拯救我們擺脫壓迫我們的一切災難。（P.173），不依賴其他一切國家，承擔起這項任務。（P.177），

14.生活和思維必須是一個整體，我們必須在生活與思維中合乎自然和眞理，從我們這裡拋棄外來的玩意兒，一句話，我們必須塑造自己的性格。（P.186）。

15.費希特逝世於一八一四年，遺憾的是：他沒來得及看到隔年一八一五拿破崙敗於滑鐵盧。可見政治是一時的，戰爭沒有永遠的勝利，起起伏伏，和平理性符合人性的共和才是長久之計。費希特一度以法國理性共和爲「祖國」的

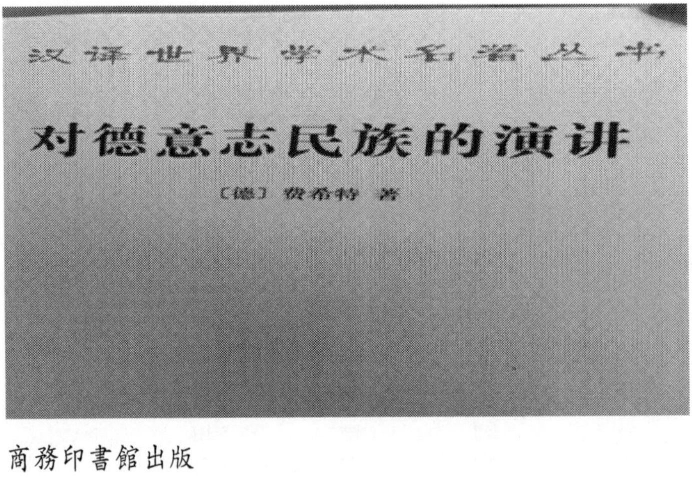

商務印書館出版

世界主義，因拿破崙戰爭而走回民族主義，但我們還是不能忽略他的理性自由人（國）、和平的世界價値觀（本文不知如何，序號自動亂了，非我所能控制，宇宙間有什麼神奇力量？）

3、兩岸關係札記：憲法一中（趙春山）

淡江大學中國大陸研究所榮譽教授趙春山在二〇二二年十一月七日聯合報A13版〈台海氣候多變，馬習會如過眼雲煙〉一文結尾述，「……在馬政府時期，我因負責智庫工作，多次拜訪時任對岸國台辦主任的王毅。當時他給我的印象，非如現在外界形容的對台鷹派。記得王毅曾提出『憲法說』，我也認爲兩岸若以各自法規定義『一中』和『兩岸同屬一中』的問題，則兩岸就能營造『和平共存』的氣氛，來進行一場『和平競賽』，至於最後能否產生『和平過渡』到『和平統一』的結果，那就看兩岸時勢的走向了」。（2022、11、7聯合報A13版）

上文提到「王毅的憲法說」值得注意。如果屬實，則台灣——尤其當局沒去注意「憲法說」就太遺憾了。大陸對台學者李義虎教授也主張「一中二憲」及從聯邦、憲政基本權的角度來論兩岸關係。其實，台灣的中華民國憲法也是「憲法一中」，唸台大法律的執政者，大概也應該看得懂憲法。記得謝長廷先生也曾主張「憲法一中」。

A13 民意論壇

聯合報

台海氣候多變，馬習會如過眼雲煙

名人堂

趙春山

陸青年紓壓 拜佛成新潮流

影武者亂入 竹市新三腳督

（附錄）領袖？與難民？

他把各國領導人都畫成了難民，卻感動了所有人！

https://mp.weixin.qq.com/s/hk4Ln0cR5TmlleVVHEPM FQ

人生沒有得意和失意、讓領導人體會一下用謙卑的心當難民的心聲，這是一副敘利亞藝術家作品，現被收藏在紐約！

細細品味每一句話。

4、觀察兩岸學者滬浙辦座談熱議一中各表／趙建民教授的見解與觀察

二〇二三年六月二十五日「中國時報」之「旺報」版有一篇報導，「兩岸學者滬浙辦座談熱議一中各表」，引起呂律師的注意：

（台灣）文化大學社科院與上海東亞研究所，六月二十三日在上海舉辦「當前兩岸關係的癥結及如何再創新局」的閉門會議。文化大學社科院院長趙建民受訪時表示：在會上拋出既然要大陸官方公開呼應「一中各表的九二共識」不切實際，「大陸學者能不能做這個動作？」對方（大陸學者）說沒問題，故初步討論未來在香港辦研討會共商一中各表，「對方反應非常正面」。趙建民表示：北京不可能滿意一中各表，就如同不滿意美國的一中政策，但作爲超級大國的美國，也未要求北京公開接受「美國版的一中政策」，簡單說就是異中求同，「台灣人不會學學美國的外交手法嗎？」，美國對中美雙方的政治基礎「一中政策」不斷附加內容的手法（從〈台灣關係法〉到〈六項保證〉，現在又加上台海和平穩定，北京也

未公開認同美國的一中政策），台灣應該學習。台灣總有人要把九二共識搞死，老是有人指一中沒有各表，但大陸學界彈性，對方說當然沒有問題，官方更沒有公開反對。大陸要尊重我們自主空間，再加上若干內容，就像美國一樣。（以上完全參照二〇二三年（民國一百一十二年）六月二十五日（台灣）中國時報「旺報」版）。

呂律師另觀察到大陸學者李義虎數年前就著有專書中主張「一中二憲」，並引坦桑尼亞有「大陸及島二部分及二總統」的案例，相當於「一中各表」，一本值得重視的著作、可以作為「大陸學者有彈性」、「當然沒有問題」的另外佐証。呂律師也觀察到趙建民教授的苦心引美國對「一中政策」不

兩岸學者滬浙辦座談　熱議一中各表
美報告：無證據表明新冠源於武漢實驗室

斷附加內容（也是一中各表），旨在努力說服「台灣人」，有許多台灣人說一中沒有各表旨在「搞死」九二共識。

5、寒山碧：「中華聯邦政府芻議」引起的遙遠回憶

談今年馬來西亞大選，台灣呂榮海律師回應我的貼文時，提到他最近讀了我一九八〇年的《關於建立中華聯邦芻議》。其實此文不是寫於一九八〇年，而是寫於一九七九年，刊於是年五月十日出版的《東西方》上。

呂榮海律師是台灣版權法的權威，是台第一本版權法的著作者，時任天元出版社和李敖出版社的法律顧問，我們就在那個時候認識。一九九〇或九一年間，呂律師來香港開會，我與內子請他到會展中心一間有海景的酒店吃晚飯，他攜來女伴是當時還是靚妹仔的梁美芬。梁美芬是《百姓》作者，我知其名，其時她好像還在北京讀中國法律。一閃幾十年就過去，我與呂、梁兩位都沒有機會再見面，只是最近才在臉書上與呂律師聯繫上。

另一事是我根本不記得自己曾用「鍾麗姐」這個筆名，我把此文收入《從中西文化探索中國之出路》時，也沒有注意原來的署名。「鍾麗姐」

用煲冬瓜讀，就是「中立者」，記憶靠不住，白紙黑字重要。（原載FB，經寒山碧同意轉載）。

呂榮海：時間過得真快，找個機會來討論此文。梁現在是議員？好久沒久沒聯絡了。

寒山碧：是親共議員。

呂榮海：喔，士別三十年，得意了！我們台大法律也有學妹當了總統。

一九九〇年左右，因中文大學翁松燃教授主辦港、台、大陸法律研討會，可能在研討會認識梁女士。她是香港人比我熟香港，可能她年輕幫我「帶」路，路不熟，我可無能力「攜」來女伴，哈哈。

感謝你對我的事還記得這麼多，我比你

年輕，細節都忘掉了，可見你身體好精神好。可喜可賀。

此短文可以引用注明出處嗎？

寒山碧：可以。梁美芬是中文大學畢業生。

呂榮海：最近你寫的《鄧小平傳》會比較好賣吧？你有計劃再寫「後鄧小平」嗎？應該寫的。

《宋元學案》這部書四冊，前天舉辦《鵝湖民國學案》首部新書發表會，遺忘在會場，今天來取。

6、「一中二憲」、「一中三憲」

大陸學者李義虎也主張「一中二憲」、「一中三憲」。

大陸官方對兩岸關係的陳述，三十年來不變，毫無新意，也無助於解決問題。又，我們一直認為大陸學術也一直跟在官方的口氣的老調，較無自由、創意而不想看。但最近偶然看到李義虎的論述，有些新義及突破，余特整理如下：

「……可由雙方予以認可，承認一國二憲的客觀現實。其後，可通過兩岸談判協商，或通過兩岸修憲，或一國三憲，形成兩岸共享的憲法性文件。現有的兩憲並存……，無論是初始的一國二憲，或者在此基礎上形成一國三憲……，還是其他任何兩岸能夠達成一致的形式都是可以的……」（李義虎，《一國兩制台灣模式》，人民出版社，P.204）。

這樣的論述，具有眞知卓見，中華民國還在，符合台灣人民的情感，也面對現實。

台灣黃光國教授、張善政、謝長廷也贊成一中二憲。

7、坦桑尼亞模式（大陸「坦噶尼克」、海島「桑給巴爾」）可否作為參考？

承上一篇，李義虎介紹坦桑尼亞聯合共和國的例子：該國由「大陸」之「坦噶尼克」及「海島」之「桑給巴爾」組成坦桑尼亞聯合共合國。依

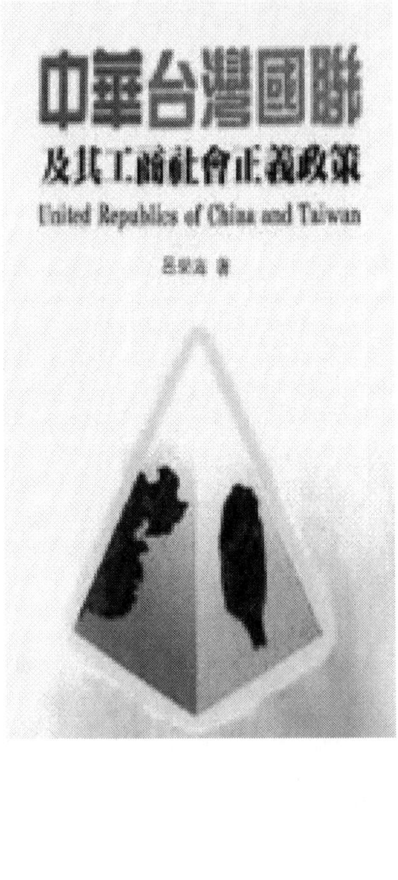

照憲法規定設立的聯合共合國憲法法庭，由雙方按照平等代表權原則組成，成員一半由大陸人士、一半由「海島」桑給巴爾政府從桑給巴爾人士中任命，解釋和執行聯合共和國的爭端。（P.205、206）

「二〇〇九年胡錦濤訪問坦桑尼亞聯合共和國，會見聯合共和國總統後，還要會見「桑給巴爾」總統」。（P.207）

倒是，我們台灣一向只研究歐美、日本先進國家的東西，不會注意到坦桑尼亞，不知其情況後來如何？

8、大陸有學者也從憲政及保障個人權益為核心看兩岸關係

「現代意義的憲政，是通過一種法律形式下的國家權力安排，對國家權力的濫用加以約束，以實現個人權益的保障」（p.215）。「憲政體系對台灣所有的權力進行全面保障，有助於消除台灣民眾的疑慮……」（P.216）；「分權制衡理論在人類政治文明發展歷程中，具有一定的積極作用，在防止權力濫用方面行之有效，但其局限性則是權力之間缺乏必要的協調，權力運行效力低下。但是，我們不能因爲其局限性就完全否定其對我國憲政體系建構的借鑑意義。對個人權益和個體性的保障，在整個憲政制度的框架之內居於核心的地位。憲政主要是通過限制政府權力，實現這種保障，而對政府權力的限制經常體現在權力運行過程中，權力相互之間的制衡上。落實到中國問題上，不能諱言，我國憲法以往對地方自治、公私權界限的劃分不夠重視，公民權益需要得到進一步的明確和保障」（P.217）。

「……實現對國家權力運行中限制和規範以及對個人權益的保障，成

就一個強大的憲政國家，即使沒有台灣問題的存在，這些也是我們所追求的，事實上對台灣問題的根本解決，也與此同一路徑……」（P.221）。

「……使兩岸關係的發展更具有可預期性、穩定性與可控性……」（李義虎，《一國兩制台灣模式》，P.223）。

呂注：以上李義虎主張：

1.大陸以眞正實施憲政，限制政府權力、保障公民權益，消滅台灣人民疑慮，吸引台灣人民的認同（有道理）。

2.另一面似乎也有以台灣問題來促進大陸實施憲政，限制政府權力，保障公民權益（台灣的價值與影響力）。

3.以上二者互動，相互作用。

4.可見「一國兩制」也有許多不同的內容，宜精確研究其內容、精神，而不宜「望文生義」反對或贊成。

9、大陸有學者從「聯邦成分」看兩岸關係

天下紛紛，利用周末空檔時間，讀讀大陸學者寫的書，記一點重點筆記：

1. 李義虎

「……在國家結構形式中，加入聯邦制的部分合理要素，應是值得思考的……」（P.204）；「……與台灣不再是單一制下中央與地方的關係，也不單是聯邦與區域政府的關係，而是貫徹了聯邦分權精神的準聯邦關係，這種形式有些類似坦桑尼亞聯合共和國，（大陸）坦噶尼克與（海島）桑給巴爾（台灣譯成桑吉巴）的關係……」（P.205）。

「……汪道涵先生曾說：一個中國並不等於中華人民共和國，也不等於中華民國，而是兩岸同胞共同締造的統一的中國。因此，未來台灣地區的稱謂，以及國名的確定，也都是兩岸可以進行討論的議題」（P.207）！（以上，張義虎的論述）

2. 王貞威

王貞威：「……國號可稱中華聯合共和國（The United Republic of China）（呂注：爲什麼不是Republics?），兩岸聯合後、台灣還是可以繼續使用中華民國旗幟」。（李義虎，前揭書P.206）（香港中國評論，2011年二月號）（另參，范宏云，《國際視野下的國家統一研究》，廣東人民出版社，2008年）

拍自網路

10、大陸學者李義虎值得注意

大陸學者李義虎也沒有否定中華民國：

「……中華人民共和政府和從南京撤退到台北的中華民國政府，都宣布自己是全中國的唯一合法政府，大陸堅持台灣是中華人民共和國的一部分，儘管未能治理台灣；而台北的中華民國政府堅稱大陸是中華民國的固有領土，卻未能恢復在大陸的統治。在法律層面上，中華人民共和國憲法明確規定，台灣是中華人民共和國的神聖領土的一部分，而一九四七年頒行而且沿用至今的中華民國憲法規定：中華民國領土非經國民大會之決議，不得變更之（呂注：憲法增修條文第四條第四項改爲：立法院決議替代國民大會並經人民複決），大陸依法是中華民國的一部分。」（李義虎，《一國兩制台灣模式》，P.90）

11、不敬的時代、不開朗的時代、歧見嚴重的時代／人人需要一座橋

讀程兆熊的書《大地人物》（理學人物之生活體認），得到頗大的啓發：

程兆熊斷言：南宋是一個「不敬」的時代，也是一個「不開朗而狹窄」的年代。如「泰山喬嶽」的朱熹言「敬」，如「壁立萬仞」的陸象山言「宇宙」，爲時代提供了「敬」與「開朗（闊）」（程兆熊，《大地人物》）。

未見程說原因，我想：朝廷腐敗在靖康之難後竟殺掉岳飛，當然很多人「不敬」，又時時受金兵、蒙古人的威脅，當然「不開朗而狹窄」。它更是一個有嚴重歧見的年代，主戰？主和？

當前也是一個「不敬」的年代，如于兄不敬緣也不敬馬，名嘴、電視、網路、line 群組互相叫罵批判，互爲不敬。當前也是一個面臨大陸鷹派威脅、中美衝突而「不開朗而狹窄」的時代。當然，更是一個有嚴重歧

見的年代。

如之何？還好本群有一個蘇子敬……，高山行、鄉鎮行也能使人開朗而不狹窄。程兆熊喜高山行，著《高山行、山地書》等四本書（由華夏出版公司於二〇二二年再版），主張以「立體思想」替代「平面思想」，有「開朗而不狹窄」之效。再讀朱子書及象山書，他們說「涵養須用敬」、「吾心便是宇宙、六經注我」的開朗而不狹窄！還有善於求同存異的呂伯恭，他邀請鵝湖之會，搭起一座溝通的橋，人人需要一座橋，依天理客觀溝通世人這麼嚴重的歧見。

東華：本文將放在《民國學案》嗎？將「蘇子敬」與朱熹言「敬」比擬，則蘇子敬必可如李白詩「汪倫」一般，留名後世！至於「于兄」就只能以姓留傳了！

周隆亨：榮耀與喜樂，分享與愛，藝術與生命

Joyful and Glorifying

Sharing and Loving

in Art and Life

一顆自由、喜悅與充滿愛的心，內心富有，

灰塵心漂浮於宇宙，無遠弗屆。

注1：吳草盧日：陸子有得于道，壁立萬仞。（《宋元學案》、《象山學案》）

注2：「涵養須用敬，爲學則在致知」（朱熹、呂祖謙編，《近思錄》）。

12、正義論與「鵝湖之會」

正義的最後根源本於每個人的良心。由於世事複雜，多數場合必須借助知識，才能發現正義。但如果沒有良心，知識反而是抹黑良心，增加正義成本，成爲「說謊」的工具，而形成表面上淘淘雄辯，在議場、法庭上或大街上、報紙上，我們常常看到這種辯論。

說到良心、正義，頗爲抽象，每個人的認知可能不同。但沒有關係，初時，我們只要把握良心的感覺和方向就可以了，並且常常記住：是否將別人當作人？是否做到「己所不欲，勿施於人」。如果對於良心、正義一時模糊不清，必須多看、多聞，增廣知識，以突破迷障。

爲此，人人必須看清正義的系譜複雜，犬牙交錯，因而，承認知識的功能，認眞聽取不同的意見，以價值相對主義看待一切不同意見，並以良心降低整合不同意見的成本。

不過，如上所述的「應然」，面對刻意昧著良心的「實然」，可能暴露脆弱、沒有戰鬥力的弱點，不過，我們相信，這只是一時的，昧著良心，反正義，終將遭到唾棄。

面對正義的爭議，我們往往不易看清怎樣才是正義。可能我們知識不夠？為此，信賴正義的「代理人」，也是方法之一，律師、民意代表、政黨、媒體都可能是「代理人」，於是又形成哪位代理人有正義感的問題，甚至形成代理人戰爭。

「知識」相當於程朱理學、「良心」相當於陸象山的「心學」，我到了二〇〇九年參加朱子之路，到了江西鉛山縣的鵝湖書院，才得知西元一一七五年呂祖謙邀集朱熹、陸九淵兄弟「鵝湖之會」，意圖融會「理」、「心」，乃有「得道」之感。

13、「團結」的修養與「異中求同」

批評人或事（甚至罵），有實現理想的正面效果，也有樹敵的負面效果；在批評以前，應審慎評估正、負效果。通常，負的效果一定會發生，但正的效果不一定會實現，因此，批評必須謹慎。

對事不對人，負的效果比較小。

在一個團體茁壯以前，應盡可能不樹敵，期望愈多的人可能幫助我們。這樣，團體才會有前途。

與其捲入人物的是非，不如努力探尋人民的眞正需求是什麼？努力思索理想的國家、社會藍圖是什麼？

我們應以前瞻的眼光和同情心，設想三十年後的台灣、中國及世界環境，搶先站好位置，等待潮流奔向我們。

一個團體在共同理念下，對於實現理想的方略、路線應隨時保持兩個，分團進行，異中相惜，自由而團結，如因其中一個路線失敗，還有另一路線可資維持。切記：不同路線不是鬥爭，而是爲團體的繁榮而「合作」，如果成功，也是大家的成功。「鵝湖之會」的宗旨是「天理」、但須知「理一分殊」，而力行「異中求同」。

14、黨派之爭與合作

一九九〇至二〇四〇年，各黨各派正朝分離的歷史方向在走，我們特別深刻體認到，整合才是台灣、兩岸求生存、適應兩岸局勢及復興中華的正確方向。整合的方法，首先應改變攻擊其他黨派的缺點，而嘗試去發現其貢獻。固然，國民黨具有金錢政治、曾一黨專政及缺乏社會正義的缺點或包袱，但它也曾維持過較共產大陸爲佳的工商業環境；民進黨雖因台獨的主張及一度缺乏公共政策而使許多國感到不安，但它也曾對打破一黨專政、結束威權體制，做出貢獻；共產黨雖曾過度反商、一黨專政，但也基本解決了廣大農民的溫飽問題並使國家強大。

期待新一代的政治家應以整合的胸襟，誠摯肯定各黨派曾經做過的貢獻，並提出適應新的世代的正確政策，彌補各黨派目前及未來的不足，促使大家眞正來解決社會問題。謝長廷先生曾提「共生哲學」及「憲法一中」，黃光國教授、大陸李義虎教授也曾提「憲法一中」、「一中三憲」，也有「共識」！爲此，希望與認同發展工商、落實社會正義法治的各黨派人士，精誠合作，共同追求人民之幸福。俄烏戰爭、中美對抗之後，讓大家聞到戰爭的恐懼，和平，奮鬥，救世界。

「天下事，必有對。盛者，衰之對；強者，弱之對」（呂祖謙．《易說》）

張載《正蒙．太和篇》：「……有象必有對，對必反其為，有反斯有仇，仇必和而解」。

15、茶專賣法律／和平與商業活動／呂夷簡罰俸一個月

一本舊書茶一杯，今天依然飲茶趣；
沈括夢述茶專賣，古今公營無效去。

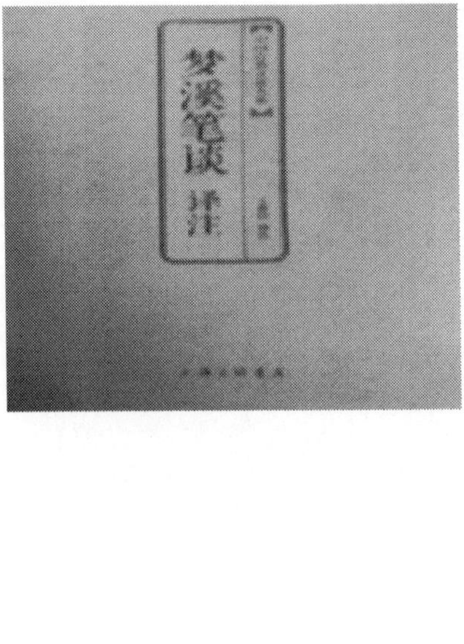

沈括《夢溪筆談》中詳述了乾德二年（964）到嘉佑四年（1059）百年間茶葉專賣制度，法令改來改去，「茶利盡歸大商，官場但得黃、晚惡茶，乃昭孫奭重議，罷貼射法，主管發配沙門島，樞密副史張鄧公（士遜）、參知政事呂許公（夷簡）罰奉一月，三部副使各罰銅二十斤。至嘉佑四年，罷茶禁……」（《夢溪筆談》）

今天能夠自由喝茶，太幸福了。當年呂氏宗親呂夷簡副首相爲了茶事，還被罰俸一個月呢。

《夢溪筆談》在另一篇「陳恕改茶法」中載，「世稱陳恕爲三司使

（財政部長），改茶法，歲計（稅收）幾增十倍；余爲三司使時，考其籍，蓋自景德中北戎入寇之後，河北糴便之法蕩盡，此後茶利十喪其九。恕在任，值北虜講解（和談），商人頓復，歲課遂增。雖云十倍，考之尚未盈舊額。至今稱道，蓋不虞之譽也」（《夢溪筆談》）。

原來，宋和契丹（遼）的戰爭，使商業活動歸零，政府稅收減少。後來雙方大和解，不再打戰，商業活動「頓復」，稅收又大幅增加，雖說是增加了十倍，但

仍然未恢復到原來的數字。

可見和平對商業活動、經濟活動、政府稅收的重要性……，我們深深期待兩岸和平、東亞和平、世界和平。

16、愼大、持勝

去年十一月二十四日選舉後，勝選的人宜「愼大」，勝固不易，「持勝」（持續）勝果更難。唯「有道之主能持勝」，《呂氏春秋》這樣勸戒常勝的秦王：

「……凡大者，小鄰國也；強者，勝其敵也。勝其敵則多怨，小鄰國則多患。多患多怨，國雖強大，惡得不懼？故賢主于安思危，于達思窮，于得思喪。周書曰：若臨深淵，若履薄冰。以言愼事也。……勝非其難也，持（續）之其難之也……唯有道之主能持勝。孔子之勁（力氣）舉國門之關，而不肯以力聞。墨子爲守攻，公輸般服，而不肯以兵加。善持勝者，以術強弱」（《呂氏春秋．愼大覽．愼大》）。

可惜，秦始皇、二世沒有智慧「持勝」，不久之後就滅亡了。

美國、中國是當今大國或看似大國……宜「愼大」吧？期待能好好解決貿易衝突，不要再以國家力量封殺企業（例如：華爲……）、製造經濟壁壘的無形「柏林圍牆」。

第十二章　新冠肺炎Covid19災後餘生及其省思

1、辛丑年打新冠病毒疫苗紀

1.七月十三日下午3:50，剛剛打完莫德納疫苗。

等三十分鐘中，一周前我還在「抗拒打疫苗」中，所以也沒有去「登記」，也沒有參與許多群組中太多這一陣子「罵政府」及「爲政府辯護」的事，沒想到村長、鄉公所就主動發來打疫苗的種類、時間、地點的通知單，得了這個「被動收入」，我也做了「順民」。打疫苗前，我有一點點風蕭蕭兮易水寒的心情……，只是沒有那麼嚴重，想說不至於壯士一去兮不復還吧，但是我是擔心十至二十年後可能有什麼不良反應，這是專業也不是很懂的問題，哈，我還想活那麼久。

2.打疫苗後十一小時

七月十三日，15:50打莫德納疫苗，手臂微痛、想睡而早睡早起，晨二時多醒來，其他尚可。喉嚨有一點點輕微的感覺狀況（可能冷氣的關係），不過它是打之前就有的，但因爲打疫苗使我不敢亂吃藥治喉，心中想說把打疫苗時送的三粒普拿疼吃了順便治喉，但還是沒有行動，認爲盡可能不要影響疫苗的運作，至少再延一點時間看看，反正喉嚨也不嚴重。

晨，看了一點齊邦媛教授的演講視頻。齊教授勤奮活動一生，開創台大外文系、向外國介紹台灣文學，豐富又精彩！齊教授伴隨著中國九一八事變入關內、抗戰，完成初、高中、大學外文系，一九三六年到台灣、入台灣大學外文系，生命力旺盛、不忘讀書，功力深厚，又長壽！經歷「少林」（大陸）、「武當」（台灣）、「峨嵋」（世界）的源流，傑出弟子甚多，桃李滿天下，我稱它爲「張三豐型」的人物。

3.補眠/打疫苗後十八小時

我於晨四點多又回去補了一個眠至八點。精神轉好，打疫苗的手臂也比較不疼了。只剩下一點點感覺。還有一點點「頭皮發麻」的感覺。

4.打疫苗後二十六小時

我打疫苗的手臂微痛，第二天（第二十六小時後），已經差不多好了。打疫苗前已有的喉嚨微痛感已經好了。

下午和客戶約好通了電話，討論、決定某個智慧財產權案件的下一步行動及律師費用。

5.七月十七日

有微微精神不振、頭昏的感覺。但是否何因，不得而知。

6.七月十九日（第六日）

今天右大腿稍疼痛，我想到打疫苗，不知道是否有關？昨天下午起精神不濟，睡好一晚，已好。

7.七月二十日

昨天休息一天未勞動後，今天右大腿的痛感大部分都好了。

2、呂律師辛丑紀事之十。疫苗胡思亂想？／為王澤鑑教授作演講視頻

到今天（十一月二十八日）爲止，我還沒有打新冠肺炎疫苗第二劑（曾於七月十三日打莫德納第一劑），因爲我懷疑打疫苗是否可能會有「後遺症」？因此，我去衛生所申請延後。所謂「延後」，也沒有什麼人「同意延後」，衛生所的人說：「看以後還有沒有疫苗。」（看著辦）。

到了十一月下旬，衛生所打二次電話給我，問我「明天要不要來打？」，有一次因爲「明天正好有事」，沒有辦法。第二次則約好十一月二十九日去打第二劑莫德納。

我一生很少就醫、用藥，其實，我心裏仍有疑慮。但在這麼強大的「社會心理壓力」下，我自己好像也沒有那麼強烈的抗拒力拒打第二劑。

假如這世間眞有那種「惡人」存在，那會很慘？對年輕人更是！希望只是我「胡思亂想」而已。

十一月二十九日下午打第二劑莫德納疫苗。至三十日中午，感覺身體

體力不佳，左手臂打針處疼痛，夜晚睡覺不便左躺。

蕭新永詩曰：

熙熙攘攘衛生所，二劑老莫來伺候。
一針下去病毒消，出來還是龍一條。

林正明：十一月二十九日，留倉多單。利機，點序，笙泉，萬泰科，嘉晶。留倉空單，中天。合一二十八日美國送件需補資料，今天開小跌，立即小賠停損，空中天倒賺回來。

呂榮海：這兩天在「胡思亂想」中，花了七小時製作王澤鑑教授二〇二一年十月二十二日在澎湖地方法院演講的短片。他眞是一位成功的法律學者，短片中有五項他的「成功方法論」。

王澤鑑教授在澎湖地院演講摘要：1.判例學說研究。2.案例是學生學法律的好方法。3.擔任重要職務更要努力。4.手不釋卷、善用時間。5.好的案件所遇得人及法官的職責（2021／10／22）。

3、煉丹養肝、抗疫大作戰

四兩藥材加十八碗水，大火燒滾後，再用小火煉三個小時，再加冰糖。

開始操作煉丹保肝，不知道會不會成功？已經一小時，藥材的顏色出來了，氣味也飄出來了，但再兩小時會怎樣？水是否會乾光了？太多太少？此後人生開始試驗各種藥材，保肝、抗疫？緩三高、防痴呆、抗糖尿、保腎……，昔儒者顏元（習齋）、呂晚村皆同時懂中藥草。

養肝茶燒了兩小時五十分鐘，只剩十分鐘，看起來是成功的，水量剛

兩小時五十分鐘後

好、顏色好、又有香氣。

感謝弟弟呂良博的推薦。可惜我們老家常用的「白花仔草」因爲環境變遷，現在不容易找到，它是我父親常用的降肝火、止洩的良藥草。

4、微解封什麼意思？看《論語》／微軟

疫情由五月中旬起到七月十二日三級防疫，七月十三日至七月二十六日改爲「微解封」，什麼意思？沒有解封、適度放寬。

孔子說「微管仲，吾其披髮左衽矣」，就是說「如果沒有管仲，我們會被異族統治、改穿異族衣服」。「微」就是「沒有」的意思。哈哈。這是我在群組看到蔡英文的台大法律系楊同學傳給我的，令人一笑。

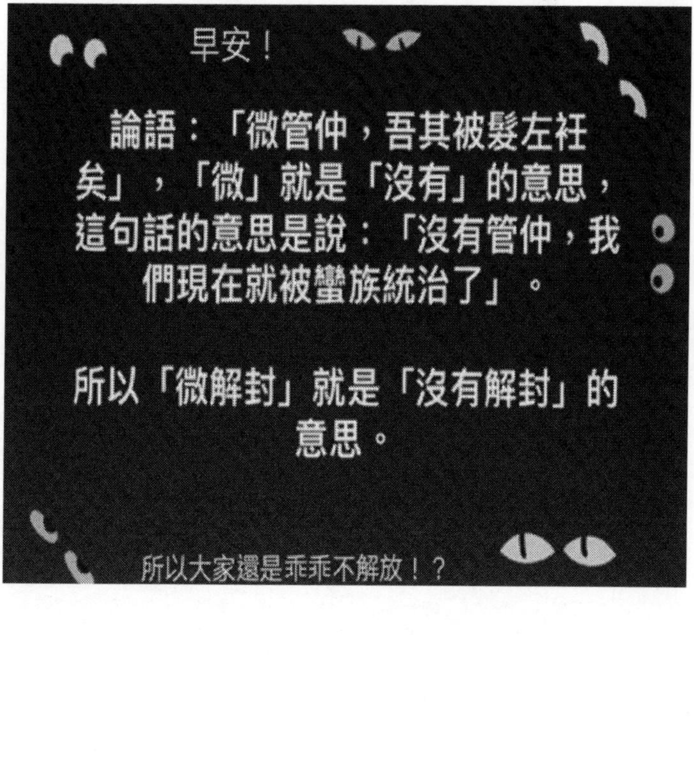
早安！
論語：「微管仲，吾其被髮左衽
矣」，「微」就是「沒有」的意思，
這句話的意思是說：「沒有管仲，我
們現在就被蠻族統治了」。
所以「微解封」就是「沒有解封」的
意思。
所以大家還是乖乖不解放！？

陳熙煬：@呂榮海 哇哈哈！你還眞會考古呀！有意思，就不知道提出這微解封的人，知道不知道這個典故？

呂榮海：一定不知。

老查競傳：終於幫比爾蓋茨解套了！當年就有很多人質疑他把公司的名字叫微軟（Microsoft）是他某個器官的形容，現在他可以大聲說根據《論語》，Microsoft是沒有軟的意思（Dancing）（Dancing）（Dancing）。

陳熙煬：看了以後我「微微」笑呀！（負負得正）哈哈哈！

許文彬律師、**蕭新永**分別提出：

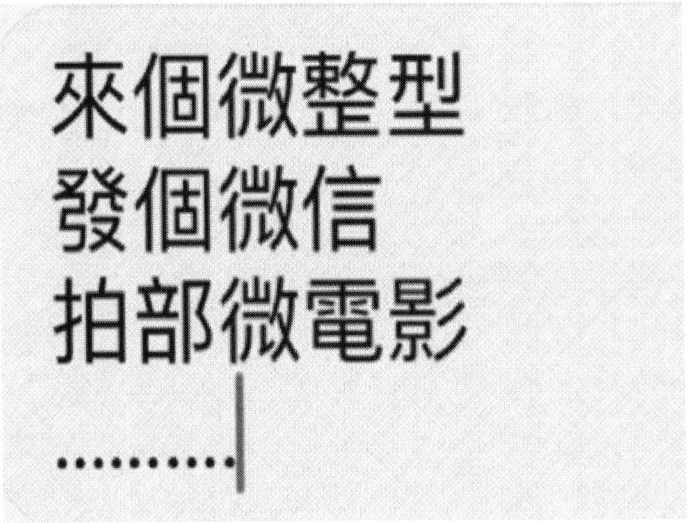

范仲淹〈岳陽樓記〉末句：「微斯人，吾誰與歸？」此「微」字，也是「沒有」的意思。

陳祖媛：看來WeChat的中文名字有趣了… 微信

呂律師：哈，編入。

那「微風廣場」百貨呢？有風還是無風？

陳祖媛：重點是風這個字應該是瘋，進去這個廣場就瘋shopping。

5、疫情帶來對五百年來工商業化、都市化、全球化文明的反思

二〇二〇、二〇二一年的新冠肺炎疫情，帶來對五百年來文明的反思。此時，需要哲學家、思想家。包括：

1.對工商業化的反思

以工業化爲本的工商業襲捲全球，把農業社會的亞洲也逐次工商業化。爲了生存競爭，不能擋也擋不住。爲了效率，必須「集中生產」、「集中管理」。但現在也有企業、甚至也有醫院有人確診。爲了防疫，現在也有「居家上班」、「線上辦公、線上上課」的趨勢。

田園風光

2.都市化的反思

農業是「面」的種植，配合工業化的都市化則是「點」的群聚（頂多是工業帶的「線」聚）。如今，疫情因「群聚」未保持「社交距離」而傳染，人們宜思考「反都市化」，離開都市，往空曠的鄉鎮居住，比較安全。

3.全球化的反思

工商業化導致全球化（全球市場），如今疫情導致出國不便，大大地改變了全球快速流動的格局。

鄉居：疫情中的世外桃源／五百年來工商化都市化文明的反思？／步行200個鄉鎮之47

6、疫情，平安就好／懷念母親，自己縫補衣服

1.五月初疫情又嚴重起來

二〇二一年四月下旬、五月初，台灣的疫情又嚴重化，桃園諾富特酒店有二十六人染疫（至五月四日止），涉及數個家庭。他（她）們又在嘉義、雲林北港、中壢趴趴走，頓時台灣又緊張起來，再加上國際上印度每天有三十萬人以上染疫，大家壓力很大，於是「鵝湖民國學案」團隊決定取消五月四日的「歡聚活動及學案春季號的發佈會」。

五月四日活動取消

鵝湖之友五月四日歡聚會及民國學案辛丑春季號「移民滄桑史」報告

一、時間

五月四日14:30-16:30

二、地點

J&M Coffee（台大校園內，次震宇宙館B1；近辛亥路建國南路交會處入口進台大校園內）

三、費用三百元（參加人自用咖啡飲料點心）

四、報名接龍

1、呂榮海律師

2、賴俊鵬主編

3、黃志卿

4、蕭新永

5、許瑞峰

6、范揚隆

7、洪文東

8、許文彬律師

9、魏秋和

10、

11、

《鵝湖民國學案》二〇

二一年春季號

2.今天種了十三棵地瓜

因爲五月四日號的活動取消了，我就在彰、雲多停留數日。在這疫情緊張時期，覺得平安就好！下午帶著十三棵地瓜（番薯）的種苗，到土庫「鵝湖農場」去種。完成了，但不知道能否活幾棵，群友皆言「容易」，但地質不好呀。工作中，我用我的方法，用小拖車、土盆拉了二盆土各拉七十公尺，汗流浹背。用土稍

稍改良了土質。種好後，再用水桶去提水灌溉，好不辛苦。還好，量不多，每次做一點點，只要有長遠目標，就能夠有進展，我們從小不是唸過「愚公移山」的故事嗎。今天順利的達成目標。

3.念母親：我會自己縫補衣服

在林木中行走，不慎勾破了衣服，不想現在就丟了它，因爲我還需要在林中走動，還需要用到這一件平凡的上衣。今晚我準備了針、線動手縫、補好了。

嘿！我會縫、補衣服呢！雖然水平不怎樣，但

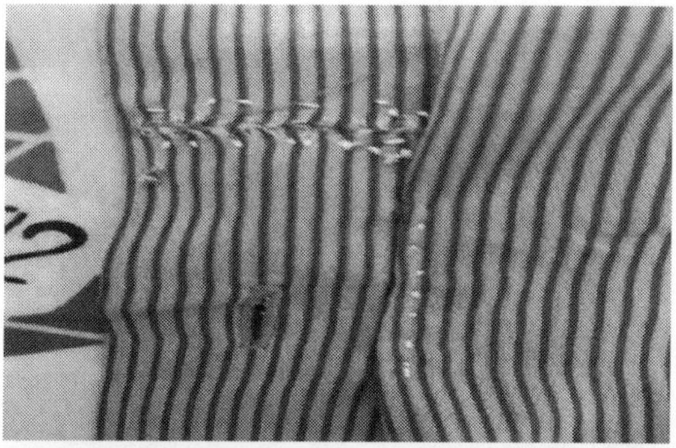

在我心中它已經完成了。我就把自己能動手照顧自己當作懷念母親的母親節禮物吧。年幼時母親農忙，那時我就開始學著她補衣服的樣子，學她縫補衣服，我偶爾自己也動手爲自己修補衣褲，雖說我資質駑鈍，補衣服的水平不怎麼樣。

7、杯弓蛇影？新冠肺炎？

這三年來，不少與我同齡甚至更年輕的友人逝世，令人深感人生無常，也感覺這幾年「這條船」載去天國的人比較多，爲什麼？

有一個成語叫「杯弓蛇影」，意思是不是蛇但感覺是蛇，一直想它會對思慮甚至健康造成不良的影響。

我們是否不要再長時間「杯弓蛇影」了，我們不敢說新冠肺炎、疫苗像「假蛇」，但我們還是少看、少思慮這些事情吧。多接觸正能量、健康快樂的事物吧。

8、呂律師辛丑年歲末隨想／還是健康活著就是賺到

1.辛丑年初為客戶回收人民幣七百萬元

熬了三年多，終於有成果了，辛丑年初爲台商客戶實際回收七百萬元人民幣的應收帳款入帳。它是庚子年二〇二〇年十二月十八日在福建漳州法院調解成立，而於辛丑年年初入帳。此案的成果，應該感謝福建福州的嚴鋒律師，我們自一九八八年就建立友情及業務往來，逾三十多年。在庚子、辛丑年新冠肺炎疫情時，兩岸因疫情而往來不便，但我們隔海仍有合作「成果」，有點「福氣」加運氣，這是大家善益、善良合作的成果。兩岸很複雜，只有友情、信任、善意、通力合作，才能成功。感謝客戶的讓步約三成多，也感謝福建某大公司願意解決，還有漳州法院法官的認眞調解，總算有解決問題了。還有福州嚴律師的正派與努力，以及收費實惠絕對值得。

2.我還健康活著

這兩年活在新冠肺炎疫情中，心理壓力很大，隨時有染疫、快死了的感覺，不便出國、參加餐會，我就盡可能往彰化鵝湖書院的鄉間走。至辛丑年末，仍然健康的活著，感覺慶幸。

3.發願步行兩百個台灣鄉鎮

爲了想健康的活著，再加上不便出國，庚子年起我發願計劃步行兩百個台灣鄉鎮，用腳愛台灣，至辛丑年末我已經步行了八十二個鄉鎮區。也許再三年可以完成兩百個鄉鎮。

步行以後，以前常有的「腰酸背痛」，基本上已經離開了我，只有擔心天氣冷時腳會冷，心臟不夠力，要注意身體保暖。

4.著手寫了五篇社會瀑差價値及兩百篇《鵝湖民國學案》短文

這兩年和大家合作編著《鵝湖民國學案》，大家共寫了一千篇以上，我很佩服大家的合作，感恩，有同好眞好。我自己也寫了兩百篇，包括五篇思想性的「社會瀑差價值」，可以預見一顆東亞的思想家巨星已經升起，哈哈。

5.也是貨幣寬鬆政策

這兩年美國採取貨幣寬鬆政策，印了好幾兆美元。我也採取了貨幣寬鬆政策，我覺得「房地產合一稅制」大不利於庶民以不動產儲蓄，至於應對大戶如何如何是另一個問題，現在的制度連庶民也被打到，也喪失大半庶民以不動產參與社會瀑差價值及參與經濟流動的機會。我只好轉入股市，但大盤已高至一萬八千兩百點，很沒有安全感。

6.期待新冠成舊冠、紙本《鵝湖民國學案》出版

在辛丑年年尾，我期望明年壬寅年能夠新冠肺炎變成「舊冠」，大家能夠過比較正常的生活。人與人、國與國、地區與地區之間、民族與民族之間、男女之間、貧富之間、世代之間更有鵝湖會精神與求同存異、異中求同、包容、妥協的氣息，大家多存善念與同情心、同理心。

我也期待大家寫了兩年的《鵝湖民國學案》，能依原訂計劃，在明年春季出版紙本第一輯。

7.願兩岸和平、東亞、世界和平

最重要的，願兩岸和平、東亞和平、世界和諧。和平是首要人權。戰爭是罪行，戰爭應是農業社會的產物，甲國打乙國，比較不會影響丙國等等，也比較不會影響甲國自己，但如今是科技產品時代，甲、乙、丙等等之間互相連動影響。疫情已經連動影響形成缺料、運費大幅增加，何況是戰爭的影響？希望人類要有智慧。作爲中國人及台灣人，我衷心希望大陸順利解決政權延續或是改革的題目，改革開放或許有些弊病，但千萬不要回去文革或是極左的思路。願大陸人民過得愈來愈好，台灣也愈來愈好，我們是一家人。

8.疫情年封城去開闢農場

在辛丑年，台灣最嚴重的疫情時期是五月到九月，近五個月的時間，雙北、桃園幾乎「封城」，在大都會中，哪裡也不能去，人人「自主隔離」，在這五個月期間我「下放」到彰、雲鄉下，在雲林土庫天天與鹿仔樹為伍，呼吸樹所釋放的氧氣，並劃一小部分樹林，整理、開闢一部分的農場，種植枸杞、南瓜、絲瓜、空心菜、地瓜葉，並實驗小片太陽能、風電等綠能。在新冠疫情肆虐的壓力中，感覺農村相對安全很多，這是上天的恩賜，也是我這幾年以來提倡「里山主義」善用在地鄉鎮資源的福分。

書院借給鄰居曬黑麻

9、疫情期農家的苦與樂

今天（二〇二一年六月二十一日）清晨大雨至，這時節又將有一周的雨天，與月前久旱，大大不同，給鄰家收割黑痲、曬黑痲、做痲油出售的行程帶來了困扼！其他收割稻穀的人也是。唉，農家苦。

農家遠離大都市疫情嚴重地區，屋距寬廣，具有廣大的「社交距離」，相對安全許多，又有豐富的維生素D，這年頭能健康活著就好，他們八十多歲還能健康活動，不遠求而至，農家樂。

想起初中時唸的鄭板橋詞「四時農家苦樂歌」，我雖然沒有他的文彩，但我知道，特別把這詞記了五十年。

四時田家苦樂詞（鄭板橋）

https://www.itsfun.com.tw/%E6%BB%BF%E6%B1%9F%E7%B4%85%C2%B7%E7%94%B0%E5%AE%B6%E5%9B%9B%E6%99%82%E8%8B%A6%E6%A8%82%E6%AD%8C/wiki-9155947-5616627

浮雲一別後，流水十年間；

歡笑情如舊，蕭疏鬢已斑——唐，韋應物（許文彬律師輯）

你是我心中的精靈（李宗盛）

10、查競傳律師入境北京的檢疫、隔離紀述（二〇二一年七月）

1.台灣疫情嚴重中，六月三十日入境北京

我到了北京第四天了，處理了一堆隔離的瑣事，剛剛才有時間「翻牆」可以看LINE。

看到自己的小文想存下，以爲筆記本可以，沒想到群發了！抱歉，抱歉！

北京的入境手續始於桃園機場。在辦理登機牌之前就要先掃描二維碼，二十四小時有效，如附：

臨時起意的。北京本來就有一些事情堆積沒有處理，小兒子兩個月暑假在臺北

在家自我隔離天天耍廢，乾脆一起帶去，隔離後可以外出走走見見朋友，看看風景，吃吃喝喝。

北京從下飛機到防疫旅館的SOP實在嚴謹。計畫寫一個隔離日記分享大家。

如果學長們計畫出國，我推薦衛生部臺北醫院（在新莊），上網預約幾乎每天都有餘額，在室外，從報到到完成不到半小時。

上面那個圖必須截圖放在照片庫內。下飛機的第一關（邊防）第一個動作，就是把這張照片放在桌上的掃描器下面。一秒

鐘後所有的資料都顯現在電腦螢幕上（電腦是斜擺的，我也可以看見），然後邊防人員核對證件，之後放行。

然後下樓，再掃描一次二維碼，是核酸檢測用的。核酸檢測完成後前往搭乘大巴。托運行李已經全部整齊放在門邊。乘客自己挑好行李，有人幫忙抬放在大巴行李間。

在大巴上等了大約一個半小時，相信是等待核酸檢測的結果。飛機乘客共三十四人，分兩輛大巴，各十多人。

2. 北京的防疫飯店

不多時到了防疫酒店，居然是一個知名的溫泉度假酒店。下車後十幾人在酒店門外依序在座位上坐下，專人介紹隔離規則並且填表，簽字承諾遵守規定。然後量體溫進入酒店。

分配房間特別快，付款後專人帶去房間。

北京是隔離二十一天，不能踏出房間。第三，七，十四，二十一天要各做一次核酸檢測。每天來量體溫三次。

其餘再續。

溫泉不能用。九華山莊是衛生部在一九九〇年代建的。我把溫泉池改爲work station。

3.隔離第十四天/隔離滿二十一天

隔離反而比較忙。雖然不用買菜、做飯、倒垃圾。主要是因爲老婆小兒子都在一起。日子過得好快，也蠻充實。有空再繼續寫一些隔離感想。

不知不覺今天（二〇二一年七月十三日）已經進入隔離的第十四天。從下飛機開始到現在還沒有見到任何一個露出一點皮膚的人。機場的工作人員，大巴上的司機及陪同人員，防疫旅館的工作人員，包括前臺，送

餐，核酸檢測，量體溫，送用品等等人員通通都是從頭包到腳，密密實實，口罩、眼罩外面還有臉罩，全部戴手套。有的人穿兩層防護衣。大熱天的，我不敢想像他們會被悶出什麼病來。

下飛機已經做了五次核酸檢測，今天早晚各做一次，共七次了。今天也是第一次有人進屋，是進來檢查門窗衣櫃廁所有沒有病毒。

十四天適應的還可以。目前還沒有焦慮感，也沒有密室恐懼感，憂鬱症。後面七天就不得而知了！

4.七月二十二日

昨天（七月二十一日）下午解除隔離了。二十一天的隔離心得特別多。寫好再分享。

我告訴自己一定要正面思維，例如，做了十次核酸檢測，全部免費。如果在臺灣每次三千五百元，十次等於三萬五千。覺得三個人賺了十萬五千元。幸福滿滿！七天內還要兩次。

呂榮海：賺到了。現在可以在北京趴趴走了？

陳熙煬：出關後有沒有文件、証明？在大陸各地旅行，需要這個証明嗎？

查競傳：出關時給了兩份報告。一個是核酸檢測的記錄，一個是陰性的證明。到了住處，居委會要收這兩個報告的照片版及飛機航班證明。

各地旅遊（及進入任何場所）需要健康碼。

今天被雙規😊，

人山人海。有自費的（大多是學生要參加考試的）及免費的（大多是入境的）。

在規定時間到規定地點再做核酸檢測。要排隊（在防疫旅館是兩位醫療人員到房門口做）。

11、棄成長、減碳、救地球，修補資本主義的幾種方法

今天中秋佳節，看了一篇長文，摘記後半部關於具體「減碳、棄成長、救地球修補資本主義的方法」：

1.終止計劃性報廢。不要有計劃的生產「壽命變短的產品」，有計劃性的報廢。要生產持久耐用的產品（立法），減少消費。

2.減少廣告、快時尚、新潮流。

3.終止食物浪費，法國、義大利法律規定，超商必須把賣不掉的食物捐給慈善機構；廚餘收費。

4.縮減破壞生態的產業。

5.萬物有靈，賦予生態環境法人地位受法律「人」的保障，如資本主義的「公司、企業」是「法人」受保護。二〇二〇年，紐西蘭政府授予Whanganui河「法人」地位，企業污染河流等於傷害「人」。也許把「自然」當「人」很奇怪，但「石油公司」爲什麼是「法人」很久了？（摘引自you tube「書來面對」EP30 Jason Hickel「少即是多」）

另外，須思考「棄成長」將發生什麼「後果」？

12、依天趁雨清潔太陽能板／事上磨練／涓涓細雨滌凡塵／曾滌生／二〇二二年二月二十日再滌塵緣

有很長的一段日子沒有下雨了，感覺在這冷冬，太陽能發電的功率比冬季日短的減量還要少，其實我已知大概沾上了許多塵埃，但人的惰性，我也好長一段時間沒有上去看看。

昨夜（二〇二一年十二月二十日）開始下起涓涓細雨，延到早上還是，打動了我這懶人，趁著雨水上去清潔太陽能板，可以減少用自來水，而且我也不喜歡此地的自來水含鈣太多，如果累積了太多鈣，恐有不利於發電吧？

那太陽能板分左右兩側，每側大多四塊，以十五度的坡度各向左右傾斜排下去，由於每一塊太陽能板的四周皆有金屬條框住，金屬條的高度太約比面板高半公分，所以，用布拖把刷過之後，涓涓細細流著刷過的污水，慢慢流積在每塊面板最低處約十公分的長條，形成左右各四排的相對污水、灰塵堆積處。

老天也很眷顧我，繼續下著超過三小時的涓涓細雨，不大不小，太大我無法工作，太小也無作用。隨著涓涓細流的速度要爬過一塊面板，大約需要二十分鐘吧。

於是我一次一次的清洗，全靠雨水。每洗一次，大概灰塵只能減半，無法一次或二次完全清潔，因爲所用的拖把本身等等因素也夾雜著污水及灰塵，每次只能以二分之一的「等比級數」地減少灰塵。一次又一次，大約七、八次吧，在等比級數之下，所剩灰塵已經趨近於只剩百分之五以下吧？我才大功告成。

今天我特別有耐心，邊洗邊想起先賢王陽明先生的「致良知」、「事上磨練」等哲理，或許如在洗太陽能板一樣，恐無法一次到位，而能夠以「等比級數」的速度，一次又一次清

洗已染的凡塵。個人如此，社會的積習弊病的「改革開放」或許也是如此。這樣才是眞格的「事上磨練」啊！陽明聰明能龍場「頓悟」而悟道，我平凡經一次又一次洗太陽能板而「悟道」也是不賴啊。涓涓細雨滌凡塵，這詞以及這「滌」字，我想了一小時才用上，也讓我想起了曾文正公，又一名字爲曾滌生。

二〇二二年二月二十一日補述：

二〇二二年二月二十日下了一整天雨，下午四時以後我再上去刷洗太陽能板。因爲已經過一晚一天的雨水滌清，感覺板上的灰塵已經不多，我再用刷布刷了一次，按一排、二排、三排、四排的次序刷完，花了約九十分鐘。比上一次的雨小、短而次數、費時多，這一次可以說輕鬆多了，只需三分之一即可完事、滌去積塵。第二天早上我再上去，把每塊太陽能板的底部因較低的積水及些微或有積塵再刷了一次，就相當完美了，再待如有續雨，充分利用天然水資源，有機會更加完善。所謂盡人事聽天命是也。

滌生，如除塵。時時勤拂拭，務使少塵埃，吾尙不敢言「勿使惹塵埃」，順天依天、用一點心力。

後記：

二月二十日整天下雨。

也有太陽能發電，賺二個便當。

二月二十日 16.7 度、16.1 度

13、為許多年輕人耽心

昨天小年，樂於免費爲朋友帶來的朋友諮詢建議！看到的卻是一件社會上的不樂之事，這是律師的宿命？

近半年以來，接連兩次接觸二案例：年輕女子爲他人（比較年長者）代購虛擬貨幣或加入「貨幣寄存平台」（號稱有高利潤），而被警察、檢察官約談的案例。年輕人比我們年長的接觸較多「新事務」，他們周邊也較多的「人、事」因緣，而捲入是非（或機會），我爲年輕人耽心。其中似乎被「前男友」引發媒介的，能不慎乎？智慧手機之複雜社群引誘年輕人，而帶來危機多啊。

我爲她提供了二項「績極具體的建議」。所幸，她只是「出租咖啡店場地」而已，被不起訴處分。

疫情肆虐之後，我們只要健康平安快樂活著，能過日子，就已幸運，甘願平凡。

第十三章　結語

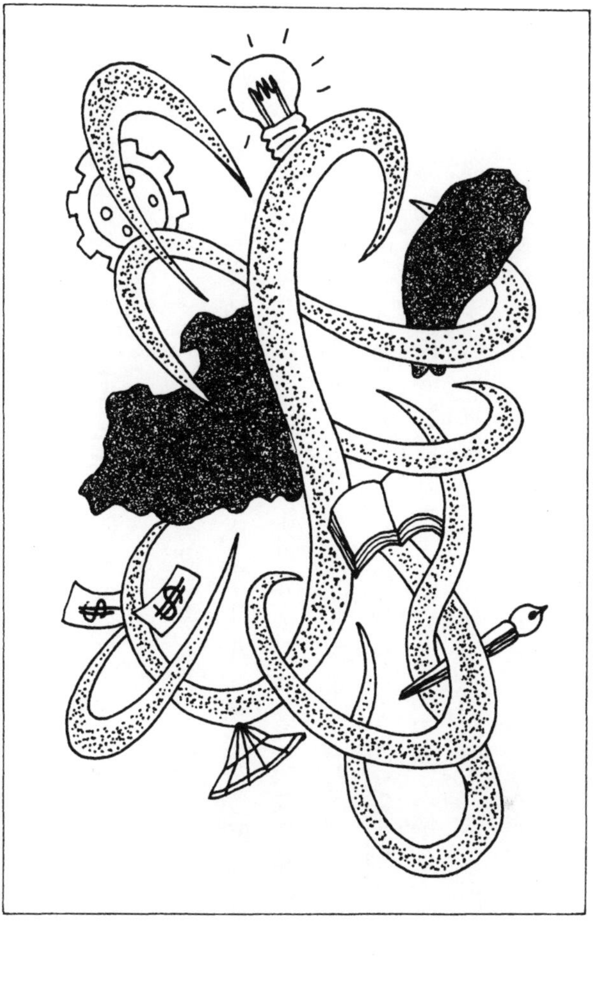

1、美好的年代（一九七〇至二〇一五年）

約一九七〇至二〇一五年，我感覺過了一個美好的年代，除了一九八九年六月四日及之後一年及一九九七亞洲金融危機，及二〇二二、二三年非典期間及二〇〇七年世界金融危機的「短暫時間」以外，大部分時間都是和平、繁榮、友善、向上提升的年代，個人、企業凡是創新、努力、合作的，大都有很好發展的餘地，當時大局強調「和諧」、「不折騰」及和平，自由、私產基本上受到保障。讓人懷念的美好年代。

美好主要來自那年代具有較高的「社會瀑差價值」（由農業社會進入工商業社會甚至科技社會），發展、發財容易，吸引人們認眞投入，大家「不折騰」。

2、焦慮的年代與戰爭陰影（二〇一六年以後）

然自二〇一六年以後，世界出現了各式各樣的抗爭，尤其是中、美之間的對抗，俄烏戰爭更是帶給世界和平的危機。

這是一個令人焦慮、不能滿足的世界，也是國內抗爭及國際紛爭的年代，各國政要以國際政治的卡特爾，以外交上的聯合行爲，逃脫其乏力解決其內部經濟與民生問題的責任。

中美之間、台灣與中國大陸也各自充滿了內部的抗爭與不滿，彼此之間也仍然存有極大的矛盾，人民的焦慮也多。我們認爲：和平至上。

3、庶民才是主人翁

我們庶民才是眞正的主人翁，我們必須消弭焦慮，追求幸福。在深刻反省了四百年來的世界局勢、台灣的開發進化，以及中國一百五十年來的革命歷程之後，又看到二十一世紀的前二十年，我們深深感到：台灣及中國大陸、世界須保持和平的環境，持續發展工商業、科技業，生態地落實社會正義法治、實施邦（國）聯制、保障企業勞動者、保護環境，大家才有前途，也才能適應國際上的激烈競爭。

在實現這五項基本路線的原理下，可派生成幾項互爲因果的重點工作，就是：振興經濟、土地改革；積極規劃大陸、東南亞投資，實現經濟民主化；建立階級互助的連帶的社會，保障農民及勞工權益；解決住宅問題，完成公務員、司法改革；紮根眞法治，從教育眞正改革做起。

這些工作看起來千頭萬緒，其實都是互通的，一通百通的，它們也是兩岸共同面對的課題，只是台灣先走一步而已、兩岸應在這些共同課題下，應努力避免中美衝突，以和平環境，各發揮所長，對等互助，完成一百八十年來左左右右的現代化工作。

政治家們應該誠實合作，共同負起責任。人民到了必須深深思索，表現力量的時候了。《呂氏春秋・貴公篇》：「天下，非一人之天下，天下之天下，陰陽之和，不長一類，甘露時雨，不私一物，萬民之主，不阿一人。」

4、俄烏戰爭的教訓、和平至上

一九九三年十月四日，莫斯科發生反葉爾辛而街頭流血。二〇二二年起又發生俄烏戰爭。這些事件說明，俄羅斯經歷八十年來的社會主義革命、戈巴契夫重建、葉爾辛及普丁上台以來，俄國尚未完成工商業化、落實社會正義人權法治的現代化工作。我們可以斷言，只有這兩項基本工作完成，俄國才可能安定，否則，政治人物難免上上下下，社會難免動盪或流血；一七八〇年代的法國革命；一八六〇年代到一九四五年代的德國，也是一樣。

中國從太平天國、戊戌政變、滿清下台、民國軍閥、國民黨、中共政權，上上下下，經歷了一百五十年，仍尚未全部完成工商業化及落實社會正義人權法治的兩項基本工作，自應以俄國葉爾辛事件及普丁、俄烏戰爭作為借鏡，和平至上。

台灣經歷了荷蘭、鄭成功、清朝、日本、國民黨的曲折統治，在動盪之中，基本上已經進入了工商業化、科技業化的層次及民主更迭，應集中意志，繼續努力發展以科技產業爲主力的工商，並完成社會正義人權法治，社會才能安定，否則，主流、非主流、執政黨、在野黨及各種山頭派別，對人民而言，也不過是上上下下而已。

5、強者多讓步

最後，我們想起在法庭中，訴訟案件能夠達成和解，常是強者或可能勝訴者作了讓步，只因爲，弱者可以讓的程度已經不多。

本此原理，中國大陸對台灣，執政黨對在野黨，大黨對小黨，主流派對非主流派，工商人口、科技業人口對農業人口，資方對勞方，人對環境，壯年人對老年人，本省人對外省人，富者對貧者，上一代對下一代，男性對女性，健康者對殘疾者，應多作讓步，社會才能和諧安定。當然，弱者也應有促成強者讓步的基本修養與手腕。讓我們團結追求更美好的未來。

6、高房價、年輕人希望與文明的反省

我們原是農業文明及思想下的人民，受到西方工商業文明的衝擊，爲了提高所得，爲了富強，在很短的時間裡，也快速地進行工商業化，這個工商業化過程，固然有進步的一面，但同時也使我們失去了自我，製造了很多問題，包括人口、工作集中於大都市而造成「高房價」，多數人成爲「房奴」，貧富差距過大，年輕人處在「不佳的時代」，假消息、媒體有不公正立場、AI的危機等等，本冊子所述旨在觀察及思考這些工商業化、科技業化的過程中所製造的問題。至二〇二三年西方霸道的工商業文明發展，可能將到高點往下落的分水嶺（例如：低成長、泡沫經濟、環境破壞、高負債、世界化流行病如新冠肺炎COVID19），下一波文明會是什麼？哪些思想家、哪些國家或地區可以救治、緩和西方工商業文明的弊端，領導世界風騷？都有待大家獨立思考，我們的思想、行爲不宜僵化，這是文化省思及教育的任務。

7、手機遊戲、假消息之害／人生識字憂患始，看蘇東坡詩有感

二〇二三年五月四日，在華梵大學書法中心看見一幅大字「識字憂患始」，附小字注出自蘇東坡詩「人生識字憂患始……」（〈石蒼舒醉墨堂詩〉），令我心動及心驚。

之所以心驚，是我聯想到：當前人們人人沈溺於手機的情景。大家花了太多的時間精力在玩手機，愈來愈不做實際益生的事情（愈不會做）。這比蘇東坡當年評「何用草書誇神速」評述書法所佔用的功夫來的嚴重。年輕人多沈溺於手機、遊戲，尤爲嚴重！眞是「識字憂患始」（玩手機、遊戲）。我也沈溺於太多文字、手機，反而不會動手種菜、種五穀、炒菜、做水電、做股票、蓋房子……等等實事了。吾人相信：將來的成功者當是「後（去）手機化」程度愈高、愈成功的人。我不是鼓勵不識字、不看手機，但也認爲不能「濫用」及「過度」，否則將降低實際能力！警惕之！勉之！

「天下事，必有『對』（對面），盛者，衰之對，強者，弱之對」，

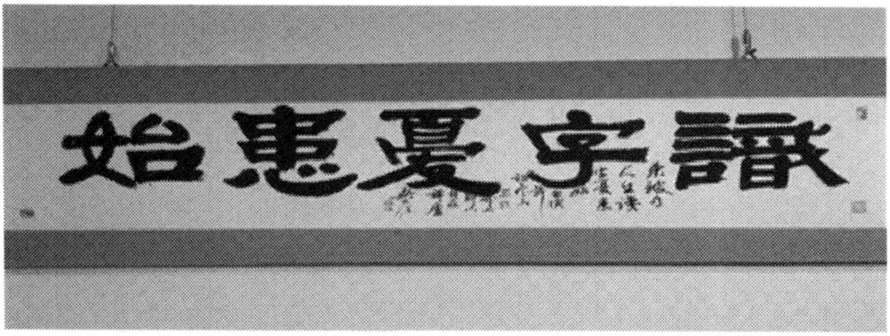

「理雖一，然有乾，即無坤，未嘗無對也」（呂祖謙，《麗澤論說集錄》），一事有利必含弊的另一面。近來推動的「雙語教育政策」，固然有「英語會好一點」之利，但大幅減少「內容數量」之教，也是有「因爲吸收知識變少而變笨」的大弊，台大外文系教授廖咸浩疾呼不可，稱有大弊。莫非此係繼過度沈溺文字、沈溺手機、遊戲之後的另一大弊！

人工智慧（AI）可能製造許多虛假的影片。最近常在line 群組上看到人們警告，可能利用人工智慧（AI）製作虛假的影片。難以置信！只需拍一張肖像，然後毫不費力地將他插入任何視頻。人工智能爲欺騙打開了新的大門。

這就是爲什麼人們不應該相信任何錄像帶、視頻，因爲該錄像帶或視頻可能是僞造的。

與您所有的親朋好友們分享。並在人工智能

（AI）將來製造更多問題的同時教育他們😢！

（注）五月七日晨在捷運上用手機專心寫一段文字給客戶，致到站未及時下車，再搭回一站，再換紅線捷運，然後差一點沒趕上07:46台北發車的高鐵，跑了二層樓梯，匆匆忙忙趕上了，但細胞死了不少。呵！此或文字、手機之患之例也。

蔡國棟：人生識字憂患始，則苦海無邊。如果人生識字如黎明，則道路越走越明。有很多憂都是自己逼出來的。手機也一樣，我可能

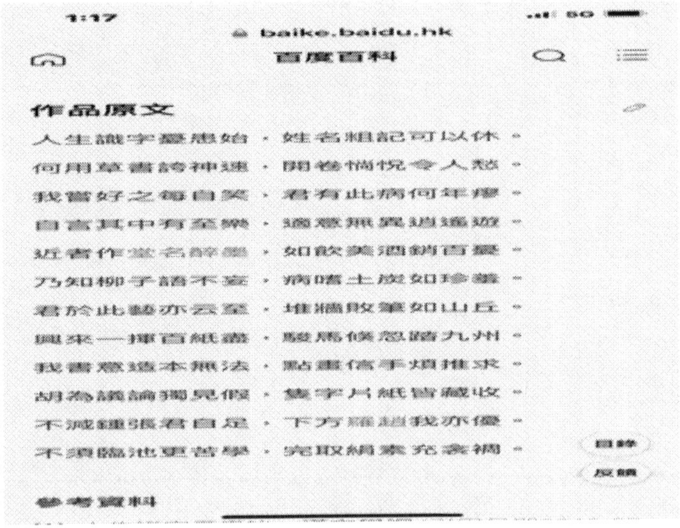
1:17
baike.baidu.hk
百度百科

作品原文

人生識字憂患始，姓名粗記可以休。
何用草書誇神速，開卷惝怳令人愁。
我嘗好之每自笑，君有此病何年瘳。
自言其中有至樂，適意無異逍遙遊。
近者作堂名醉墨，如飲美酒銷百憂。
乃知柳子語不妄，病嗜土炭如珍羞。
君於此藝亦云至，堆牆敗筆如山丘。
興來一揮百紙盡，駿馬倏忽踏九州。
我書意造本無法，點畫信手煩推求。
胡為議論獨見假，隻字片紙皆藏收。
不減鍾張君自足，下方羅趙我亦優。
不須臨池更苦學，完取絹素充衾裯。

目錄
反饋

參考資料

會被它用得很憂，也可能用它用得很爽、很有意義。就看人心囉！那是一種智慧！看來蘇東坡說的是憂，但他已悟出樂之道。但說眞的，這首詩我看得似懂非懂，大同初中的導師老畢爲我們打下的基礎還是不錯的，哈哈。

8、社會濕差價值／林百里先生由窮僑生變成新首富／中國《民法典》於二〇二〇年 公布／珍惜世界——尤其東亞的和平發展

林百里先生一九四九年出生於上海，遷香港，之後以僑生身份入學台灣大學電機系（通常有加分的優惠），他因「成績不甚佳」未去美國留學，畢業後和溫世仁、梁次震先後任職三愛電子公司、金寶電子公司，而於一九八九年和梁次震創業廣達，做筆記型電腦，成為筆電一哥，並約在二〇〇〇年投資上海廠，然而林百里並不以此為滿足，又持續精研、投資雲端及AI，於二〇二三年股價曾大幅上漲至260元以上（8月1日跌至237元，八月二日收盤價跌停至213.5元），股票市值曾破一兆元台幣以上，成為台灣第四大（台積電、鴻海、聯發科之後，但七月三十一日、八月一日、二日因股價下跌，被台達電超車），其個人資產達兩千九百億台幣，被《今周刊》報導變成二〇二三年的台灣新首富，封面稱之為「窮僑生變成新首富」。實在了不起。他四十年持續創新、堅持，投入「當時還不賺錢、仍用不到的AI」，常常創造「社會濕差價值」，於二〇二三年隨著

AI的爆發，成爲台灣新首富，可以說是創業、努力在一個好的時代，經歷過IT、雲端、AI不同世代及社會，而享有高度的「社會瀑差價值」，也爲台灣、中華大地、東亞、世界及其股東創造了甚多工作機會、稅收及財富。

中國於一九九九年至二〇〇三年取消了五千年來的「農業稅」（台灣更早也取消了），村村有道路，處處有高速、高鐵（動車），由「農業哺工業」轉變成「工業反哺農業」，是歷史性的大事，是「社會瀑差價值」的大成果，人人可以簽合同、做交易，中國於二〇二〇年公佈《民法典》，國家保護合同（交易）自由及私有財產，國民生產總值由二〇〇二年爲美國的百分之十三，提升到超過美國的百分之七十以上，成果非凡。

這皆拜世界——尤其是東亞和平發展機遇及「招商引資」、「不折騰」等等好的政策之賜，世人當動心忍性維持和平的格局，持續繼續長期發展！希望林百里先生「們」能繼續在兩岸、東亞及世界享受和平發展繼續創造「社會瀑差價值」。一九四九年他被帶離上海，一九八九年在台灣創業，希望他在二〇二三年之後不須離開台北中華，而和他一起在二〇一六年爲輝達創造出第一台「AI超級電腦」的黃仁勳，則於九歲時離開台灣，誠爲唐君毅先生《說中華民族之花果飄零》書中的延長一幕，到二〇二三年以後還不能停止嗎？我總覺得：戰爭是互不連動的農業時代的事，而世界連動頻繁的工商業時代——尤其是網路、雲端、AI的時代，不應再有戰爭而彼此互殘。是耶？非耶？

9、敬悼黃光國教授/祈禱東亞和平

活動力很強的名教授黃光國先生，不幸於二〇二三年七月三十日過世，令我十分沈重、震驚，記得今年初我還聆聽他的演講——「建立本土的社會科學」，他還活力、中氣十足。二〇二〇年八月五日下午，在「韋政通教授著作手稿捐贈國家圖書館捐贈儀式」中，由韋教授公子韋昭平及國圖館長曾淑賢博士主持。黃光國教授、林安梧、陳復、魯經邦、翁林澄、溫明正和我呂榮海、國圖呂姿玲主任及其他專家及青年學子代表共約五十人出席。又多年來，在朱浤源等人主導的「華夏科際聯合總會」的活動中，黃光國也是活躍的指導教授，我曾多次聆聽他的演講。

對他的不幸過世，敬表沈重哀痛之意，他主張和平、兩岸交流、一中二憲、反民粹、中華本土文化及社會科學。我之所以感覺「沈重」，乃感覺黃教授的過世或許代表一個世代（三十年）趨勢的轉向。不只如此，近三、四年以來，我所熟識、三十多年以來一直努力做兩岸交流的朱高正、翁林澄（兩岸和平小天使活動創辦人）、胡駿先生（兩岸法學智財交流場次最多）相繼隕落，中美關係、兩岸關係太過複雜，辛苦了大家，是以這些交流的「大咖」相繼過世，如今加上黃光國教授，更是令我震驚趨勢日益嚴重，哀哉！誰能扭轉乾坤、持續交流、避免戰爭呢？令人爲下一代憂，爲東亞的和平憂。

10、天之道

在人類歷史上，富裕的年代恐怕是短期的，只有在「技術革新」、「谷底回升」等短暫的「高社會瀑差價值時期」才會出現，大多數時間能小康安貧過日子已是幸運。國家亦然。

很幸運，也很辛苦，我們在短短七十年內經過了三種社會（農業社會、傳統工商業社會、科技手機AI產業社會），享有較高的社會瀑差價值，而有較高的成長率及利益，並以之為基礎建立了種種制度。然而，它不是「長態」，如之何？有句話「唯一不變的，就是變」，包括心態的調整。

「持而盈之，不如其已；揣而瑞之，不可長保，金玉滿堂，莫之能守；富貴而驕，自遺其咎；功成名遂，身退，天之道也。」

（《老子道德經・第九章》）

NOTE

NOTE

NOTE

NOTE

程兆熊作品集 5
憶鵝湖
程兆熊 著
歷史、文化、山川、人物與農村的斷想
鵝湖山下稻梁肥，豚柵雞棲對掩扉，
桑柘影斜春社散，家家扶得醉人歸。

程兆熊作品集 10
九十回憶
程兆熊 著
多年不作還鄉計，行腳終因故里停，
莫道暫停無故里，我家山色夙青青。

鵝湖民國學案
呂榮海 賴研 蕭新永 洪文東 周隆亨 潘俊隆 陳蕙娟 陳祖媛等35人 合著
台灣鵝湖書院
老子的正言若反、莊子的謬悠之說……
《鵝湖民國學案》正以
「非學案的學案」、「無結構的結構」、
「非正常的正常」、「不完整的完整」，
詭譎地展示出他又隱涵又清晰的微意。
曾昭旭教授推薦語
華夏出版

老子的正言若反、莊子的謬悠之說……

《鵝湖民國學案》正以

「非學案的學案」、「無結構的結構」、

「非正常的正常」、「不完整的完整」，

詭譎地展示出他又隱涵又清晰的微意。

曾昭旭教授推薦語

願台灣鵝湖書院諸君子能繼續「承天命，繼道統，立人倫，傳斯文」，綿綿若存，自強不息。蓋地方處士，原來國士無雙；行所無事，天下事，就這樣啓動了。

林安梧教授推薦語

喚醒人心的暖力，煥發人心的暖力，是當前世界的最大關鍵點所在，人類未來是否幸福，人類是否還有生存下去的欲望，最緊要的當務之急，全在喚醒並煥發人心的暖力！

王立新（深圳大學人文學院教授）

人們在徬徨、在躁動、在孤單、也在思考，希望從傳統文化中吸取智慧尋找答案；另一方面是割不斷的古與今，讓我們對傳統文化始終保有情懷與敬意！依然相信儒家仁、愛之說仍有益於當今世界。

王維生（廈門篔簹書院山長）

國家圖書館出版品預行編目資料

歷史社會環境變遷的省思 / 呂榮海著. -- 初版. -- 新北市：華夏出版有限公司, 2023.10

面；　　公分. - -（蔚理文叢03；001）

ISBN 978-626-7296-55-4（平裝）

1.CST：政治經濟學 2.CST：社會變遷

550.1657　　112009337

蔚理文叢03　001

歷史社會環境變遷的省思

著　　作　呂榮海
編輯策劃　蔚理有限公司・臺灣鵝湖書院
臺北市103大同區錦西街62號
電話：02-25528919
Mail：Penny9451@gmail.com
印　　刷　百通科技股份有限公司
電話：02-86926066　傳真：02-86926016
出　　版　華夏出版有限公司
220 新北市板橋區縣民大道 3 段 93 巷 30 弄 25 號 1 樓
電話：02-32343788　傳真：02-22234544
E-mail　pftwsdom@ms7.hinet.net
總 經 銷　貿騰發賣股份有限公司
新北市 235 中和區立德街 136 號 6 樓
電話：02-82275988　傳真：02-82275989
網址：www.namode.com
版　　次　2023 年 10 月初版一刷
特　　價　新台幣 660 元　（缺頁或破損的書，請寄回更換）

ISBN-13：978-626-7296-55-4